高云龙口述历史

高云龙口述

陈正卿撰稿

ORAL HISTORY

上海市文史研究馆
口述历史丛书

上海书店出版社
SHANGHAI BOOKSTORE PUBLISHING HOUSE

高云龙，著名雕塑家，华东师范大学艺术系教授、上海市文史研究馆馆员。其父金学成是 1925 年入党的中共老党员，著名雕塑家，曾任全国政协委员、华东军政委员会副秘书长、上海市民族事务委员会主任等职。他受父辈熏陶自幼热爱雕塑艺术，1948 年考入北平艺专（解放后为中央美术学院）雕塑系，至 1955 年研究生毕业后任美院雕塑研究所创作人员，参加了中国人民志愿军纪念碑浮雕等重要创作。1957 年在反右运动中落难，辗转各地接受"劳改"，1979 年改正后到上海华东师范大学艺术系任教。新时期以来，创作了上海汾阳路花园普希金铜像、宝山吴淞陈化成像、龙华寺十六罗汉塑像等许多优秀雕塑作品，广受好评。这本口述，回顾了他艺术人生的曲折历程，以及和家人一同走过的风风雨雨。

编 撰 说 明

上海市文史研究馆成立于1953年6月,首任馆长张元济先生由毛泽东主席提名,时任上海市市长陈毅亲聘。建馆六十余年来,上海市文史研究馆由历任市长共延聘近1 200名馆员。馆员专业遍及文化历史、金石书画、新闻出版、教育学术、戏剧电影、传统医学、传统体育等多个领域,多以深邃造诣、杰出成就和一定的社会影响,成为专业翘楚乃至具有代表性的知名之士。他们在人生和事业道路上所经历蕴积的波澜起伏、经验见识和丰富阅历,是具有多重价值的宝贵的人文历史资源。

为了充分发掘文史馆馆员群体所特有的珍贵而丰厚的人文历史资源,保存历史记忆,记录时代风云,推动口述历史研究工作,上海市文史研究馆于2013年7月正式成立上海市文史研究馆口述历史研究中心。著名历史学家、上海市文史研究馆馆员姜义华和熊月之先生联袂担任中心主任。中心成立后,即聘请沪上学有专长的十位文史学者担任特聘研究员,启动上海市文史研究馆口述历史丛书(以下简称丛书)编撰项目。为了保证丛书的整体质量,在广泛征求各方面意见后,确定以下编撰原则:

一、丛书主要以上海市文史研究馆馆员、同时适当选取符合要求的馆外人士为访谈对象(即口述者)。

二、丛书恪守口述历史征集途径和开展过程的规范性。凡列选书目,概由口述历史研究中心先根据相关原则选取访谈对象。征得同意后,由口述历史研究中心约聘的撰稿人拟定采访提纲,经中心审议和口述者认同后付诸实施。访谈结束后,由撰稿人在文字笔录对比录音、影像的基础上整理成文,最终由口述者本人修订定稿。

三、丛书注重口述历史区别于一般"自传"或"回忆录"的独特性。访谈范围涉及口述者家世、经历、事业、交往、见闻等多个方面，尤其重视本人在场或参与之所历、所见、所闻、所传、所思，具有历史价值却缺乏文字资料的内容。

四、丛书本着客观的态度保存口述者的记忆。由于认识水平和记忆偏差，其内容可能与事实有出入。撰稿人应对口述中出现的人、地、物名及时、空、事件等进行必要的核对，尽量减少常识性错误，必要时可加以注释论证，亦可视具体情况在正文后面附录口述者活动年表等相关资料。

五、丛书在整理成稿并交付出版时，除了部分内容因涉及敏感暂不公开，或不得已而有所技术处理外，应努力保持资料原貌，切忌依据主观价值标准任意删除或更改，以此体现对口述者、对口述历史的尊重，同时也给口述资料的使用者保留可供继续解读和分析考证的空间。

六、丛书按照以图辅文、以图证史的原则向口述者征集和选用图片，包括照片、书信、手稿、字画、实物摄影等各种形式的图像资料，基本要求是：图片题材应该与口述内容直接关联，图片质量应该达到刊用水准，图片说明应该以新闻报道原则来撰述，时间、地点、人物、主题，基本齐全。

我们热忱希望丛书的编撰出版能拓展史料搜集的范围，能丰富读者对历史的认知，也衷心希望大家对我们编撰工作中存在的疏漏或差错，不吝批评指正，以利于口述历史的健康发展。

上海市文史研究馆

2015年6月

目　录

第一章　忧患中的青少年时代

一、寄养在外祖父家

我名叫高云龙，生于1928年6月10日。出生地是老上海人都知道的红房子医院。这家医院是姓伊丽莎白的两个美国女医学传教士创办的，在当年的城隍庙老西门外方斜路上，就是今天的复旦大学附属妇产科医院。医院历史悠久，医技很高。所以我是健康而顺利地降生了。

我本姓金，父亲叫金学成。因我出生时，他正在参加共产党的地下革命工作，危险性很大，我几个月大就被送到外祖父家抚养，就跟我母亲高璟姓。我外祖父家在今天的上海浦东奉贤东新市镇，当时奉贤还是江苏省的一个县。外祖父叫高泉涛，在镇上开一爿染坊，我四五岁时的印象还有一点，家中迎街的门面房做门市，后间是作坊，当中是一家老小住房。家中还有两三个工人，把染好色的布高高地挂在后院竹架子上。外祖母姓吴，我们那里乡间风俗叫阿奶，她待人和气，成天笑眯眯的，持家很勤俭，因她只生了我妈妈一个女儿，特别宝贝我，我每晚都和阿奶睡。

我母亲还有两个同父异母的弟弟，一个妹妹，也就是我的两个舅舅，一个姨妈。我的两个舅舅，大舅叫高中信，也叫高敏，他在解放初期就很进步，中学刚一毕业，就报名参加了解放军组织的南下工作团，在南下西南途中因生病返回上海，后来国家动员支援大西北，他就又报名去了青海。他本人多才多艺，在省里秦腔剧团当过编导，还登台演过戏，又调去给区委书记当过秘书。后来，他又转到中国科学院青海土壤研究所工作。调回到上海后，他考取了上海师范学院，又分配到上海虹口区的澄衷中学当老师，最后又到市公交公司党校任教，现在已经退休。

还有一个小舅舅叫高中昌，他曾经在核工业部参加过原子弹研发工

3

作，核工业部曾发给荣誉证书和金质奖章。后来调回到上海金山石化厂，做技术工作，现在也已经退休了。还有一个姨妈，年轻时候考取了在上海虹口的新陆师范学校，接着又考进了上海师范学院生物系。毕业后，分配在光华中学、光华大学、华东师范大学等校任教。

外祖父家所在的东新市镇并不大，交通偏僻出行不便，我的印象中它只有一个十字街，分别叫东街、西街、南街、北街，沿街各有十数爿店铺，有米行、布店、油酱铺、药房，等等。难得的是，镇上当年已有一小发电厂，晚上电灯一开，家家屋里通亮，因为有了电，在镇南街还有小轧米厂、榨油厂这些。

东新市镇上最有名的人家是盛家，住在镇东头，就是草婴夫人盛天民家，乡里人都传盛家在外头办厂开公司，在上海有洋房，很有钱。我外祖母同盛家的老辈姐妹有来往，我母亲高璟与盛天民是蛮要好的小姐妹，所以我也随阿奶去盛家串过门，虽然是一幢大平房，但里面建得很好，在我小时候的印象里就是当年的"豪宅"。

与东新市相邻最大的镇是新场镇，它是上海有历史的老镇，现在已是上海郊区的有名景点了，听大人讲，它要比东新市大好几倍，相隔也有六七里路，当年去那里基本是摇船，一种有木橹、木桨的小船。船要经过一座环龙桥，一座古代乾隆皇帝时修的石桥，那时跟大人跑一趟新场镇很兴奋，算是到了大地方了，外祖父或阿奶总要买点好吃的东西给我们小孩子。

我祖父家也是奉贤，是离外祖父家二三十里地的四团镇。寄居在外祖父家，也回过祖父家。祖父叫金树人，在镇上开一爿单开间的小米店，还和祖母起早贪黑做豆腐卖。那时我虽然小，但也感觉到，祖父家不如外祖父家。家里大人也嘀咕："你外公会做生意，染坊里生意兴隆。"祖父实际是个老实本分人，祖母也勤劳吃得起苦，一天忙到夜。祖父就是爱吃一杯老酒，四团离三团三里路，和南汇县交界，既靠海边，又河网密集，鱼、虾等水产丰富，四乡的鱼贩子都到这里来买卖，被当地人唤作"鱼棺材"。祖父只要有鱼虾下酒，老酒咪咪，不大动脑筋发财。他生了两个儿子，老大就是我父亲,老二是我叔叔,叫金学章。弟兄俩都在四团镇小学读书,中学是奉城中学。当年四团到上海的交通很不方便,我从小就听大人讲这样一个故事,我父亲从奉城中学初中毕业,到上海考江苏省立第二师范学校,是乘手摇橹木船经黄浦江赶来的,因江上潮水不顺,赶到考场迟到了,按规矩要取消考试资格。我父亲急得要落出眼泪,由监考老师开恩放他入场,结果他考得很好,居然考取了。当时江苏省立师范学校是住校免学费的,穷苦人家子女求学只能考师范,所以要考进去是很难的。按我父亲的家境,如考不进师范,可能就再没有读书深造的机会了。

我童年对四团的记忆,远没有东新市多,但两地乡民的淳朴、善良和勤劳刻苦,都给了我极深刻的印象。

二、难忘的东新市小学

1934年夏秋,我已六岁到了入小学的年纪。当时东新市已有了新式小学,虽然不是公立,是私立的,但教材已是按国民政府教育部小学教育大纲,由教育部审定,经商务或开明等大书局聘教育专家精心编辑、印制的,有国文、算术、修身等课程,老师也都是从上海或外乡聘来的正式师范生。校长姓江,已是中年年纪,人很和善,但学生都有些敬畏他。他自己兼教国文。由于是私立学校,我记得校长的一家老小也住在学校后面房子里。当时学校课程除国文、算术、修身等主课外,还有画图、唱歌和体育等课,学校操场也蛮大,有一些游戏和运动器材,学生一早要出操。修身课就是现在的思想品德课,讲一些做人的基本道理,包括爱国家、重友谊、孝敬老人等。

我那时很贪玩,也很顽皮,平日最爱和同学结伴,到树丛中去爬树、撩蜘蛛网,捉知了、蜻蜓这些,那时浦东奉贤一带树木丛林一片一片,环境真好。秋天里又跑到田野去抓叫哥哥、蟋蟀和纺织娘等小昆虫。由于四乡里小河多,我还有一身好水性,夏日里常跑到那座古代留下的环龙桥去游泳,从桥栏杆上一个猛子扎下去,从另一头浮出来。水性好,自然会摸鱼掏蟹,这在小伙伴们一道玩时,不用教就会了。想不到在若干年后,就凭这个使我逃出了饥饿的煎熬和死亡的鬼门关。

东新市小学给我印象难忘的,是它隔壁还有镇上唯一的一座庙,就是财神庙,它不大,但香火蛮旺,进庙门就能见到财神菩萨、财神娘娘,每逢四时八节赶庙会,还要把财神菩萨、财神娘娘请出来,乘在轿子里,在十字街上东南西北游一游,镇上开店经商的人家,家家都要抢着上香、捐香火钱的。我们小孩子跟在轿子后面,因有锣鼓、喇叭这些吹吹打打,更是又叫又嚷,跑前忙后,开心得不得了。这个印象很难忘。

由于学校的课程并不多,多半是半日课,尤其是一二两年级,许多课是游戏性质,我就能随外公到镇上唯一的一家茶馆坐坐,那是镇上最闹猛的地方,时常有艺人唱浦东说书,讲《岳飞传》《水浒》这些故事,我也很爱听,使我从小在心灵里埋下了崇拜英雄人物的种子。

庙会游财神和听说书,是我最早接触的艺术生活。

三、我是逃进租界的小难民

1937年"八一三"打响,东新市镇上一片惊慌,大人都在纷纷议论:"东洋鬼子打来了。"上海来的报纸也天天登满了日本军队掼炸弹,上海炸死许多人的消息。外祖父家里也是愁云笼罩,难得再有笑声。我们小孩子也变得乖了,我虽然才九岁,但也晓得国难临头,不再顽皮和心里有欢乐。镇上已有商家关了店门,逃到上海租界去,说是日本鬼子兵已打到浦东。外祖父也只得把他一辈子的心血,经营得蛮好的染坊歇了,把工人辞退了,带着一家老小八九口人,背的背,拎的拎,雇了一条小船逃到上海去做"难民"。那时候对做"难民"真正的含义,也不太懂。只晓得阿奶关照:"到上海不好乱跑,你也是小难民喔!"

至于什么辰光再回东新市,也根本想不到。还记得,船一进黄浦江,就看到南市那边一片大火,浓烟滚滚,整个天空都被遮住了,日军飞机还在上空盘旋:"那边是南市。"这也是从外祖父嘴里听到的。阿奶这些女眷都是眼泪汪汪。船在十六铺靠岸,一上岸就看到马路上躺着的"难民",有些还缺胳膊、断腿,有慈善救难机构人员给他们送粥。

外祖父以前做生意,在上海有些朋友,已托人在离码头不远的山东路麦家圈,就是今天邻近福州路旁仁济医院的一家小旅馆借了两个房间,把一家老小安顿下来。这时,我才迷迷糊糊懂得,为什么要逃到租界来?因为这是外国人,英国人,美国人管的,日本兵一时还不敢进来。我们躲在小旅馆里,外公关照不准出门,偶尔出门,看到南市那边仍是浓烟滚滚,还时常听到日本飞机在头上飞,马路上"难民"越来越多了。

有一次,清早随大人出门,记不得是外公还是阿奶了,就看到了普善山庄的收尸车,正在马路上收路尸,就是倒毙在马路上的人。我那时已经懂得,这些都是无辜的中国老百姓。从那时起,虽说才短短的一二个月逃难经历,已使我恨死了日本鬼子。

那段岁月,最让我难过,刻骨铭心的,是宝贝我,关爱我的外公,不久于1937年冬天竟一病不起了,这使我更仇恨日本兵东洋鬼子。本来,外公从奉贤东新市镇逃出来,以为战乱很快就会过去,他还盼望回家乡重操旧业。经过一阵路途颠簸,为安顿家人辛劳奔波,到上海后才又知道这个仗,将旷日持久,不知道要打多少日脚?感觉到前景渺茫,再也难回到过去小康殷实的生活了。这时他更担心在日本的我父母和弟弟的安危,天天到十六铺码头盼望他们归来,但始终没有等到。他本已经上了年纪,就忧劳成疾生起病来。这又添了看病吃药的支出,他很快也病重日甚一日了。如果不是日军侵略中国的逃难生涯,还毁掉了他一生心血,我相信,他是不会这么快,就离我们而去的。

然而在他逝世后不久,一天我听阿奶说,我爸爸、妈妈真的从日本回来了。

四、幸运地与父母重逢

实际上，我在东新市读小学时，已迷迷糊糊地想自己的爸爸、妈妈，因为这很简单，人家都有爸爸妈妈，为什么我没有？只是听外公、阿奶说，他们到日本留学去了，什么时候能见着，不知道。所以在我九岁以前，父母的印象脑子里是空白，从没见到过。逃难到上海不久，阿奶说要带我去见爸爸、妈妈，我是太高兴了。阿奶领我去离旅馆不远的北京东路384号的通易大楼，这幢大楼今天仍在，从底楼看像是一座银行，进大门从旁边乘电梯上去到四楼，敲开一间房门，开门的是一个中年男子，见我有一份惊喜，说："啊，长这么大了！"整个脸上不见笑容。阿奶说："叫啊，叫啊，这是你的爸爸！"我感到有些陌生，喊不出口，妈妈已经听到声音，从里面出来了。

见到父母，我从他们和阿奶交谈中，才知道他们也是在1938年的1月下旬，刚艰难成行回来的。中国和日本正式开战了，他们急于回国参加抗日，可是没有路费，本来上海的商务印书馆要出爸爸的一本书，叫《日本的艺术》，拿到稿酬可充路费，可是一打仗就变卦了。后来是给一个日本朋友叫岩下顺太郎的，为他死掉的父亲塑一尊像，岩下给了他们100日元做酬劳，他们俩才仅够买上船票回国来的。到了上海，又不知家人音讯，过去的朋友也一时无联系，连到码头上来接的人都没有，只得先借了一间小房子暂时住下。后来联系上了在日本曾一同留学过的朋友李南苓，是刚刚通过他的介绍，才租下了北京路384号通易大楼里410号的房子。妈妈又找到了住在金陵东路的叫夏小妹的家乡小姐妹，才知晓外公一家还有我，已经流落到上海来逃难，外公已在一个月前逃难途中身故了，我母亲听了顿时号啕大哭。这对于我父母来说，等于是晴天霹雳。真是国仇之外，又添了一重家恨。

当时父母的困境,可说囊中羞涩。我父母这时只能先找学校代代课,应付生活开销。我母亲当时就到中共地下党办的上海新闻专科学校去教日语,我父亲也到在南京路开办的一所补习进修学校,去教写作等课。

这样,我就和父母同住在一起了,这时我也知道家中已有了一个弟弟,比我小四岁,叫金星,说是在上海生养的,生下后由父母又带到日本去,这时也该读小学了。这样,我父母的家庭负担也比较重。

通易大楼得名于通易信托公司,在现在北京东路的山东路与河南路中间,朝东一些是国华银行大楼。通易大楼背靠的是苏州河南岸,楼内设计环楼是房间,楼中心是楼梯和电梯通道,底楼搭了一个大玻璃棚。我住进去后,晓得底楼是信托公司营业所,二楼、三楼是一所中学,是后来我也读过的澄衷中学。四楼是住户,我家开头只租一间410号,有二十来平方米,后来隔壁邻居409号搬走了,我父已开始编杂志、报纸,家中堆满书报、纸张,一间房不够用,就又同房东商量,也借给了我家,我家便有了两间房。

我在东新市小学没有读完,家里送我到离家向西不远的民生小学继续读小学,这也是私立小学,但在租界里教育还是中国政府管的,所以教材、课程之类基本一样,我就读到高小毕业。印象深的,是每早出门读书,还经常看到成群的流落街头的难民。冬天很多因冻饿交加,倒毙在路旁。还有,便是我家临街而居,有几次甚至在大白天,会突然听到窗外枪声大作,一帮巡捕或穿便装的人,正举着枪追击一个拼命向前逃的人,那人却突然转身举枪回击。路人都吓得伏在墙角或路旁,其惊险就像今天的警匪片。当年日本侵略造成的社会恐怖和混乱,我至今仍有记忆。

五、亲见父亲被日本宪兵抓走

1939年入夏,我已经十一岁,从民生小学高小毕业,将要升入中学读初中。爸妈为我选的学校,就是我家楼下三楼、四楼的澄衷中学。他们为我选择这所学校,一是自然图路近,楼都不要出,来回安全,日伪时期社会治安很乱;还有一点,就是它办得也不错,很有些名气和历史。本来办在虹口的唐山路,是清朝末年艰苦创业的宁波巨商叶澄衷捐资创办的,蔡元培也当过校长,有不少著名人士如黄炎培等,都和这所学校有关系或读过书。日军侵略上海,它的校舍三幢楼大半被日军飞机炸毁。接着,日军又完全占领虹口,澄衷师生坚决迁校进租界里来,就借通易大楼房屋继续办学,这其中黄炎培和黄定慧夫妇是出了力的,我爸妈当时和他们都有交往,自然是选中它。澄衷在通易大楼两层楼面里,一共有十多间教室,初中分三个年级,每个年级有三四个班级。当时澄衷蜗居在通易大楼的两层楼面内,场地很狭窄,但学校还是螺蛳壳里做道场,开辟了室内体育场地,有鞍马、平衡木、跳箱等器械,垫上运动也很丰富。我入澄衷读初中,记得也简单的考试了一下,那时我的成绩尚可,所以进去很顺利。

然而,就在我将要进澄衷中学的时候,记得是1939年的一个夏夜,白天很炎热,晚上因房子挨着苏州河,有凉风,我在同父母一个房间里的小床上,睡得正香。突然,一阵急促的脚步声传来,并很快就好像是在猛烈的敲击着我家的房门,我也被惊醒了。

醒过来,迷迷糊糊地看到,我父亲披着衬衣,起床刚开开门,一个日本鬼子就冲进来,"啪啪"地打了他几个耳光。随后,另一个冲进来的鬼子宪兵,就在屋里边唔哩哇啦地喊叫着,便分头在屋里翻箱倒柜,到处搜寻,像是在寻找什么东西。我吓得用被单蒙住头，但眼睛还是从布缝里偷偷地往外看。后来听我妈妈说，原来有两卡车日本鬼子宪兵，夜晚越过外白渡桥，冲进租界，和一帮租界巡捕汇合，包围了通易大楼。所以，我看到在我家里乱翻的，除了一帮日本宪兵外，还有租界巡捕房的英国巡捕头子和中国巡捕。不一会儿，他们就把箱箱柜柜翻了个底朝天，屋里凌乱不堪，遍地纸片。

这时，两个日本宪兵把我父亲逼到墙角盘问，还不断地按他的头。我母亲趁机用眼角在屋里扫视了一圈，她乘日本宪兵不注意，把一叠白纸连忙用脚踢到我睡的小床下面。可惜，正巧被一个英国巡捕看见了，他连忙弯腰捡起，我妈妈一脸紧张，他却张了一眼，偷偷地塞进了自己兜里。这一幕也还让睡在小床上的我，完全看到了。

两个日本宪兵盘问了我父亲好一阵子，就把他押到楼下去，一群鬼子和巡捕前呼后拥地跟着，到楼下的《文献》杂志社去。在我家屋里，他们带走一大包抄走的东西。听我妈妈后来说，实际上，这时楼下也已被日本宪兵和租界巡捕抄了，抄走的东西，不仅有印好准备运到南洋华侨中的几十包抗日书籍，还有我父亲从日本带回的日文版的《斯大林全集》《布哈林全集》这些书，以及不少由日本共产党出版的马列主义和社会主义理论书。我只听到日本人在楼下哇啦哇啦地喊叫，大概是宣称统统地没收。天亮我知道底楼屋里书，都被日本鬼子装上卡车抄走了，门口贴上了大封条。

而让我忧虑的，自那夜，我父亲被日本宪兵抓走后就没再回来。我那时才十一岁刚要进初中，也懂得他被抓去有多危险。好在我妈妈很冷静，日本人走后，她默默无语地先将屋子里整理了一下，很快天亮了，她就匆匆出门了。我知道，她肯定是找人救爸爸去了。

我对于日本鬼子为什么要抓我爸爸，也在脑子里不断的盘根究底。爸爸妈妈到日本去留学，脑子里总有一丝丝不知哪里来的记忆，他们是做共产党的。后来，他开始编杂志、报纸，在底楼前面朝马路是一家银行，在后面有一间就是他的办公室,虽然他不准我进去玩,但我还是进去过几次,里面光线不大好,堆满了一捆捆的书报,进出的人也不多,晓得这里是《文献杂志》和《华美晨报》的编辑部,里面所见书报,当时我已将进澄衷,书报上的文字也已读得懂,都是揭露日军侵略暴行,号召和鼓励人们抗日的,还宣传共产党和八路军的,我更加明白父母是从事抗日活动的,也晓得被日本人抓住要杀头的,所以我不能乱说看到的事。

原来,父母亲1938年回国后不久,当时中共上海地下党领导人刘少文决定父亲担任《文献》杂志社经理,年底又接办《华美晨报》。父亲办报纸、杂志后人很忙,成日不见他人影,来找他的人也真多,有些还到楼上我家里来。印象中比较深的有黄定慧夫妇,我叫她阿姨,黄长得很漂亮,气质风度都好,穿着也很时尚考究。她的丈夫陈志皋高高大大,西装笔挺,很有派头,是个大律师,黄很会交际说话,听说杂志本是她负责,后来交给我爸爸管的。那时经常来往的还有陆久之夫妇,他们夫妻俩和我父母在日本就认识,陆也是一表人才,说话慢条斯理,穿戴考究,很有绅士派头,他太太按在日本的习惯叫我妈妈高桑,我妈妈叫她庆桑。有时他还会悄悄地和我爸爸低声说两句。由于熟识,我还认得他家的孩子。

约在日本宪兵来抓爸爸十多天前的一个上午,《华美晨报》报社曾收到一件邮包,用的是上海永安公司的黄板纸货箱,打开后竟是一条砍下来的血淋淋手臂,箱内还附有一张纸条,上面写着:"金学成,你们再写抗日文章,同样下场!"我们家人紧张极了,真如临大敌。爸爸却神色没变,仅报之冷冷一笑。不料,日本宪兵就这么快逮捕了我父亲,查封了报社。

六、妈妈冒险去救爸爸

妈妈出去跑了一整天,她出门关照我照看好弟弟。吃饭有同住的阿奶。我很担心,因为日本鬼子就端着刺刀在不远的苏州河桥上。她晚上回来说,找到了上面领导抗日的人,我后来知道就是地下党,说已知道我爸爸被捕,正在设法营救,让不要心急。但一连几天,又没有信息,焦急的是不知他的下落。有一晚,妈妈回来很沮丧,说听来消息,讲说不定已经被日本人枪毙了。那夜全家是不眠之夜,包括我。第二天一早,妈妈又出门找人,说是找日本一道留学的盛沛东、郭子春。见到他们,都表示愿意帮忙。尤其是盛沛东,正和日本人做生意,认得日本领事馆的人。果然没有几天,盛来告诉,爸爸被关在虹口日本领事馆监狱。下一个星期移押到租界福州路巡捕房监所时,允许去探望。妈妈奔波了十多天,总算打探到了爸爸的准确信息,这真是不幸中大幸。

一到日子,妈妈就去探监,爸爸关在那里。他明显消瘦、疲惫,但精神还好。他告诉妈妈,被抓当晚就押到这里巡捕连夜审讯,审讯的有日本人、英国人,还有华人巡捕头子叫宋秉正。盘问他的学历、履历,看到他身上有一块刻着日本菊花纹的金挂表,那个日本宪兵惊讶了,厉声问:"哪里来的?"他回答:"参加日本文部省美术展获得的奖品。"日宪兵又问:"你有这么高的学历、成就,为什么还要抗日?"他又回答:"我是中国人。"日宪兵不吭声了。

他于第二天,被日本宪兵转押到虹口的日本领事馆监狱,又再审了一遍。他还是那样从容不迫地回答。他告诉说,虹口日监狱险恶得多,监房只有一块小榻榻米,要关两人,规定犯人必须盘腿坐着,不准自行站立,时间长了真熬不住，腿脚麻木疼痛难忍等于是受刑。还有，不时地提犯人到外面空地，用甩大背包、灌自来水等刑罚来折磨，发出的惨叫声直刺人心间。

他还告诉妈妈说，按照租界治外法权，他在日本监狱关半个月，又被移送到租界巡捕房，在巡捕房关半个月，又要押回日本监狱。在租界巡捕房时好探监。当晚妈妈回家告诉爸爸这些消息，我和阿奶是悲喜交加，悲是爸爸还没脱虎口，喜是他还活着。辛苦的是妈妈，她几乎天天焦灼不安，四处奔走，要闯日本鬼子封锁线营救爸爸，弄得不好也要被杀，日本鬼子是杀人不眨眼呀！还有，底楼出版社和报社被封，爸爸被抓，本来家中开销是靠爸爸的编辑酬劳，妈妈有时也有一些日文翻译稿酬，这下全断了，家中本无积蓄，一家老小，生活将如何维持？这时我妈妈就看到报纸上，有一个叫老大昌的米行在招聘懂日语的职员，就前去应聘。米行要懂日语职员，是因为日本侵略军对中国米粮等物资，列为军需品实施统制，米行买卖大米要审核办证，这就必须有懂日语的职员。我妈妈在日本奈良师范学校毕业，日语很好，应聘自然顺利成功。这样她既要养家糊口，又要营救我爸爸，当然是心身俱疲。

爸爸被日本宪兵抓走，家中祸不单行。在奉贤四团的祖母，本来日军侵略，乡下也不安宁，她已是度日如年，又传来大儿子被日本兵抓走的坏消息，她又气又急，仅一个月光景就逝世在乡里。妈妈领着我们去奔丧，真是悲愤凄惨难言。

这样，我父亲竟一眨眼被关了三个月，妈妈和全家人都很焦虑。我已正式到楼下澄衷读书，新结识了几位小伙伴，还有老师，他们也知道了爸爸的遭遇，都很同情我。那个时代，只要是有良心的中国人，提起日本鬼子、汉奸，没有不恨的。

天凉了，妈妈又去探监，给爸爸送些衣物。爸爸告诉妈妈，在虹口日监狱和他同监的一个曾是日领馆厨师的和他说，日本新任驻沪领馆代办是清水董三，正住在百老汇大厦，即今天的上海大厦。我父亲想，他在日本开中日文化交流会时曾认识清水，提交的日语与汉语发音规律的论文清水表示很赞赏,还请到他家里吃过饭,以后也有过一些交往,是不是可去找找清水的关系?

我妈妈本来也见过清水的,回家后和到我家看望的陆久之一说,陆就鼓励她:"直接去找清水试试。"我妈妈当时也是救人心切,照她后来说:"也是死马当作活马医了,搏一下!"她穿上从日本带回来的和服,经过一番化装打扮,冒充日本女子,过外白渡桥时,桥上的日军岗哨也没有检查,就放她过去了。她径直就到桥西堍的百老汇大厦找清水。清水果然接见了她。她对清水说:"金学成是搞艺术的人,从不问政治,宪兵队抓他抓错了。"清水当场没表示什么。回到家里,妈妈又按同样话语和意思,写了一封信寄给清水。可是一礼拜过去了,清水那里却并无回音。

不过,我妈妈考虑清水没有直接拒绝,这还是有希望的,便决定再次直接去找他。这次见他,清水总算表态了,他当我妈妈面给日宪兵队打了电话:"金是美术家、学者,案子如没有大情况,就了结吧。"这样,我爸爸就被押回了福州路巡捕房。那个华人巡捕头子宋秉正对他说:"放人要找铺保,快去找人。"我妈妈就去找蔡老板蔡叔厚,他和我爸妈是在日本就认识的老朋友,也时常到我家里来。我妈妈托他,他又去请福州路的金光霓虹灯公司的老板来作铺保。

我爸爸终于出狱回来了,在牢内呆了一百多天,身体十分虚弱。那时我已经正式到澄衷读书了,那天我正在学校读书,放学听说爸爸放回来了,十分高兴。爸爸知道我已进澄衷读书,也很欣慰。爸爸被关的这次经历,对我影响很大,我知道了父母的真正面目。我也长大多了,除了读书,就是爱画画、刻印章,和照顾弟弟。

但我清晰记得的,那叠被英国巡捕藏到了兜里的很重要的白纸,到底是怎么回事? 一直在我脑子里盘旋。这是到了几十年后,我父母才告诉我,那是共产党情报人员拼着性命弄来,叫爸爸翻译的日军在上海及江浙地区驻军图,若是落到日军宪兵手里,麻烦就大了,甚至要牺牲生命。但英国巡捕为什么藏起来就不响了呢? 看来,当时英国和日本也是有着很深矛盾的。

七、在澄衷钱君匋是我的启蒙老师

爸爸被抓约两个月后,妈妈还在四下托人营救爸爸,澄衷中学秋季新学年开学了。我就每天一早下楼去读书。我记得开学典礼很隆重,入学新生集中在一个大会场,当时澄衷校长叫王震,和国画名家王一亭同名,但他是办学校的教育家,据说是澄衷的第二任校长。学校每逢重大纪念、开学或毕业典礼等活动,他都会演讲致辞,他留着一把大胡子,一袭长衫,人不高,但正气凛然,讲话勉励同学国难当头,应该奋起,认真读书,正直做人。

开学后,我新结识了几位小伙伴,几十年后澄衷老同学们聚会都还碰头,至今还在来往的有周文良、周性龙、周善德等,在我一生中,他们都给我很多的友情和关爱。当然更不能忘的还有王怀琪等老师。不知怎么回事,开学不久同学和老师也都知道了我爸爸被日本人抓走的遭遇,都很同情我、安慰我,也可能和我郁郁寡欢,高兴不起来的神情有关。那个时代,尽管我们还是初中生,对日本鬼子、汉奸,也是切齿痛恨的。

当年的澄衷师生,的确是爱国立场鲜明,令人敬佩受感染。我们唱的校歌,仍是要振兴中华,立志成才,为国担当。所以校风很正,同学团结友爱,学习都很上进,老师都很尽心尽职,我今天回想还很尊敬、怀念。所以,开学后一个多月时,几个小伙伴听说我爸爸回来了,也祝贺我。

进澄衷,课程比小学时多了,语文、数学之外,还有了理化等课程。当时我一个班的同学大概有二十多人,同学中男女的比例,明显是男生比女生多。学校很重视、鼓励学生学习写作,作文内容多是爱国人物、发奋学习、尊师敬长和团结友爱这一些,体例也比较活泼,可写小散文、小评论和诗歌等。当时,没有感到学校中有党派和政治活动。

在我印象中,澄衷是有很重视音、体、美等课教育传统的,音乐课老师是男教师,姓翁,名字不记得了,他风琴等乐器都会弹奏,唱歌也很好听,同学们议论他在音专等校学过声乐,实际声乐究竟是什么?我们这帮初中生还并不真懂。音乐课每周一节,他教我们救亡歌曲,还教澄衷的校歌,澄衷的校歌很好听,也有点小名气,是首任老校长刘树屏写的,其中有一句:"人生为学莫失时,莫谓年幼稚。"我印象是很深。

澄衷中学的体育课很有特色,体育老师叫王怀琪,待我很好。据说,今天还受习练者欢迎的八段锦,就是他发明首创的。说来,当时澄衷的体育场地真不佳,简直就是"蜗居",在通易大楼的楼层走廊内,是狭窄的细长一条,但学校还是螺蛳壳里做道场,开辟了室内体育场地,有鞍马、平衡木、跳箱等器械,垫上运动也很丰富多彩。我体会是有抗日情怀的,东亚病夫如何上战场?我爱上体育课,因我自小好动,身材虽算中等,但体质很好,摔跤、掰腕子在同学里都不大有敌手,几十年后澄衷老同学们聚会还都记得。我跳高也不错,初中一年级,就跳过了1米25。我回忆这些,是因为这对我后来搞雕塑,是很有帮助的,因为雕塑这项艺术,需要创作者有很好的体力来支撑的。

澄衷的美术课,对我一生来说,都是幸运,它对我人生选择美术是最早的启蒙。当年在学校里教美术课的老师,正是钱君匋。他那时已经很有名气,对图案设计、书法篆刻、封面装帧等已很有造诣,但就在一所普通的中学里任教。而且真是循循善诱,诲人不倦。他当时教我们学书法,指导同学怎样握笔、研墨和临摹碑帖,一丝不苟,认真仔细;教我们篆刻,也一一细心讲解选石啊,运刀啊,布局啊等一些最基本的要领。我那时很迷篆刻,在一方石料上刻了磨,磨了刻,用很多次,他都耐心指导我。钱先生人亲切和蔼,毫无脾气架子,艺术水平又高,无论是笔或者刀,在他手下这么轻轻一动,就无论画什么,刻什么,都生动可爱,惟妙惟肖。我很惊讶、羡慕。至今,我还保存着他为我刻的一方印章。

这样，美术课虽仅是每周一节，我都很珍惜。澄衷初中三年，我就这样跟着钱先生学了三年。由于我对美术有了浓厚的兴趣，我的数学成绩倒退了，仅能维持及格，但父母没有多责怪我。日本军队占领上海的租界"孤岛"时期，由于社会动荡，治安很差，学生的业余文化生活本来就不多，爸爸、妈妈也不准我多出门，我就迷上了篆刻和画画，成天在家里刻刻画画。爸爸、妈妈后来还大力地鼓励我，因我父亲去日本留学后，也是学习美术中的雕塑专业。所以，我心目中始终把澄衷时期的钱君匋先生，视作我的美术启蒙老师。

八、爸爸做米生意为游击队买米

爸爸从日本人监狱出来的第二天，发现我床底下，有我们随妈妈去四团奔丧穿的白布孝鞋，一连声地问："怎么回事？"妈妈告诉他："你妈妈一个多月前去世了，你蹲在牢里就没有说。"爸爸顿时哭倒在地，他马上就要带弟弟去四团奔丧。当时他人瘦弱到立不稳，又身无分文，执意要去。他带着弟弟从上海乘长途汽车到新场，到那里天又下起雨，想雇一条船回四团，船家要一元钱，他身边仅有几角钱，只得在新场一家小店将就一夜，第二天清早天不亮，再背着我弟弟，赶了三十多里路回家去。到四团，他披麻戴孝，到坟前磕头烧纸。回上海家中，在一双从狱中带回的竹筷子上，刻了"国仇家恨"四字，表示对丧母之恨之痛矢志不忘。这时，他担心日本宪兵在跟踪，又到我妈妈的一个同学家去住了一两个月。看到日本宪兵确实没有什么动静后，他才又回来和我们同住。

这时地下党的领导人化名叫"刘姥姥"的刘少文，指示他："你先养养身体，留在上海争取找一份公开职业。"而当时留在上海公开找职业，也不容易，还要考虑安全，但是要求地下党员"职业化"，是中共组织的要求，一是可以解决个人和家庭生活来源，当时地下党员是没有生活费的；二是可以便于隐蔽。

我父亲便照刘少文的指示寻找职业，他先想到的是我妈妈已经就业的老大昌米行。妈妈去米行上班后，已熟悉了那里每天所做的工作，主要是为米行向日本军队所谓"军管理"部机关申请办理运米的运米证，以便通过日军和汉奸军警在江苏、浙江通往上海的要道设置的一道道经济封锁哨卡。这些哨卡甚至还布满上海市内，包括黄浦江两岸码头。申请运米证，不仅申请表、保证书及运米证要用日文填写,和日军人员打交道,也少不了一路"哈伊哈伊"的用日语对话。

另外,就是作为翻译,少不了有时还要陪米行老板到苏州、无锡一带产米地去采购食米。因为那里也被日军占领了,同样要经过道道日本鬼子岗哨,不懂日语非常不便,甚至有危险。我母亲应承这份职业,本是出于无奈,实际诸多不便,爸爸出狱找职业,能替换妈妈的工作,一是完全可以胜任,二是也可以让妈妈摆脱出来。那家米行老板叫沈裕章,据妈妈说,基本是个经商的商人,到我家时我也见过,人蛮客气,爸爸和他聊了一聊,他也爽快同意了。

随后,爸爸就接替我妈妈为老大昌米行当日语翻译,做米的生意,很快就摸熟了运作环节,做得很不错,老板给他蛮高报酬。妈妈便回家料理家务。这样,家庭窘迫的境况才有所好转。当时澄衷的学费虽然不贵,多少还是有一些负担的。爸爸有职业后,我在澄衷的学习情绪也稳定多了。

当然,爸妈还是在搞抗日活动。这就是他暗中在为新四军游击队买米。有一天,一个不速之客来寻爸爸。这个人姓郭,叫郭君毅,和爸爸交谈中,好像以前就见过面,蛮熟悉的。他称,是爸爸奉贤四团镇小学的同学吴建功让他来的,他也是在四团小学读过书的。他问爸爸:"是不是在帮米行做米生意,游击队急需粮食等物资,能不能买1 000石米运过去?"爸爸回答:"关键是要搞到运米证。"他就拜托了爸爸。不久,就有一个奉贤老乡周士奎来我家,说:"只要搞到米,运到芦潮港交给他就行了。"那时我爸爸、妈妈在上海,只要是奉贤乡亲,甚至是浦东南汇来的人,他们都很热情,都认作老乡,所以家中来人很多。

爸爸到老大昌米行,和沈裕章老板相处得也不错。他就先和沈老板说:"浦东大团那边有个朋友要做米生意,江对面沿海只种棉花,食米全靠苏南这里运过去的,这笔生意不小,有1 000石,是不是可以做?"沈老板听到是大生意,当下就同意了。

困难在大米是日军规定的军供物资,采购大米必须有日军发的运米证,它是由上海日军最高机关部队即第十三军司令部发放的。怎么才能搞到手呢?必须找一个关系。沈老板和日军打交道,能做米生意,是认得日军司令部办米证的一个下级军官收发员。他请这个日本人在东亚酒楼吃饭时,喊我爸爸去当陪客做翻译,爸爸也搭上了这个日本小军官的关系。爸爸就用老大昌米行的名义,到当时虹口蓬路的日军司令部去找他,沈老板是一直给他好处即行贿的,爸爸去当然也塞钱,跑了几趟,他居然给办下来了。爸爸立即通知周士奎到大团接应收米。

谁料想,这时竟然有个败类,也是一个奉贤老乡,因眼红爸爸"发大财"了,向黄浦江边南市码头的日海军检查所告发,说运米证是假的。所以,运米船到南市码头检查时,被日海军关卡扣留了。我爸爸本来没随米船走,闻讯立即到码头交涉,人也被扣留,并押住日海军吴淞军港审查。

这次,他是第二次冒极大的风险,知道一旦日海军晓得真相,那是肯定要杀头的。只有一条路,凭日军陆军登部队的运米证力争到底。妈妈在家焦虑坏了,所以我也有一些晓得,我那时已十三岁了。爸爸的日语真是很好,经过唇枪舌剑,巧言善辩,把日海军检查人员给问倒了,他们也顾忌与日陆军关系闹翻的后果,最终将爸爸又送回南市码头,把米船也放行了。这样,我父亲也就索性随行护送米船,闯过黄浦江上日军巡逻艇的几次盘查,才到达大团。交接给周士奎和来人后,他才返回上海家中。自他出门,妈妈一直坐卧不安。十多天后,郭君毅又来了,送来一坛陈年绍兴"女儿红"酒作为感谢,说是吴建功从浙东那边托人带来的,爸爸十分珍视,留作纪念,直到今天还在家中珍藏着。

那时,我虽然懵懵懂懂地不明白其中的许多关系、细节,到几十年后他才告诉我详情,浙东是新四军活动的地方,那坛绍兴"女儿红"就是代表新四军表的心意。

九、我爱上了雕塑和充仁画室

我在澄衷中学读书到初二、初三的时候，虽然是坚持不懈地学习美术，但对美术的专业兴趣已转向了雕塑。这其中原因很简单，就是知道了我爸爸是搞雕塑的，他身上带着的那块刻有日本皇族菊花纹的金表，就是他参加日本文部省全国美术展览会所获得的奖励纪念品，这是外国人包括中国人第一次获得资格参加日本的国家美术大展。当时中国报纸群相报道，称赞他"为国争光"、"民族骄傲"。在他罹难囚于狱中时，连日本宪兵见了金表，都对之敬畏三分，我当然对爸爸就有了几分崇拜。

还有那尊他送去参展的作品《日本少女·胸像》，他也十分珍爱地带了回来，那时房间不大，他把她放在醒目处，日本少女的娴静、端庄和妩媚，眼底里流露出的对美好生活和和平的向往，他都刻画得十分准确、细腻。我几乎每天都要看上几眼。

另外，他在日本创作的其他雕塑作品，如中国新闻业开创人、《申报》总经理史量才像等，日本邮局给他印成了明信片，家中还珍藏着，我时常翻阅，这都潜移默化地促使我喜爱了这门艺术。

对于爸爸学习雕塑的经历，他自己虽不大谈起，但从妈妈口里，我知道，他从上海第二师范学校毕业后，又考取了南京江苏省立第四师范学校艺术专修科，本想继续深造学美术，但由于当时正逢大革命时期，他社会活动太多，就缺了不少课。后来这所学校合并给中央大学艺术系，由留法归来、大名鼎鼎的徐悲鸿任系主任，他是很想去继续学业，学籍也请同学狄知白注册了，但由于很忙，还是缺了不少课。

他到日本留学，总算考取了日本东京美术学校塑造科，由于每月有四十日元助学金维持生活，他坚持学习了下来。那时他的中国同学有王曼硕、陈询等人。由于他得了日本文部省的雕塑类作品奖，他和国内的雕塑界也发生了一些联系。

抗战前夕的1936年冬天，他携两件作品回国参加南京全国美术展览会，当时是中央大学艺术系教授吕斯百接待了他，吕和爸爸是南京江苏第四师范艺术专修科时就是同学，吕凤子是他们的老师，并进中央大学后，吕和他，还有吴作人、王临乙等还是同学，吕和王等都很受徐悲鸿器重，送他们到法国高等美术学校学油画和雕塑，后归国都回母校任教。吕是这次画展的筹备人之一，请爸爸参加画展雕塑组作品审定，介绍他认识了刘开渠、张充仁等雕塑家。刘开渠和吕也是留法同校同学，只是学的是雕塑系；张是留学比利时布鲁塞尔美术学院回国的，也学的是雕塑，几位留学东西方不同国度的同行相识后，真有一见如故之感。吕又引爸爸去见徐悲鸿老师，悲鸿老师对他在中央大学艺术系读过书，还有印象，对他日本求学取得的成就，勉励有加，还送了一帧他亲笔签名的照片给他，爸爸很珍爱它，我小时候也见过，可惜"文化大革命"中抄家丢失了。

另外，家中还有少量爸爸从日本带回来的有关美术、雕塑之类的书，我也很爱看，自然耳濡目染，使自己就着了迷。困惑在于当时没有地方专门教授，爸爸有时也讲一点，但他太忙，大量的学习是我自己摸索体悟，后来到张充仁先生那里学了一段，进步就大多了。由于这方面的原因，我在美术方面的兴趣定向到了雕塑方面。

由于爸爸在美术界的这些关系，他和住在离我家不远的张充仁先生等人，是认识的。张先生有时也到我家来串门。他们聚在一起自然是谈雕塑，谈美术，还谈那些中外雕塑史上的经典之作，从中国的龙门石窟，到意大利佛罗伦萨的大卫雕像，等等。我在一旁听得津津有味，十分入神。爸爸也叫我上前问张老师好，张也是一口上海话，这时他就曾指教过我："学雕塑，一定要先学好素描，这个是基础的基础。"这些话，自然爸爸也没少说，但张先生一说，我印象特深。我在随钱君匋先生学篆刻时，他也叫我们打好画画的底子,但钱先生虽也学过西洋画,但他是画封面装帧的,和雕塑还有一定区别,就是素描不大要求严格的。

这时,我也必须靠自学,除爸爸从日本带回几本关于美术素描的书,我也用零花钱买了一些,如《素描基础教程》之类,按照书中指导,先多画几何形体,方块啊、三角啊,然后再静物写生,画水果、花瓶这些,再画石膏像,重视人的脸部,眼睛、鼻子、嘴、耳朵五官,还有人的四肢、躯干,等等,一一循序按部就班画下来,爸爸也给我一些指点,看我学得这么认真很高兴,叫我不要急,要有耐心,多练线条。我后来又学画头像、胸像、半身像、全身像,这样经过了一二年,自己有了一些感觉。这时,想到去离家不远的菜市路上海美专夜校部报名去学素描,因为那里设素描科,教的老师很正规,有功底,可是一件惊天动地的历史大事件发生了。

1941年的12月8日凌晨,一阵猛烈的炮击声,把我和全家人惊醒,原来是日军终于发动了太平洋战争,向黄浦江上的英、美军舰开火了。上海租界"孤岛"也沉没了。当天上午9点多钟,全副武装的日军如狼似虎的兵分几路,驾驶着坦克、摩托车,穿过苏州河上桥梁,宣布接管租界。租界里的中国学校当天大多数停课,包括澄衷中学,全以沉默作抗议。几天后,学校在日军的刺刀恐吓下开学,又强制学校向汉奸政府教育局登记,废止使用民国政府教材,使用"奴化"教科书,还强制学生学日语。这样,上海又有一批学校迁的迁,关的关,上海美专夜校部也正式停办了,校长刘海粟和大多数老师都走了,只有少数几位老师没走,在坚持业余教育,开开补习班之类,实际上课也比较松散、散漫了。我也去读过一段夜校,就是在昏黄的灯光下画石膏,也没有什么指导,经常老师或同学,不声不响就不告而别了。日本统治下就是这样,我看实在难有大的进步,就回家坚持自学。这时我也已澄衷中学初中毕业,必须考虑升高中的问题了。

我后来考取了大同大学附中高中部,这是一所非常好的学校,下面我会再讲,但对我最不利的,是没有美术课,我学画画除自学外,就是到张充仁先生那里去。就是现在很多人在谈的充仁画室,在合肥路592弄25号他

26

家里。我每次去时人不多，总有四五个人，围着一尊石膏写生，或对着一张画临摹，有时候也当场叫我们做泥塑，用一团泥捏人头或手脚等，张先生的基本功底深厚，技术真好，做的东西惟妙惟肖，总是体现出精神层面的内涵。他指导学生也是一语中的，一下子就点出你的毛病。我在他那里去学过一两年，时间在抗战胜利前后，我到他那里不定时，有时晚上，有时下午，反正去了就教。有可能就把下次去的时间敲定下来。他因为和我父亲很熟，有时还到我家来坐坐，和我爸爸聊聊天，谈的多是雕塑的话题。所以我每次付学金时，他都很客气，笑一笑，只"喔"了一声，便收下了。当然这是应该的，这是他的劳动报酬，生活来源。他的太太是一位法国女性，待学生也很温和，会说简单的中国话。后来我考北平艺专时，也到他那里去请教过。如果讲我后来学雕塑，以此为人生艺术道路的奋斗目标，张充仁先生真就是在我入门时，指点过迷津的老师。

十、爸爸在工商界交朋友

我在澄衷中学读初中二年级时，感到家中的经济困难逐步好转了。这时，爸爸一面在为米行当翻译，一面又经史量才的夫人沈秋水介绍，同时和人合办一家小酒精厂。沈秋水是他在为史量才塑像时认识的。她介绍爸爸认识了五洲药厂总经理项绳武。项的父亲项松茂也是被日军在"一·二八"所杀的爱国志士。同时，正好五洲药厂需要酒精，项绳武就邀集一批朋友集资，在沪西越界筑路的凯旋路上，办了一爿亚东酒精厂，聘爸爸任经理，这个经理处就设在通易大楼的我们家中。实际厂子很小，只有十来个人，是买现成的散装白酒来提纯，而供给五洲药厂多余下来的酒精，就制成烈性酒伏特加，用外商礼和洋行的牌子，卖给法租界里的俄国人商行。这样，我父亲又另有了一份经理的薪水，家境宽裕一些了。随后，我爸爸又做了一些糖等生意，他做事是很认真的，是做一行像一行的，这样就结识了不少的生意人，经常在一起聚餐，谈谈行情、信息，他也利用这种关系为党做工商界的工作。

这时，我发觉爸爸实在太忙，他和以前的老上级林钧又在编一份叫《松青》的杂志，每天深夜都还在灯下写东西，还用纸罩住灯，神神秘秘的。过一阵子，林钧和他的妻子杨淑英就来取走。他们和爸爸、妈妈是老相识，也是一口浦东一带乡音，杨和妈妈说话完全是自己人的口气，我也见过他们。杨淑英，我叫她大妈妈，我们两家孩子也互相认得。还有王艮仲，他那一段日子也时常来，他也是浦东人，好像和爸爸还是南京中央大学的老同学，有时到上海哪里去办事，还到我家来弯一弯，和爸爸谈几句再去。爸爸被日本宪兵逮捕，妈妈也去找过他，他去通过关系找过日本人。后来，这个

28

《松青》杂志停办了，它本来是以松江、青浦一带同乡会名义编的，上面却登了毛泽东、朱德和八路军的文章，这就引起了国民党的注意，把它停刊了。

我父亲在老大昌米行和当亚东酒精公司经理时，积攒了一些钱，感到通易大楼住处太狭小，便租下了我家现在住的复兴中路（那时叫辣斐德路），靠近淡水路的一处房子。搬过去后，家里地方大了，爸爸在商界的朋友更多了，聚会活动也常在我家。连我的大同高中同学也到我家来聚会。

爸爸因为做生意，就认识了一批原在上海南京路国货公司里做生意的朋友，其中有洪世澄、林炳炜几位，和爸爸很投契，谈得来。他们就约了十多位商界朋友，组织了一个枝鸟聚餐会，想起来也很有意思，叫枝鸟，就是把自己比喻作夜里枝头上的鸟，在等候天明。聚餐会就是每到一个礼拜或两个礼拜，聚到一起吃吃，交流交流信息，很多信息包括商场信息，都是通过饭桌交流的。他们都选我父亲当会长，大约觉得他是日本留学生，文化高，有办法。洪、林两位就当干事，很多次就在我家底楼客厅。我妈妈也出来帮助张罗接待。

我父亲在这个时候，总要讲一点那一边的信息，比如太平洋战场形势啊，日本人又吃了败仗啊，甚至讲一点苏北那里，就是新四军的情况。他说时，客人们都听得很用心，因为晓得他是日本留学生，经历过大世面。我记得，后来大老板也来参加了，国货公司总经理李康年，还有中国钟厂、五和织造厂、萃众毛巾厂、鸿兴袜厂这些马路上到处看得到广告牌的公司老板也来，我家就客人更多了，我爸爸的生意也涉及更多方面。比如在南汇大团镇开的做汇划生意的南汇兴业银行，实际那时做汇划生意，是因为敌伪时期路上很不安全，带现钱遇土匪很危险。

我父亲做这些生意有些是挂名的，据他说，他要参加浦东同乡会的活动，要和浦东工商界打交道，建立联系。浦东同乡会大厦在当时的爱多亚路，即现在的延安中路黄浦区法院附近。会长是名震上海滩的杜月笙，主持会务的是教育界元老黄炎培，他到内地离开后，又把会务交给潘志文、张伯初这几个人，潘志文还是办亚东酒精厂的出资大股东，他也到我家来找爸爸,说:"你也是浦东人,要关心浦东的事情啊。"爸爸去出席他们的聚会,参加的都是一批上海郊区各县,当年叫松属七县,就是宝山、川沙、南汇、奉贤、金山、青浦、嘉定这几个县的开明士绅,里面有些人很有名望,如金巨川、闵瑞芝、蔡晓堤等,他们都拥护抗日,拒绝日本人和汉奸的拉拢,避难在上海。爸爸在日本留过学,写过研究日本的文章,他们认为他了解日本真相,爸爸就从介绍日本的国情,分析中日两国情况的对比,讲中国必胜的道理,来做抗日的宣传。实际上,这也是刘少文给他的指示,做团结工商界抗日的工作。以后他和这批人作为朋友缔交,也去座谈过多次。当然也要小心"76"号特工来搞破坏。为了团结这批上海的老工商业家,当年潘志文还发起组织了一个叫来苏社的诗社,在过去的新城隍庙里面,常常搞搞茶叙,吟诗作联,我爸爸也应邀去谈过时局,讲日本人必败,老先生们还刊刻诗集,里面很多斥骂日寇和汉奸们无耻行径的诗句,后来遭到日伪军警进行查抄、搜查。所以,那时候我爸爸表面上在谈做生意,实际是掩护作抗日宣传。

十一、爸爸参与策反丁锡山

在日本人要投降失败之前，一天也是浦东同乡会理事，又兼奉贤商会会长的蔡吉甫，领来一个在奉贤当地赫赫有名的人物。蔡吉甫是奉贤地方名声很响，实力很大的老板，南桥镇半个镇都是他的产业，爸爸经商后就认识了他。他领来的这个人更是不得了，不仅名声响，老百姓还有一些怕他。这个人就是丁锡山，他后来自己带着一两个随从，或者派他的副手李启蒙也来过我家几次，我也见到过。丁看外表不是很高大魁梧，但结实彪悍，属于奉贤海边那种很能吃苦耐劳的人的样子，脸膛黑黑的，外表不是很凶恶。奉贤人都看他是海匪，他倒是穿着一身西装便服，有一些斯文地到我家来的，话不多，但很客气，讲礼节的。

对于他的传闻，奉贤人都知道，他本来是海匪，做一些劫富济贫的事情，日本打过来，他在蔡吉甫这些奉贤老板支持下，又拉起一支队伍打日本鬼子抗日，可是不久就投降了日本人，还当上了汪伪军的第十三师少将师长，驻军在杭州附近的钱塘江对岸一带。他来找我爸爸说是聊聊，他倒知道爸爸是日本留学生，还是奉贤最早的共产党，外头世面了解很多，想问问日本国内的实情，中国的抗战能不能打赢等等。爸爸明白对他说："日本肯定要失败，会败得很惨，因为它很小，只是几个岛。中国和美国英国苏联几国结成同盟，这有多大啊，就是大半个世界。日本肯定要败的，跟它走没有前途的。"爸爸有时也讲一点八路军啊，延安啊，这些事情给他听。说："共产党现在力量不强，但政策得人心的。"他低头不响，不大谈自己看法，但听得蛮用心。后来，他们还在外面一些跳舞厅地方见过面。

过了一阵，他又派他的副师长李启蒙来，李走时总是说，他回去一定报告丁大哥,他们大约在做海匪时就认识了。有一晚,爸爸一直到下半夜才回家,妈妈很担心,我也很担心,那时我已懂一些事情了,要十六岁了。爸爸回来告诉妈妈,李启蒙装酒疯子,又打人骂人,还开枪砸了四马路会乐里的妓院莲香家,总算把他送走了。四马路就是现在的福州路。不过几天时间,日伪报纸却登出了,丁锡山率部在杭州郊区"叛乱",要炸毁钱塘江大桥,被"皇军"缴械云云等消息。以后,有将近几年没有听到过丁锡山的消息。直到上海邻近解放,国民党天天在抓人,才又从报纸上看到丁锡山已当了解放军先遣部队司令,在奉贤海边被俘牺牲的消息。我很佩服他真是一个好汉,走上了一条光明的大路。在这一阶段,我从初中读到高中,对爸爸、妈妈的交往有些了解了,知道他们在抗日做工作,但更深一层的内情确实是不知道,对我的成长却影响很大。

十二、我在大同附中读高中

读高中，当时可以选择的学校并不多。大同中学，当时叫大同大学附中一院，在上海老一辈知识分子中口碑很好。尤其是 1940 年 3 月，汪精卫在日军武力扶持下，粉墨登场，成立汉奸政府，强迫上海大、中、小学校向它登记，上海一百多学校师生在中共地下党领导下，游行示威，公开发表联合宣言，誓死"宁可玉碎，绝不瓦全，坚决不承认汪伪政府"。这件事，影响很大，大同学生一马当先，得到爱国人士交口称赞。

大同的牌子也很老，1912 年中华民国建立，它就由著名数学家胡敦复等三兄弟和一批清华大学毕业生，在南市老城厢新肇周路南阳里的弄堂房子里创办，开头叫大同学院，自然是取"天下大同"之义。后来建新校舍在南火车站路，很有规模，有校园一百余亩，学生一千多人。1922 年正式叫大同大学，它以理科见长，一时有"北南开、南大同"之誉，1928 年设附中，这就是大同中学的由来。

日军轰炸南市，继又纵火将老城厢烧了八天九夜，凶焰所到几乎一片废墟。大同大学连附中十多幢教学楼等房舍所剩无几。大同师生没有屈服，坚决把学校迁至租界内，租借辣斐德路原律师公会大厦继续办学，学校虽仅有一栋三层楼房，没有操场，可是两千多大、中学师生，在第二任校长、著名化学家曹梁厦领导下，不惧日伪威吓、破坏，学校办得有声有色，深得上海爱国人士和广大市民赞扬。1939 年，大同在新闸路建新校舍，大学和附中初中部迁过去，附中高中部仍留辣斐德路校区，就称为附中一院，新闸路校舍就称为附中二院。

我考进大同附中高中部时，校长已由胡敦复接替曹梁厦，大同的教学管理作风和制度却没有改变，仍是很严格。尤其是数、理、化三门课，教材都是自己编的，新生刚一踏进去真有些跟不上，我因要读美术，学画画，老实说数学成绩不很好。好在大同严的同时，实行因材施教，高二后就开始文、理分班，就是不考理、工、医科大学的，可以读文科班，将来读文、史、哲等科，我自然也进了文科班。文科班除数学外，就读语文、历史等课。大同中学的英文课，英文老师用英文授课，学生开头接受不了，经过一段日子，才逐步跟上，但对学生终身有益。老师很多堪称名师，我记得最清楚的是数学老师梅慕勋，老同学聚会还常聊起他，数学课上得真好，功力深，不论是几何、函数、微分，他一讲明明白白，我数学用力不够，还是感到他的点拨到位。读理工的同学，都很感恩他。

我在大同读高中时，是日伪统治后期，烧杀抓捕没有以前凶狂了，但对学生的思想毒害，就是"奴化"教育，鼓吹灌输什么"东亚共荣"啊，也是无孔不入的，我们都抵触情绪很大，采取消极对抗的方法。印象最深的，是强迫学生读日语，我们都不认真读，故意读错，老师问，就说太难读，学不会。当时大同组织地下抗日活动的学生已分成两条线，一条是共产党的，我晓得班里参加的同学有张华浔、毛世樑、汤德忠等人，他们当时是不是党员？我不知道，但是拥护共产党的，我了解。不过我没有参加，那时我忙于学习美术和雕塑，没有空。而且，他们还借用同学聚会名义，借我家的地方开会，我是到以后才知道的。另一条线的是参加地下三青团的同学，这样互相之间就有一些冲突和斗争。同学中有议论，我也听到过，但不是那么激烈。

我在大同附中印象最深的，就是亲身经历了抗战胜利的那一段喜庆日子。记得那天，当广播里传来日本天皇宣布投降的消息时，我家附近的几条马路，如霞飞路就是今天的淮海路上，已是人山人海、鞭炮声、锣鼓声响成一片，人流纷纷往外滩和南京路拥，因为那一带是市中心。所有马路上行走的人，是真的从心里发出喜悦和呼唤。我也是从家辣斐德路（今复兴中路）穿过淮海路，再到大世界门前，走向南京路。你说有什么特定的去处，没有，就是在欢乐人堆里挤来挤去，兴奋得像喝醉了酒，因为上海老百姓，已经好久没有这样，自由地释放自己的情绪了。我从南京路走到外滩，才看到还有几个日本兵灰溜溜的低着头走过，他们大约还在按命令执勤，人群向他们发出嘲骂声，但没有很出格的侮辱人格行为，这是上海人的良好素质表现。我内心的感觉，就是从来没有这么轻松、兴奋，这是我终生难忘的。

回到家，爸爸、妈妈和全家都很兴奋，大家都在说日本投降的事，说个人见到的情景和心情。对全家来说，日本鬼子侵华使我们失去了两位亲人，就是外公和祖母，这种仇恨是难以忘记的。晚上全家聚在一起，按中国人的习惯，就是爽爽的吃一顿，所以这顿庆贺家宴，做了一桌子小菜，就像过年，也给我印象极深刻。

抗战一胜利，大同附中忙于修复原南车站路的老校舍，可惜我们没有赶上，所以我的大同三年高中生活，始终是在借读的律师公会大厦里。1946年7月，我即将高中毕业，将要离开大同，和老师们及很多老同学不得不依依惜别。可以讲，我们在动荡的日伪统治后期经历的三年高中生活，是十分难忘的，同学和师生的情谊也非常深。在我们离开后的这一年11月，听到母校大同附中已搬回了南市老校舍，很高兴，而那时我已跨入新的学校了。

第二章　铁心考北平艺专,学雕塑

一、心有不甘地考上了上海税专

我从大同附中高中毕业，要考大学了，这对我来说，真是人生的一个十字路口。从内心讲，我喜爱美术和雕塑，从初中到高中已花了六七年心血，爸爸妈妈也支持我，尤其是爸爸，他在内心也是喜爱搞搞雕塑，迫于日本侵华，要参加抗日活动，只好牺牲。一个人关键时刻不能为国家做出牺牲，这是他不能容忍的，还有家庭负担，他是有把搞艺术的希望放在我身上想法的。

问题在当时，我一心想考的是中央大学美术系，我父亲曾经是这所最高学府美术系的学生，曾听过老师徐悲鸿、吕凤子等著名美术家的课，和吕斯百、吴作人、王临乙、艾中信等都是同学，可惜因为参加革命活动没能读完，我在他的言谈中，他对那段学习生活还是十分留恋的。可以讲，徐悲鸿先生主持的中央大学美术系，几乎就是我心中的艺术圣地。

由于万恶的日军侵华，导致1937年7月中国抗战全面爆发，中国政府和一批文化教育机构都西迁重庆，中央大学基本迁到重庆的沙坪坝松林坡，属师范学院的美术系也在那里度过了艰难的八年。抗战胜利，中央大学回迁南京，当年底政府教育部拨下复员专款，计划自来年5月初开始，分期分批地乘船搭车东下回南京，就分配定的船只车辆，起码到10月末才能全体东返。当年各行各业急盼复员，可早日与家人团聚的心情，远超出李白的诗句"千里江陵一日还"。所以恰恰这一年，中央大学美术系招生，可惜我又生病未能应考。

我对此苦思冥想了许久，尽管心里不很情愿，最后还是接受了老师、同学及家人劝说："总要读一门专业谋生。"在这种压力下，我选择报考了当年的上海税务专门学校。和我报考同一所学校的，还有周文良等要好同学。因为从谋生来说，这所学校要是能取得文凭踏进海关大门，当年就是有捧了"金饭碗"之说。所以它虽是专科，但考分很高，尤其是英文。我爸爸还给我讲了这样一个故事，他有一个中学时代同学陈关松，因不满父母包办的婚姻，脱离家庭自己独立谋生，要断指立誓考税务专科学校，在社会上混出一个人样来。考税务专科学校英文要好，他竟然将一本英文字典全背出来，结果考上了，最终升到了海关税务司。这个故事对我印象颇深。

这样，为了考税务专科学校，我也不敢怠慢，认真的复习迎考。英文我也狠"突击"了一下，应该感谢大同附中的教学，对学生确实是终身受益。我和周文良都报考比较吃香的海事系班，结果两人全考取了。从1946年秋起，我就在这所学校读大专。读海事系班，就要在海上缉私，学校的教学严格，要求学生知识全面，就要求我们从船的结构、船上手语、旗语等全部学起，并且要考试，我本来满脑子是雕塑，现在转到天天背公式，做习题，感到不适应，然而也无法摆脱。

正在这所学校读书的时候，全国范围内发生了一场飓风般的猛烈学潮。这就是以"反饥饿、反内战、反迫害"为号召的1947年的"五二零"运动。这场学潮从南京开头，后来刮到北平、天津，又到上海出现一个新高潮，国民党也抓了一些学生，但压不住，以至蔓延扩散到全国二十多个大中城市。上海学生到北火车站给赴南京请愿学生送行大游行，我和税务专科同学周文良等也去了，还碰到几位大同同学，大家在一起议论国民党作为，很不满和义愤。确实国民党抗战胜利回来，贪腐成风，"五子登科"，物价疯涨，街谈巷议都是牢骚；另外，舆论认为共产党求和平，蒋介石要打内战，这是老百姓最恨的，所以学生上街的很多。对我来讲，爸爸当时和工商界上层人物经常在我家聚会，也应该讲不无影响。学潮持续了一段日子，学生还是回到校园，我又开始学习生活。

税务专科学校当年的学制是二年，校址在乌鲁木齐路上，即今日的华山医院院址，它的操场后来造起了华山医院门诊部。我们读书时，这所学校属寄宿制,寝室管理很严格,床铺及生活起居用具和学习文具,都一一整理得规矩划一。按上船规矩来执行,这对学生是非常必需的。我们读了一年半以后,就开始上船实习,在船上经过实际操作,更体会到这份职业所具有的特殊意义。实习以后不到两年,我们就分配工作,周文良分到了缉私船上,他从此以海为家漂泊了一辈子。我却因视力问题,分到了江海关税务处,内心不很满意。

江海关税务处就在上海外滩的海关大楼内,这是许多年轻人向往而进不来的地方。它的待遇是好,一般大学生毕业当中学老师,起点工资是三十元,我拿六十元。从市区到外滩上班并不远,还有专线班车接送。我住在辣斐德路,班车就在复兴公园门口。外滩大楼底楼大厅是食堂,还分中餐厅,西餐厅,因为中国的海关是外国人管的,关务监督等许多高级职员是外国人,要为他们服务就要设西餐厅。平时在海关机关内上班,都是西式制服,雪白衬衫,打领带,皮鞋亮亮的。我总共上了两个多月班,只能讲四个字:郁郁寡欢。

就在这个时候,又有一个事情刺激了我。这就是爸爸老同学吕斯百来我家,还大大地夸奖了我。我因为脑子里总忘不了雕塑这样东西。海关上班回到家,或是星期天,我总要摸出一团泥来捏捏。一次,已从重庆大后方回到南京的吕斯百,到我家来玩,我正好用泥临摹唐代陶俑,捏了一个骆驼,昂着头,半蹲卧着,在沙漠中小憩的姿势。他一看,很惊喜,问:"你塑的?"我手上还沾着泥,点点头。他连连夸奖:"不错,不错。"他听我父亲说我进了海关,还想考美院的情况,鼓励我不该放弃美术追求。当时,我爸爸也是这种想法,别的亲友都说,海关是你想进都进不了的啊,还去学那个做什么? 爸爸是有新眼光,他说,国家将来需要艺术家的,苏联艺术家地位很高的,我们将来也会这样的。这就等于支持我去学雕塑。

正巧,这时上海《大公报》于1948年7月8日,刊登了国立北平艺术专科学校的招生公告。公告写明招生专业有绘画科、国画科、雕塑科、陶瓷科和音乐科。每科招生人数不等。考试时间在1948年的8月6日—9日,考试科目为素描、美术专业知识和文化知识等，还有报名时间、考试地点、报名考试费以及录取后的学杂费等。我的印象中，各项费用都不高。我得到父亲同意前去报名，随后又到合肥路充仁画室，去寻张充仁先生狠补了几次课，主要还是素描画石膏，张先生特意讲了视角、线条等应注意的方面，很有启发。

考场设在哪里，我已记不起了，总之是在一所学校里。可考试题不难，我印象很深。因为那时读艺术的人不多，还要离家北上去北平，这是许多人不愿意的，所以报考的人就不多，不像今日几十人录取一个。监考老师是一位有名的油画家，名字想不起，是北平艺专油画系老师。到考场见到以后，感觉他很亲切随和，没有画家的派头。笔试就一个内容，不分考什么科，围着一尊石膏画一幅素描。我感觉很好，平时学的都用出来了。美术专业知识是口试，一个上午时间，由老师和你交谈，问为什么学美术？学美术的经历？还有一些国内外的美术有关知识，涉及的面很广。有些问题是有难度、深度的。

考试结束后，我平静地等待消息，仍去海关上班。不几天，通知就来了，我录取了。我十分兴奋，马上就到海关去办了辞职手续，他们人事科的人员和同事们都很惊讶，从来没见到过主动辞去海关这个"金饭碗"的人。因我上班时间不长，最多也就不过三个多月，这样辞职手续也很简单。当我轻松地从外滩海关大楼迈出来，知道自己一生就必须艺术道路走到底了。

二、父亲又去办《改造日报》

从大同附中毕业,经历考税专进海关,又去考北平艺专,抗战胜利后的这二三年间,我已经是成人了,对爸爸的情况了解得更多了。记得是在日本天皇宣布投降的不多天,好几年没见到的陆久之又来我家了。这时他更神气了,是国民党军队第三战区总司令部的少将高级参议,第三战区总司令是汤恩伯,主管上海及江苏、浙江两省的日军受降和接收,执掌最高军政事务,权势很大。陆久之和爸爸、妈妈还是很客气,以前也常来我家。他的太太陈宗慧,实际在这之前,就到我家来过,她和我妈妈很熟,说了陆和她的一些事情,我爸爸还去过虹口陆住的地方看过陆。

在这之前,大约是在日本人投降的前夕,我们两家人还一道去苏州的木渎旅游过一次,陆久之和陈宗慧带着儿子、女儿,我爸妈带着我、大弟弟和妹妹。那时到木渎,是只能乘火车到苏州,再转乘公共汽车的。木渎附近有天平山、灵岩山等名胜景观,还有一棵五百多年的明代古松,我们都去看了,还拍了照片。回来途中又去镇上石家饭店吃鲃肺汤,就是当地鲃鱼内脏做的汤,真很鲜嫩,味道好极了,印象颇深。这次游玩,我和陆家子女也成了朋友。

陆到我家来过后,我爸爸又恢复了办报,报纸是公开出版的,还是国军第三战区出面办的,报社董事长就是三战区总司令汤恩伯,社长是陆久之,爸爸是总经理,后来又兼总编辑,报纸名称叫《改造日报》,是用日文出版的。国民党办这张报,因为日本刚投降,上海及周边城市,仅日军战俘就有一百多万,有所谓的中国派遣军、华南派遣军、关东军等,还有几十万日本侨民。当时大多数集中到了上海,仅虹口就有四个日侨集中居住区,有二三十万人。上海还有日俘管理处。对日俘、日侨宣示中国政府的遣送、归国政策，让他们认清日本军国主义的欺骗，抛弃侵略思想，有利于战后和平，办一张报是对战后中日和平有利的。刘少文也曾指示我父亲："办这张报纸很有意义，对日本问题要根据《波茨坦公告》做宣传，对国内问题根据《双十协定》说话。"1945年10月5日，日本刚投降，这张报纸就在上海出报了。

爸爸只要一接手办报，就忙得不得了。报社在虹口，天天要很晚回来。从报纸公开登出的编辑人员名单来看，许多是出名的进步人士，甚至是中共地下党员，如郑森禹、孔另境、许杰、史存直、赵南柔等，还有不少日本人，也都是日共党员和反战进步人士。1946年夏周恩来在马斯南路住处招待新闻界，他对父亲说《改造日报》很有意义，并指示父亲请郭沫若写《寄日本文化工作者》。报纸出刊后，还登载了许多著名的左翼大作家的文章，如夏衍、田汉、于伶、茅盾、司徒慧敏、马叙伦、马寅初、金仲华、翦伯赞等，甚至还发表过毛泽东文章，以及邓颖超的《致日本妇女界》，郭沫若《寄日本文化工作者》等，这就明显有"红"的色彩。影响更大的，是报社还举行了两次大型活动，一次是日本问题座谈会；还有一次是以招待作者名义的游园会，出席的有郭沫若、茅盾、欧阳予倩、夏衍、田汉、郑振铎、梅兰芳、周信芳、叶圣陶、冯乃超、熊佛西、于伶、翦伯赞、臧克家等二三十人，一时阵势很大，左翼文化人齐集，色彩浓厚，上海多家报纸发表报道。

不久，盟军司令部就向国民党陆军总司令何应钦提出，"中国有个间谍机关，要求彻查"。这就有特务向汤恩伯告密，说我爸爸是共产党，汤恩伯大怒，说："金学成拿国民党的钱，办共产党的报，有几个头好砍。"当时还把他软禁起来一个多月。爸爸在接手办报的时候，曾到虹口汤公馆去见过汤，还拍过照，让他好好办报，汤感到爸爸很老实听话。这件事得到解围，陆久之是帮忙的，他和汤小时候就认识，是一起玩的"发小"，汤到日本东京读士官学校，陆的爸爸出过力，帮过忙，汤还是买他的一点面子的。陆的妻子陈宗慧和汤也很熟悉，汤这句恶狠狠的话就是对她说的。她也说，金学成大概也不知情。汤才放了爸爸，爸爸到外面朋友家去避了不少天，也不再去报社上班了。

等到风头基本平息了，爸爸又和中国建设印务公司老板叫朱鸿仪的，合作编辑出版《日本问题研究丛书》。这件工作也是刘少文指示他做的，让他继续研究日本问题。朱老板抗战时就来过我家，我也见过。《日本问题研究丛书》这套书出了不少本，有些是国内专家写的，有些是翻译日本进步人士写的，包括日共领导人野坂参三的著作。我爸就是编辑人，那时出书很方便，由印务公司出面，到社会局登记一下版权，缴点注册费什么的就可以，赔赢都不管。这套书我家里现在还有珍藏。爸爸自己也写了一本，叫《日本史纲》，收在丛书中。当时这套书很受社会上欢迎，因为美国已开始扶植日本。《文汇报》就登过反对美国扶植日本的文章，还专门开过各界人士座谈会。上海爱国人士包括工商界、教育界和大中学生曾举行过游行，可以讲是社会强烈的呼声。爸爸主编这套丛书，也应该是策应他们的呼声。

三、星五聚餐会曾办在我家里

在编书的同时，他和工商界的人士交往、联络更频繁了。1946年秋的一个下午，我父亲在日本的老朋友沙文汉，当时叫老张到我家来，说是刘少文让他来的，关照："做文化界工作同时，可以做做工商界的统一战线工作。"以后他几次来过我家，我妈妈在日本时也认得他和他夫人陈修良。在日伪占领期间，常在我家聚餐、活动的是叫枝鸟聚餐会。抗战胜利以后，这个会便扩大改成为了星五聚餐会，得名很简单，就是每逢周五晚间生意场朋友聚聚餐，聊聊大行情，小行情。参加的人员，由于抗战爆发初期，内迁重庆等地的工商企业复员回上海，一些大名鼎鼎的大老板重归旧地，人员层次比以前高了，比如胡厥文、陈已生、盛丕华、徐永祚、俞寰澄、王志莘、杨卫玉、冷御秋、吴羹梅、王艮仲这些人，有的是迁川工厂联合会的领导人，有的是著名大律师、会计师，还有是职业教育界元老、大银行家，等等，反正报纸上常见到这些人名字。聚会地方基本上是我家，还有徐永祚、王艮仲这两家。

到我家时，可以讲是高朋满座，门口小车停满。妈妈帮着张罗接待，打招呼问问好。我也见过他们中不少人，其中有一些和爸爸本来就熟识的，如王艮仲，抗战时就见过他。再有一位吴羹梅，他跟爸爸妈妈是留学日本时期的朋友，也提到过他，见面很亲热。他们请大师傅来烧菜，聚在一起吃吃喝喝，还不时换换帮口，实际只是一种形式，一种掩盖，国民党那时给人"戴红帽子"抓反对它的人很厉害，聚在一起吃吃喝喝，总不能说是"犯法"，就是这个意思。聊聊大行情，就必然要涉及时局的讨论，如美货倾销，中国国货抵制；美国扶植日本，日本战后重回亚洲市场；国民党限制外汇，民营商家难以申购，都听到议论过。我爸爸好像是在这当中，发挥一些作用的，他们也挺尊重他。

　　这时候，化名叫老张的沙文汉又到我家来过，他讲话、待人都很斯文，很礼貌，和妈妈也很客气，也认得陆久之，在日本留学时也是朋友。他一来，就和爸爸关起门来密谈。走的时候，妈妈还要到门外望一望。有时很晚了，就留在我家过夜。这个人很重要，这是他在我脑子里留下的印象。真正有些明白，是在我到海关工作前后，他在我家住了好几晚，天天到很晚才关灯，和爸爸谈到深夜。每次他来过，爸爸都很兴奋而繁忙。我想，他应该是一个很重要的人。当然，晓得他是中共地下党领导人沙文汉是解放后了。

四、我终于北上赴北平艺专入学

1948年的夏秋之际，北平艺术专科学校即将开学，我要到北平去。临行之际，妈妈还嘀咕："金饭碗不要，去捧泥饭碗。"去学雕塑，确实是一辈子和泥打交道。爸爸更坚持："苏联革命成功艺术家很受重视，还授功勋，不是现在中国，艺术家在讨饭吃。"他的话里有两层意思，一是支持我有前途，一是革命很快要成功了，中国要走苏联的道路，信心满满。他送了我一架老的德国莱卡照相机，是买的新的用旧了，还是本来就买的旧的，我不知道，但学美术要有一架照相机，这是很必要的。这家照相机是3.6寸的，很好用，我用了很多年。

走之前，又邀大同附中的两位同学，一道去看了一个美国好莱坞的电影，就是《肖邦传》，这部电影片子很好看，是写波兰天才钢琴家肖邦短暂的一生，他出于一腔爱国热血，当年波兰是被压迫没有独立地位的，他创作了一批充满激情的、辉煌的钢琴音乐作品，都成为艺术经典，给自己国家带来殊荣。片子拍得紧凑，而情节有悬念，我看得热泪盈眶，想自己才二十岁不足，正是青春年华，应该大干一番事业。

当时到北平，是从老北站上火车，第一次单身出远门，印象特深，我对老北站至今还有感情。检票，和家人挥手分别，寻站台，登上火车，到南京从长江上把火车分成几节，摆渡到江北的浦口站，再接成龙沿津浦线北上，我既好奇又新鲜。到符离集买烧鸡，觉得那鸡真香，买一个捧在手上啃，这滋味永远难忘。当时是国共战争如火如荼之际，山东铁路被扒了，火车趴窝的事时有发生，我那一趟倒顺利，一路正常行驶到北平前门外老火车站。出火车站外，正在迷茫打探路线时，看到一个瘦小的老头，问我是不是上海来报到的,我应了一声,他就说:"我是徐校长派来接你的。"我心头一热,把我随身带的几件行李,提上他招呼过来的马车。那时我还是第一次坐马车,马车铃声叮当叮当地响着,赶车老板还吆喝一声,甩一下鞭子,马车驶过北平的一些大道,感觉很冷清,不像上海马路上人流熙熙攘攘。这时我也晓得接我的老头叫黄警顽,是上海人,还住在我家旁边的一条马路淡水路上。

学校在北平城内东皇城根旁,我记得是一溜平房,砖瓦结构,很齐整,校园地方也不小,还有音乐系。到校,我就持爸爸写给徐悲鸿校长的信去见他,进校长室有一些紧张,忐忑不安,徐校长头发花白,穿一件蓝布长衫,他表示:"好啊,好啊",是很热情欢迎的态度,让我去总务处联系安排住处等事项。总务处的管理员就是黄警顽,去接我的那位老人。后来也简单的和我聊过,他是商务印书馆的老职员,说当过交际部主任,商务不景气要裁人,他和徐校长很好,徐校长曾受过他的恩惠,请他到北平艺专来管总务。

当时学校给学生安排的宿舍,全是借的民房,向周围胡同居民借的房子。四人一间,每人一张床,一人一张小桌子,可做做作业,放放纸笔书籍。房子离学校不远,约要走十来分钟路,还算方便。感到不很适应、不舒服的,是房子结构比较差,光线很差,有些阴暗潮湿。好在冬天室内还不冷,每间屋有火炉,安排了工人烧炉子,负责每天清炉渣、背煤、和煤。我去不久,就入冬了,北平冬天的感觉,和上海不一样,雪落了是不融化的,也很新鲜。

学校有食堂,离教学区不远,食堂伙食很差。平时一般是粗粮玉米面做的窝头,白菜汤,中午要是吃白面馒头,就不错,有时有一点大头菜炒肉丝,就是改善了。我有时去买两个火烧,即上海的大饼,或两个果子,即上海的油条,也算换换口味。当时我家在上海生活已不错了,尤其是想到海关的食堂,只能理解成是自己为实现梦想,再经受锻炼和考验。黄警顽管总务很敬业,待学生很好,特别是那些生活比较困难的东北流亡学生,他常帮助他们,同学们口碑很好。

在北平艺专,最难忘的是徐悲鸿校长亲自来授课。北平艺专的几个

49

美术系科设置，大一是不按专业分班的，按甲乙丙丁编成大班，全部集中力量学素描，这大概和徐校长美术教育的理念有关，他认为素描是基础的基础，包括学国画的，他也要求必须学好素描。由于他重视素描，徐校长有时是亲自来授课的，有一次，他到我们班里来，走到我身边，止步看了一会儿，拿了我画的一张素描，又走到另一个同学身边，拿了那位同学的一张素描，然后立在课堂前，就拿我们两张素描画分析起来。他说我那张有整体感，还可以。另一张，细节很好很准，整体把握不够，就显得结构不够合理。接下，他就讲了一番画画必须掌握整体的道理。他说："首先要把握准整体，哪怕画面肮脏一点也不要紧，在画的过程中，要随时调整结构、构图，反复修改，不清爽不要紧，基本功练好了，下笔准了，这个自然就好了。"这些话，对我们启发很大。

学期结束考试，徐校长也亲自来，在我们的每一份考试作业上，他还亲自打分，我那张作业，他给打了九十分，我很高兴，认为是他对我的鼓励，其实画得没那么好。我当时的同班同学，记得有钱绍武，他是无锡钱氏家族的人，在无锡只读到初中，考试时数理化不懂，由于熟读古诗文，素描画得好，英文也不错，被徐校长破格录取的，徐校长很珍惜人才。

钱绍武比我先到北平，他已接触一些进步学生活动。1948年秋，我刚到北平，那时为沈崇案的审判，美军的干涉中国司法，学生不断抗议游行。这时又有国民党法院要轻判美军大兵的风声，钱绍武和我一同到北大红楼参加抗议集会，会后又参加游行，晚上很晚才归校。第二天一早，我们刚到校，徐校长就叫人把我们喊到校长室，看似责备，又像关照地说："学校有三青团，在盯住进步学生，你们知道吧？要小心。"我们退了出来，感觉到他对我们的关心、保护，此后行动更谨慎了。

这年学期结束，已是1949年的1月间，正是解放军开始包围北平的时候，即是后来所说的"围城"。这样，既是寒假，学校因国民党逼迫"迁校"台湾，课程也松了；恰巧我又身体犯病，每天有低烧，还有咳嗽，食欲不振，无精打采等症状，写信告诉父母，他们很着急，写信让赶快回上海来。

五、回沪治病亲历特务到家抓父亲

北平这时到南方火车已完全停驶，我就只能先乘火车到天津，离开北平上火车，国民党军警还要严格检查行李。到天津一片新气象，解放已好几天了。恰巧大同、税专两度同窗的老同学周文良，分到海关缉私船后随船到天津来，我到码头去找他，相见十分开心，他带我上船，那时他已是一个船长，给我单独搞了一个房间，还热情地招待我，船上的伙食真不错，我已好久没吃过这样的饭菜了。到了上海公平路码头上岸，已读高中的大弟弟来接我，上海是一片白色恐怖，国民党军警林立，一派杀气腾腾。

家人接我回家，爸爸妈妈见着我很高兴，立即联系医院给我检查看病。当时看病还私人医所占多，南京路有一个姓蒋的医生，蛮有名，我就到他那里去问诊，结果拍片子一检查，我已得了肺结核，很严重。我爸爸得过这个病，当时叫肺痨，知道它的厉害，这样只能安心治疗。我也感觉到，本来虽然身体好，到北平后吃、住都不适应，又学习紧张，就发病了。原计划春节一过，我要返校读书，现在只能休学一学期。我以后就每周到蒋医生那里去一次，当时的治疗办法是打一种空气针，具体我也讲不清，总之打了后压迫肺休息，恢复它的正常功能。我在家休养还想画画，妈妈也劝阻我。我只得老老实实地躺着，这样病似乎也好得快一些，几个月后，我觉得人有轻松一点，精神也振作起来的感觉。

这时，先传来北平和平解放的消息，尽管国民党封锁新闻，但老百姓还是知道的，悄悄地议论是："草字头完了。"爸爸也更忙了，终日不见人影，妈妈和全家为他心揪着。这时，我也才知道，我到北平去读书的那年秋天，就有特务到我家抓过他，正好我妈妈带着小弟弟在家门口喂饭，特务敲门，问:"金学成住在这里吗?"妈妈反应很快,说:"刚才出门的不就是他吗?"实际上不是,是我妈妈的调虎离山计,特务转身去追了。妈妈赶快进屋告诉爸爸,爸爸立即从后门走了,他躲到洪世澄家住了几天。

临近上海解放,国民党抓人更加疯狂,许多天实行全市大戒严。大约是在5月中旬,解放军扎扎实实地包围了上海。这天傍晚,那位老张匆匆忙忙地来到我家,和爸爸低声耳语一会儿,就赶紧走了,爸爸就立即进自己的房间整理了一下,也悄悄出门了。当天夜里,我睡在二楼,只听到有人敲门,声音像打鼓一样。当时我爸爸司机睡在底楼,他不开门,还把电灯关了。妈妈只好下楼应付。特务从后门冲进来,进门就打司机的耳光,大声责问:"为什么关灯? 寻死啊!"接着,又有几个特务、警察拿着电筒,爬到阳台上在屋顶乱照,还有一个爬到了屋顶上搜查。

这时我也起身了,看到一卡车警察包围了我家前后门。屋里也不少警察和特务。特务已冲进我爸爸、妈妈房里。一个小头子追问妈妈:"金学成到哪里去了? 抓不到,抓他的儿子。"他们又翻箱倒柜,我晓得爸爸该处理的都处理了,他们捞不到什么东西。小特务们东张西望了一会儿,却傻眼了,因为爸爸把和蒋介石、陈立夫、汤恩伯这些国民党大头子合影的照片,都挂在了房间的墙壁上。

过了一会儿,警察小头目进来说:"局长来了。"进来一个果然是有些气派的人,后来知道是上海警察局卢湾分局长。他看了看墙上的照片,又走到二楼在沙发上坐下,问我才八岁的妹妹:"你爸爸到哪儿去了啊?"妹妹也很聪明,回答:"到香港去了。"他说:"不对,今天一早有人在路边大饼摊还看到他。"妹妹反驳:"不是,你看错了!"这个局长大人只好灰溜溜地起身走了,临走还假惺惺地连声说:"惊吵,惊吵。"

过了一二天,又听说国民党就在南京路上枪毙所谓"银元贩子",实际,是它的金圆券就像草纸一样不值钱。我担忧爸爸,仇恨国民党。5月25日清早,司机出门回来说,解放军已经进来了。我们赶快开门看,真的是,马路上已是欢庆的人群了。到了下午,爸爸也回来了,他和妈妈讲,那天抓人的傍晚他先去徐永祚家通知快走,老张讲黑名单上也有他。他又去印务公司一职员徐守常家避一夜,再转去洪世澄家躲了几天,接着到吕斯百家隐蔽了几天,然后躲进了一家中外医院,一直到解放军进城当天。

第二天一早,他就去军管会找老张,这时候家人才知道老张化名张登,真名叫沙文汉,是中共地下党上海局的领导人,他带我爸爸去见市委书记刘晓等人,刘晓和爸爸本也熟识、了解,就安排他到军管会去协助工作。这样,全家人也放心了,总算盼到了天亮。

图1：大革命时期的金学成
图2：高云龙和父亲金学成
图3：金学成和夫人高璟

$$\frac{1 \quad | \quad 2}{3}$$

图1：从左至右：于伶、金学成、田汉、
熊佛西和欧阳予倩
图2：金学成（中）和熊佛西（左）、欧
阳予倩（右）
图3：金学成（左一）和友人及女儿金
曼宜（左二）在收藏的唐代彩绘
木雕观音像前留影
图4：金学成在日本和友人合影　左
起：金学成、陈尧君、刘狮、陆久
之、陈宗慧等

1	
2	
3	4

1
2
3

图1：金学成获日本文部省美展奖，中国大使许世英举行庆贺会主宾合影前排左五金学成、左六许世英

图2：金学成获日本文部省美展奖后中国报纸报道

图3：上海工商代表团参观东北老解放区合影，前排右四盛丕华、右七胡厥文、后排中金学成

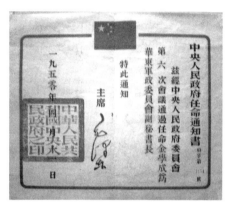

图1：毛泽东主席接见金学成　1956年7月

图2：毛泽东主席委任金学成为华东军政委员会副秘书长证书

图3：周恩来总理接见金学成　1954年12月

图4：周恩来总理委任金学成为华东军政委员会机关事务管理局副局长证书

1	
	2
3	4

	1	
2	3	
5		4

图1：金学成祭扫林钧墓时摄
图2：日本得奖作品：日本少女
　　　金学成塑
图3：史量才塑像　金学成塑
图4：金学成主编的《日本论坛》
　　　封面
图5：金学成获日本文部省美展
　　　奖奖品金表

58

图1：1986年高云龙（左）和朱亚民（右）合影
图2：2008年大同高中同学相聚，左二为高云龙

| 1 |
| 2 |

第三章
中央美院的八年学习、创作生涯

一、重回北京中央美术学院读书

我的身体经过一阵治疗，也逐步好起来。北平艺专在解放后，和进城的解放区华北大学第三部美术系合并，叫国立美术学院，通知我赶快返校复课。我正准备动身，却又来一个通知，让我配合学校来的招生老师艾中信做好招生工作。艾中信是油画系老师，我爸爸在中央大学美术系时的同学，他的兄弟艾中全是在工商界活动的中共地下党员，是木行业同业公会会长，我爸爸也认识他，通过艾中全我很快联系上了艾中信老师。

见到艾先生才知道，学校派他来招生，只有他一个人。因徐悲鸿校长极为节省简朴，有时连学校正常的开支，都被一减再减，叫今天的人来看，那不是太抠门了。实际上一是的确经费少，二是那一辈人就是如此。那次艾中信先生到上海来招生。因他家原在上海，徐校长就让他在上海招生，免掉了差旅费，理由是："反正你要回上海浦东探亲，旅费就不给你了。"这种克己奉公，现在的人谁还会相信。由于徐校长这样掌财权、人权，全校都没几个专职的行政干部，学校的行政部门负责人都由老师担任，连管总务的事务处长，都由留法回国的雕塑系教授王临乙先生兼任，想不到日后给王先生带来不小的麻烦。

这样，我便要协助艾先生接待报名的考生，布置安排考场。考场和报名地点，记得都在一所中学里。由于北京和上海的解放，新的美术学院也亟待扩大招生，适应新中国的需要。同时，人们普遍对一个新时代的到来，充满喜悦和希望，报考的学生明显比我那届多得多，包括许多初中生及相应学历的考生。实际上，就学美术讲，主要抓的是美术专长、能力。经过考试发榜，上海录取的新生有二十多名，有男也有女，年纪最小的才十六岁。1949年8月下旬，天气已经转凉，这批新生便由我带队到新成立的国立美术学院去报到，自然有很多是第一次出远门，也少不了出点笑话。

这次解放后我重回北京学校，对北京和学校都有一些新印象。首先到达的第一个感觉，就是兴奋。在离开时，还叫北平，回来时已知道北京将是国家的首都，要恢复原来的名称了。当时要经过两天两夜的火车颠簸，才终于从上海到达了北京。这样上海学画画的一群学子，真的看到了那古色古香、起落有致、很有建筑特点的前门火车站，都不禁七嘴八舌地哇哇嚷开了。来接我们的还是矮小瘦弱，衣着寒酸、貌不惊人，讲一口上海话的黄警顽，他仍是那句客套话，说："我代表徐悲鸿校长来欢迎你们。"这次人多，他早雇好了几辆轿式马车，这帮上海新生还从未见过马车，女孩子还有些害怕马，但一会儿就适应了，男生还试着要甩甩鞭子赶马，我招呼他们小心一些。

北平艺专的新校址，已搬到了北京东城王府井校尉营胡同一号。在我的记忆中，离校前是已听说过这件事，是徐校长找了国民政府北平最高长官李宗仁通融，才用老校址换来的新校址。不过，我印象中没有来上过课。说起新校址，据我知道，原来是日本北京居留民团小学，清朝末年就建了，所以走进去很有一些沧桑感。它离王府井大街很近，和它为邻的还有著名的北京协和医学院。新校址是一处典型日本风格的楼宇院落，学校主体建筑，是两座U字形的灰白色两层楼房，有大大小小的一百多个房间，楼房前有一长方形的花池子，池子里遍植花卉草木，很有生机。

花池子正面对操场，操场不大，一面没有建筑，但有一个长形的土山包，堆筑至教学楼旁。小山包上长满高高矮矮的小树，有几条小道通到校内各处，大家都会在饭后或黄昏去爬爬，讲讲话，那个时代的学生还是蛮多小资情调，尤其是男女同学也会去约会，甚至去打打闹闹，开玩笑。U字楼上层是我们学美术的教室，下层是音乐系的琴房，那里隔成一长排小屋，分别是钢琴房和提琴房。

这次重返学校，我明显感觉学生的生活环境，比以前也很有改善，不用再借住在民房里了，学校有了学生宿舍，在校区东角有一个独立的校园，住房条件比过去好多了，是一排青砖瓦屋。宿舍还是按班分配，被称为"斋"，不知是什么来由，反正叫东斋、西斋。每斋里住上十几个人。两排双层木架子床，分上下铺。冬天还是在屋子中央烧火炉，一根细长的炉筒在屋里盘绕着接烟囱。上铺有护栏，以免同学睡着摔下受伤。

宿舍院子中间砌着一条长长的水泥池，可放面盆等洗漱用具。一头有一口水井，是靠手压水泵来汲取用水。早上，同学们集中在那里刷牙洗脸，然后匆匆忙忙去食堂吃早饭，开始一天的学习生活。中午或晚上在那里洗洗衣物，总之比以前方便也清洁多了。不久，原北平艺专的音乐系又合并到音乐学院去了，所以校园感觉更宽敞多了。食堂里的主食还是北方的小米饭、窝头和白菜这些，管食堂的还是黄警顽，成日见他忙前忙后，甚至端菜盛饭照应新生。

我领上海来的二十多个新生报到安顿下来，也去联系自己复读一年级的手续。当时学校虽已叫国立美术学院，但还是徐校长任院长，学籍登记等方面很多规矩仍还没有变。我印象最深的，是大一不分专业，所有同学都读基础班，仍叫甲班、乙班、丙班、丁班。原来同班的钱绍武等同学，已升到大二了，正式分到了雕塑系，我又重读大一，再打基础，实际就是学素描。

学校宿舍隔壁，就是当年老北京最闹忙的东安市场，这样不仅买一些学习、生活用品方便，学生还课余上街逛逛，更多接触了老北京的生活。当时北京的生活节奏明显比上海慢，提笼架鸟的随处可见。学校的门房师傅老张头，我印象还很深，蓄着胡须，一手托着鸟笼，一手端着茶壶，在宿舍院内大嗓门呼叫传呼电话。那时候到北京不久，什么都有一些新鲜感，连对人说话礼貌，我们上海人学说北京话有些难，包括我自己，也闹出一些笑话。解放后，招生多了，学生来自四面八方，同学关系就很复杂难处,印象里那时同学中对上海人的议论就较多,这就包括了言谈举止。

当时老北京的公共交通也不方便,长安街上汽车、有轨电车都很少很慢。学校边的王府井,虽是北京最大的商业街,也行人稀少、顾客不多。晚上出宿舍到东安市场走走,店铺门口都站有伙计招揽着顾客,态度极好,但学校已有学生生活管理的要求,学生即使有钱,经常下小馆吃喝还是有议论和批评的。

北京京剧名角儿扎堆唱戏的吉祥大戏院就在学校隔壁,晚上上自修课时,还隐隐约约地能听到传来的锣鼓胡琴声。我们那个时代的大学生,感到很兴奋,同学中很多就都是京戏迷,尽管票价不菲,稍有空闲也会结伴去看一场。梅兰芳先生在中山公园演《贵妃醉酒》那一次,是北京解放后,他回故都第一次重登舞台,轰动了全北京,我也去看了,虽然人山人海,我距离的也有一些远,还是感到他确实有不同凡响的艺术魅力。

另外,给我印象最深的,是学校还组织了热烈浪漫的新生欢迎晚会,这是上次我初来报到闻所未闻的。学校似乎比以前关心学生的业余文化生活多了。大一新生报到开学后,学生会在大礼堂举办了迎新生晚会。解放初期,学生会是从解放前的传统过来的,学校领导较为放手,活动十分活跃,生活、伙食、文体、娱乐等等,经常都由学生会自己组织开展活动。学校学生会已选出主席李天祥,即后来1980年前后的上海大学美术学院院长、上海美协副主席,他是绘画系的,学油画的;副主席就是钱绍武,即我曾经的同班同学,他是雕塑系的。他们不仅品学兼优,在学生中有威信,更以他们的口才一流,被同学们称为"金嘴"和"银嘴"。

这次联欢会,就是由他们组织和主持的。会上,按要求新老同学都在胸前佩戴飘带,上面写着姓名和所在系、班级,那时学校气氛还是很宽松,有一个绘画系同学,竟然在他的飘带上写着"毛泽东",大家看了很高兴,一乐,只当作是对人民领袖的热爱。以后他成为一位著名的漫画家,也就是和他这种幽默诙谐的性格有关系。晚会上,音乐、美术几个主要系的高班级同学,都上台表演了他们的拿手节目。包括法国大作曲家比才的歌剧《卡门》里的一首歌,一位女同学用法语演唱咏叹调,她后来是成为一名优秀的女高音歌唱家。她唱歌的样子,后来也一直被调皮的男同学所模仿。

总体上,由于政治空气还相对宽松,这些学美术和音乐的学生,本来很多人就是多才多艺,所以晚会搞得很精彩,大家都很兴奋。学校徐悲鸿校长等老师也来了,当时学生对他还是很尊敬。另外,由于老师中包括徐校长都也是京戏迷,我记得进校不久,学校就邀请过京剧大师、谭派老生谭富英;相声大师侯宝林等到学校来表演。这既提高了学生艺术素养,也活跃了学校空气,很有意义。

二、重读大一和解放后的徐悲鸿院长

我因为生病休学了一学期,按照学校的规定,也只能作为一年级新生重新开头。这次重读大一,我记得是分到乙班,同届的我记得有靳尚谊、汪志杰等人,大一的班比较大,人数比较多,很多人在记忆里容易搞混了。在开学的前几天,学校与以前北平艺专做法不同,是对新生进行了所谓"学习目的"的学习、讨论。我记得是学校里刚刚公开的新民主主义青年团组织的,我也从那时起,知道学校里已有青年团组织,新生学习讨论是分组进行的。讨论中,每个学生都要谈自己学习美术的目的。有一些新生,尤其是已入党、入团的,都会说学美术是"为人民服务",为国家建设服务,等等。但还有不少同学说,是为"兴趣爱好"或"家人影响",等等,并且也还有是"为出名",像"某大画家"一样这类话语。尽管是有人去和他展开批评、辩论,那时期"抓小辫子"的做法还没有。学习进行了约一个星期,我从那时起就萌发了争取入团的愿望。

大一基础班的专业课还是学素描,那时老师是孙宗蔚先生,他也是徐校长中央大学时的学生,后跟徐老师到北平艺专任教,那时也是我的素描老师,他的素描画得很漂亮,教课很认真,一丝不苟,但不及徐校长那样大气,功力深厚。刚开头学时,素描课还是按传统的教学方法进行教学,用木炭条写生,从几何图形到石膏头像、胸像,最后画大卫以及奴隶全身像。下一步再转入画人物和人体。学校当时有一个不成文的规定,基础课要画满一百幅素描,由于我已读过大半年,实际是不止这个数了,但也只得跟着学。

学素描课过程中,我们也画过模特儿,这个模特儿是一位男性老校工,并把他化装成不同身份的人物，要求表现人物的精神状态和性格特征。画模特儿对提高人体素描技术是有促进作用的，但要由此掌握人物精神风貌是有困难的，因为人的精神气质和经历、职业有关。当时学生、老师中也有争论。教过我们素描的老师有好几位，教的方法也不相同，有的用铅笔细涂，要求细致入微，连衣服上的针脚、脸面上的疤痕，全都一丝不苟地画了出来。这和徐悲鸿校长以前教我们说过的不一样："抓整体，抓大的。"据说他对这套苏联来的素描画法，是说："这在磨洋工。"还有教用木炭画的，木炭画的石膏人体像光质感特别好，总之，素描基础教学是美院教学最为重视的。

由于一年级是预科，不分专业。基础课除素描外，还安排了雕塑、图案、水彩等课程，课程量相对小一些，但几乎每周都有。当时图案课由祝大年先生教，还有孙昌煌先生也来上过课，图案课看起来十分枯燥，但掌握了画二方连续、四方连续的作业技术，确实是终身受益的。水彩课由后来也教我们透视、解剖的夏同光先生教，他教课很严格，但这门课很有必要，因为我后来分到雕塑专业，色彩还是需要的。这些美术专业里的基础课，我都是按要求认真地学习的。

我们这班解放后第一批进来的学生，大多都是初中毕业，只有少数几个高中毕业或上过大学的。年龄多数在十七八岁，最小的只有十五六岁。混沌世界一派天真，有的还像小孩子脾气。大一还要读文化课的，包括法文，因为徐校长的思路，美术是法国比较好，需要借鉴的。另外国文，那一辈老师都认为学美术，中国的古典诗词文赋都是创作的源头。钱绍武和我一个班时，他就是古文诗词极好，受徐校长赞赏，他也确实写得好。

还有就是政治课，基本是李庚老师上，他也是接管学校的军代表之一，到延安去过的老革命。这批军代表到学校的时间，我记得是在1949年10月开国大典之后，全校召开全体师生大会，从礼堂前左侧门，由徐校长陪着，走进一群穿灰色棉大衣，头戴八角帽的中年男子，他们是从华北大学美术系过来的领导和教师，后来和我们上过课的还记得，有王朝闻、艾青、李庚等人，当时都是风尘仆仆的样子，站在台上和大家见面，台下师生也热烈鼓掌。

当时知道这些华北大学过来的领导、老师不仅着装和其他老师不一样，生活来源还是拿供给制。学校师生在正规场合，还称他们为某某同志，他们也习惯这样叫法。不同原艺专教职员从徐校长起，都还是按过去的老叫法称"先生"。那时，李庚老师很忙，还兼着团中央出版部长，和《中国青年报》社长等职务，他的政治课一般是大课，就是几个班级一道上，他的口才很好，讲马克思主义、社会主义和新民主主义这些理论，头头是道，学生很爱听。我记得，他讲过新民主主义社会特点，还保留私人资本家，等等。那时我们这些不懂革命理论的大学生，听了真如茅塞顿开。那个时代不像今天，学生都不愿上政治课，那时青年人对学习共产党的理论很迫切，有强烈的求知欲和上进心，李庚老师又讲得好，生动活泼，所以大家很欢迎，没有厌倦感。

谈到这里，我想先谈谈这时候印象中的徐悲鸿院长，因为他在学生中威信高，最为人瞩目。1949年8月中下旬，我重回北平艺专读书，那时学校先改名为国立美术学院，院长是他，后改名为中央美术学院，院长还是他。但是自华北大学美术学院并过来，一批延安的领导、教师以军代表的接管名义到来，学院的情况有所变化，院内有了共产党、共青团和工会等组织，尤其是江丰来当了副院长兼党委书记，学院的工作就由他来主持。江丰等在美术教育思想上，是和徐院长有分歧的，他们要推行延安鲁艺的大众性、战斗性，为政治服务等。

徐院长对美术教育强调正规化和艺术水准，他是从法国留学归来的，以前北平艺专绘画、雕塑这些专业的骨干教师，都和他有相同经历，甚至是他提携出国深造的。我们学生都晓得，不论油画或雕塑，那几位留法归来的老师吴作人、滑田友、王临乙等，是学院水平最高的，也是学生最崇拜的。对于这一点，江丰也明白。

但在美术教育思想上肯定是不同的。当然，那个时代有些也非江丰等人所能左右。解放初，处处学苏联"老大哥"，包括美术。那时美院不仅绘画系请来苏联专家上课，雕塑系也由苏联专家办培训班，抽调全国美术院校雕塑系的老师，到中央美院来学习，集中上课，推行苏联的雕塑理论和技法。实际上，不仅老师，就连学生都知道，苏联的东西并不都好，公式化、概念化较重，缺少个性和艺术性，和自己学院那几位老师东西不好比，而学院当时就是这么执行的。

还有就是如何对待传统国画的问题，徐悲鸿先生是讲过国画改革的问题，在任北平艺专校长时发表过"新国画建立步骤"的谈话，但他没有否定国画，他把齐白石请到学校当教授，我也看到过齐老先生到校的情景，徐校长对他真是恭敬，学校专门为他辟一画室。江丰等来后，学院设绘画系，国画专业没有了，甚至叫国画为彩墨画、水墨画，徐院长请来的一些国画名师，如李可染，北平艺专时期，他是国画系教授，这时课时很少。

李苦禅先生很惨，北平艺专时他也是教授，这时不安排他上课了，只在工会里买卖戏票，管点杂事，跑跑龙套。我那时联系一些班务活动，也到校门口门房间去找过他，因他常在那里小黑板上，写一些杂务事项。他后来给毛主席写信，毛把信转给徐院长，徐院长自然不高兴。蒋兆和先生那时也很受冷落，教教我们低年级素描。学校还要求国画系的老先生，像黄均等人，和我们学生一起学素描、学写生。这自然都是徐先生不高兴的。所以，我从上海回北京后，看到徐院长的次数越来越少了。

然而，徐先生又在师生中有很高威望，和我一道去北京报到的那批新生，都很想一瞻大名鼎鼎的徐校长风采，他们聚在大门口的花坛前，在一天上课前，看到徐院长的黑色老爷车进了校门，徐院长还是那身蓝色士林布大褂，有几个铜纽扣，他用习惯性姿势，和学生打招呼。司机老曹给他提着包或画卷，进"U"字楼南边尽头的院长办公室。许多刚入学的新生，还围在徐院长的车旁，合影留念，这说明他在学生中威望。

还有一次，他给学生讲话，是讲当时已在酝酿的文字改革问题。他说，文字定型、发展很慢，是一个漫长的历史过程，一下子改，整个社会很难适应，这种事情作为一个方向，不断研究努力是可以的，冒冒失失地改，并不好。听得出，他是有一些想法的。

1953年9月26日，徐院长在北京医院病逝，虽然知道他身体很不好，但还是感到突然。因为在他去世前几天，还有几个同学到他家看望。文化部和中央美院为他办丧礼时，正是国庆期间，他的灵柩就停放在美院大礼堂里。盖棺之际，周恩来总理和北京市市长彭真等一批领导人，都在百忙之中的国庆期间，神情哀戚地匆匆赶来为他送行。师生们都知道，周总理和徐院长的感情是很深的。徐院长的守灵，我也参加了。

当时，江丰以中国美协、中央美院名义还为他致了悼词。并且，他还写了《向卓越的美术教育家徐悲鸿先生学习》一文，发表在《人民日报》上，这在师生中也很有影响。

三、参加土改和抗美援朝运动

但是,这种平静的学习生活没能维持多久,从大一的下半学期起,就有接二连三的政治运动冲击了学校教学。在1950年春夏将要放暑假时,中共中央下达了在新解放区开展土改运动的决定,学校在北京市委的统一安排下,也要组织大学生参加土改运动。这时学院已正式定名为中央美术学院了,校牌还是毛泽东主席亲笔题的。据说,是继续任院长的徐悲鸿先生写信请他题的,当然我们也都十分兴奋,这就完全肯定了学校的中国美术最高学府的地位。学院院长由徐校长继续连任,而就在这个同时,江丰调到中央美院担任副院长兼党委书记,他工作作风一看就是老干部,很踏实,一上任就到教室来看望师生。我的印象是:他身材高大结实,脑门已微秃发亮,皮肤偏黑,脸上是饱经风霜的感觉。说上海口音的普通话,没有架子。江丰来后,土改这类政治运动工作就完全由他负责。

在学院党委的安排下,我们班被划成了五六个小组,随市委配备的担任队长、组长的老干部,去北京郊区参加土改。我在的那一组有四个同学,分到当时还是郊外的海淀区肖家河村,组长记得是杨伯达,年纪比我们大,但大不多,办事显得老练成熟而有经验,交谈中,知道他也学过美术,也是老区根据地的华北大学来的。他大概在老区参加过土改,所以工作中,我就负责认真做好记录。现在知道,他已是著名的玉器专家,曾当过故宫博物院副院长。我们在那里一共呆了两个月,先集中学习土改文件,提高政策水平和思想认识,当时最感觉兴奋的是土改的伟大意义,它将要彻底埋藏几千年的封建土地制度和地主阶级,让农民彻底翻身,我们感觉能参加这个运动很光荣。

然后，就开始开展调查研究和访贫问苦，肖家河这个地方当年在圆明园的北角，一条小青河的北岸，临近清华大学校区。据介绍，在清朝末年是清军驻扎护卫圆明园的护军八旗正黄旗的地方，进入民国后因多为旗民，失去了清朝官府的津贴，又没有营生的技能，村民很穷，基本没有什么地主，更没有我们已经烙印在脑子里的黄世仁这些，顶多就是田多一点或少一点的农户。

　　工作组进村，先开发动大会，然后清查土地，划成分，组织农民斗倒地主，再分土地。按这个程序，那就是每天晚上开会，白天农民要下地干活，晚上在煤油灯下，我们组员轮流读文件或讲话，农民都闷头抽旱烟或自己卷的纸烟卷，满屋子里都乌烟瘴气。我因不抽烟，又生过肺结核，感到难受。一部分农民有积极性，就是那些家里田少的，通过土改，可以分进田地，这样的人就被视为土改积极分子。因这个村没有大地主，北京市委对工作组执行政策也比较严格，划出的地主比例也不高，打骂折磨这类事发生就很少，定为恶霸地主枪毙的几乎没有。

　　在两个月当中，我们工作组的几个组员，基本是按老解放区的规矩吃"派饭"，就是轮流到村民家中吃饭，把发的粮油交给那家村民。这样做据说一可以省出时间，二可以接触农民实际生活，联系群众。由于那个村本来很穷，几乎到每户人家，都是吃玉米面做的贴饼子，再有喝一碗白菜汤，不见什么油花，更别说吃荤。那时我已加入了共青团，对自己有艰苦作风和农民打成一片的要求，也就坚持下来了。

　　谈到我入团，也想讲一讲当时学校里共青团组织的情况。我从上海回北京后，发觉学校里已有共青团支部，甚至还有学生地下党员。有好几位同学王鸿文、潘绍棠、李桢祥、祝文轩、余庠、锡长禧等都是团员。其中潘绍棠还是中共地下党员，北京解放后入校的，他家在河北唐山，和我很讲得来，他了解我家庭的历史情况后，再结合我的现实表现，就介绍我加入了团组织。

　　所以在土改中，我坚持按团组织的要求，没有牢骚怨言，克服生活上的困难，直到这个村的土改结束要撤离，全组才在村里一个小烟杂店人家，吃到白菜汤里有肉丝，还有白面馒头，真是感到香极了。这是我印象中很美的一顿饭。

回到学校，本来以为该上课了，因为脱课时间太长了，同学中已有议论。党委组织科却又通知我们，临时决定再去参加一期土改，并且几乎是第二天一早，就要出发。所以，我们回校几乎没见着什么人，就来了一位组织科的干部说了两句，又马不停蹄地出发了。

这次是到现在中央电视台附近公主坟的一个什么村子，叫什么村名我已经忘了，总之，也靠近玉渊潭地方离得不远。这里传说是从前清朝嘉庆皇帝安葬两位格格也就是公主的地方，所以田野里还看见有很多的石人、石马、石翁仲，七零八散地倒在四周的树丛荒地中。但是，又有许多外国人葬在这里，有不少有十字架的坟墓，所以又被人叫做外国坟山。在这里土改也搞了两个多月，还是那套程序，调查研究，访贫问苦，清查土地，划成分，等等，基本情况和肖家河村那样子差不多，没有发现什么大的地主，最大的也只有百十亩田，分了地也就完了，那时没考虑到农村长期的什么阶级专政这类事。地主、富农也没什么反抗，让他交出田地就交出来了，没发生什么打骂的特别情况。这次土改期间，还进行了肃清反革命运动，这就使情况多了一些复杂性，这个村子里大约有两个村民当过国军或伪军，正要请示怎么办时，上级工作队指示，这和我们土改没有直接的关系，土改一结束我们仍旧撤回学校去了。

这样，大一下半学期，连接大二的上半学期，我们就断断续续地基本没完整地上过什么课。这种情形，江丰作为党委书记还是很坚决支持的，他认为学生就是要到实际斗争、工农群众中学习、锻炼，那时他常给我们作报告，这些话他常念叨。尤其是上面还传下一句话来，叫："教学要随着政治运动走。"这就更反映了当时的时代特点了。

实际上，这句话真也很快应验了，紧接着不久，就是火热的抗美援朝运动开始了。这是1950年七八月间吧，学校党委由江丰主持，火速组织了文件和《人民日报》等报纸社论的学习，积极动员青年人参加志愿军，我和大多数同学包括女同学都报了名，经过身体、视力等一系列的检查，遗憾的是只批准了少数同学入伍，我们班有一男一女。一女叫李孝华，参军后就没有联系，去的时候，班里为她举行了欢送会，戴大红花。男的就是吴介琴，也已开了欢送会，不料又送回来，还引起那么大的震动，真是祸福难料。

抗美援朝的宣传组织工作，由院党委书记江丰亲自挂帅，他的作风是事必躬亲，一竿子到底，作报告动员，部署安排，都充满着热情、激情。应该讲，后来说他是"右派反党"，真叫冤枉。他不仅对政治运动是紧跟的，对那些传统的解放区做法也很熟悉，他亲自领导中央美院组织了一个宣传工作团，里面分宣传画、漫画和雕塑等组，组里再分成若干小组，这样我也带一个小组，到北京南郊朝阳的南海子小红门，搞一个宣传点。他说话嗓门很大，像一个工农干部，朴实，没架子，容易接近，一口浦东口音的普通话，我也一听就懂，感到亲切："活报剧漫画都是打击敌人的轻骑兵！"我们对他很崇敬，当然是听从的。

所谓小红门，实际就是清朝皇家苑囿南海子正门北大门的边门，北大门叫大红门，它就叫小红门。那里当年人不太多，周围四乡还多是农村，是人来人往的中转地，小红门前有一块空场，以往也有一些卖艺的、耍把式的。江丰强调要深入工农群众，我们就把点设在那里。

我们在小红门那里搞活报剧的一套程式，也是那些老干部指导的，因为这本来是延安解放区的创造。让一个同学，名字是谁我忘了，是不是线天长，可能是他，化装成美国总统艾森豪威尔，戴着高帽子，装上高鼻子，穿上燕尾服，拄着拐杖，一歪一扭地走，一副小丑模样；另一个同学，化装成南朝鲜李承晚，穿着美式军装，用绑带吊起胳膊，脸上涂满红药水，一副残兵败将模样。再让几位同学扮成中朝军民，英武勇猛。剧情简单到极短，就是艾森豪威尔、李承晚喊"投降"之类。其中再不断地穿插喊口号："打倒美帝国主义！""打倒李承晚！""中朝军民必胜！"四乡的农民都组织来观看，场面火爆，非常热烈，效果确实不错。

同时,在演出中间,还不间断地穿插演讲、唱歌等节目,当时男女同学中多才多艺的还真有几位,当然画个布景什么,更是我们的特长。甚至我们还制作了老北京传统的"拉洋片",就是把抗美援朝的宣传内容,以漫画形式画成一组图片,用绳子穿起吊在幕布上,边翻看,边解说,有时也配上唱词,农民观众边眉飞色舞地观看,边手舞足蹈地哈哈大笑。由于形式新颖,又为农民喜闻乐见,深受农民喜爱,夜晚都有人成群集队来看,当年那个地方还没有电灯,我们就点起煤油汽灯,挂在木架子上开展宣传。这次抗美援朝宣传活动,前后搞了有二十多天,大家的确都是尽心尽力。

　　我们雕塑系在抗美援朝运动中影响最大的,是在王府井大街口,做了一尊高大的志愿军战士塑像,它是集体创作的,几位老师也参加了,志愿军战士一身黄军装,挎苏式冲锋枪,是正在勇猛冲向敌人的姿态,五官眉宇都充满英豪之气,陈列在街头使很多路人驻足观看,这在当年老北京的印象里应该是很深的。我记得,《人民日报》还刊登过照片,发过报道。

　　在这尊雕塑做完后,由于秋季开学时间已过,我们就抓紧回校开学了。

四、大二正式分专业和我的同学们

就在这一年的暑假前，我们还是顺利地进行了各科成绩考试，考试完了将升入大二，并且正式选定专业，按专业分班。我报考的就是雕塑专业，确实是我的志愿，没有发生任何麻烦和别的因素，自然就进了雕塑班。当时也有一部分同学，本来想选绘画等专业，因选雕塑班人数比较少，是雕塑系滑田友等老师去看了他们的素描作业，经过一番引导或许说，是"规劝"了一下，他们才决定学雕塑的。记得分班后，正式同班的同学有近二十人，比解放前北平艺专时代仅七八个人多多了，可以讲是班队阵容壮大多了。尤其引为新气象的，是同学中明显的女同学多了，这可以讲，时代虽仅翻过了新旧社会一页，但社会进步速度快多了，女性的地位，男女平等观念，真正提高了。尤其是几位女同学，后来都学得很优秀，令人不得不刮目相看。

按女士优先的规矩，在我的记忆里，分别介绍几位：

张得蒂，她是山东菏泽人，曾在济南读书，当时她是班里的团支部宣传委员，基础班学素描就为滑田友、王临乙等老师器重，游泳等体育运动也很出色，人很爽快，在班内、校内都很有人缘，想不到在后来的1957年反右运动中，也曾有过一段坎坷，好在改正后又回到母校中央美院雕塑系任教，并评为教授，如今她可称硕果累累的著名雕塑家了，有的书称她为大师了。她爱人叫张润垲，也曾是我们美院的同学、同事，夫妇俩一起合作，出了很多优秀作品。

丁洁因，也是从上海去的，她是浙江宁波人，曾在刘海粟办的上海美专读过美术，解放前就参加了地下革命活动。我领上海新生去北京时，她也在其中，显得很成熟。那批新生有十七八岁，还像小孩子的，她像大姐姐一样照顾他们。她后来被选为学生会的生活部长,同学们对食堂意见很大,她协助食堂改善伙食,以上海姑娘的精打细算,果然大有起色。她的爱人洪波,是新四军老战士,那时管学院的学生工作,后来是党委书记。两人就是那时谈恋爱的。她后来留中央美院工作,一直到评为教授,她的作品《非洲妇女》等被中国美术馆收藏。

赵瑞英,是东北吉林人,但生活在黑龙江的齐齐哈尔,还是满族人,和我接触很多,毕业留校后一同在学院雕塑工厂工作,还一起去过朝鲜,完成志愿军纪念碑浮雕的创作。她后来在学院雕塑研究所任研究员,创作过许多作品,有名的《渔归》,反映渔民生活的,现在由中国美术馆收藏。1998年北京奥运会举行,她还创作过表现奥运精神的叫《高,更高》的雕塑作品,被国际奥林匹克委员会珍藏。

还有一位东北籍的女同学,是辽宁沈阳那里考进来的,叫文慧中,毕业后也留校在中央美院雕塑研究所工作,也一同去朝鲜做志愿军纪念碑浮雕。她的乡土感情很深,创作了许多反映东北家乡父老和东北抗联英雄题材的雕塑作品,前几年曾获得国家文联新中国文艺六十年荣誉证书奖牌。

还有一位是杨淑卿,同学们都叫她小杨子,是台湾籍同胞,人很热情友善,读书时就和油画系的同学靳尚谊谈朋友,并结成秦晋之好,也一直在中央美院雕塑工厂搞创作,也出了许多好作品,后评为研究员,可惜在前几年过早因病去世了。

还有一位女同学是时宜,后来是李庚老师的夫人,她是北京人,讲一口漂亮的北京话,这在南腔北调的中央美院是不多的。她很早就曾经随油画大师,堪称经典的《开国大典》的作者董希文先生学画素描,所以她的素描很有功力。后来在北京的雕塑研究所搞创作,曾是北京城市雕塑委员会的委员,她创作了很多有影响的城市雕塑作品。厦门鼓浪屿岛上的郑成功塑像,就是她的代表作品。

我对以上这些女同学印象比较深,恐怕还有遗漏的,因为后来她们又都是我读雕塑系研究生时的同班同学,有些还和我一同创作过作品。虽然我后来因反右运动遭遇曲折,离开雕塑圈这个群体二十多年,改革开放后重逢,大家之间还是十分亲切。

　　班里的男同学我记得的有夏肖敏同学,他是浙江温州人,讲话不大好懂,比我大几岁,我在北平艺专时期,就曾是同班同学,他对雕塑艺术有一种执着的热爱,毕业后留校,曾随刘开渠、滑田友、曾竹韶、王丙召等老师,参加人民英雄纪念碑浮雕的创作,当时这个创作群体,应该讲是以中央美院雕塑系的几位大师领军的,一些学生也参加了工作,他是其中之一。他后来留北京建筑雕塑工厂工作,在雕塑界很有成就。可惜在1984年,他仅六十岁就因直肠癌去世了。去世前办了一个作品展,把他一生创作的355件作品全部捐献给国家,其中有近一半是他患病后,克服病痛加紧创作的。捐献作品展举行开幕式,刘开渠、华君武、王合内等前辈和美院老师、同学都去了,我听到消息也很悲痛,因为他一直单身,他可以称是把一生献给了中国雕塑艺术。

　　还有一位李守仁,他是山西太原人,性格爽朗,比我年纪轻一点,小三岁,我俩很讲得来,后来一同落难,住在一间宿舍。他的那种艺术气质是属于天才型,发现什么一下子抓住,就能很好地表现出来。1955年,他雕塑的《小画家》,就曾获参加波兰华沙世界青年节美术大展。第二年,又获得北京市青年美术大展一等奖,真是前途无量啊。他爱人也是我们校友,中央美院附中的,也是一生在搞美术。他和我一同读研究生,又留校和我在一起进雕塑工厂。可是,谁也不料到,按今天说法,他是属于那种完全不懂政治的人,遭遇反右运动后竟是那样的坎坷。1987年调回中央美院雕塑系创作室工作,右派改正以后,我们恢复了联系,相见时真是彼此唏嘘。以后我到北京,他到上海必要见一面,真是同学兼好朋友。

　　线天长,本科是同学,研究生也在一起,他是北京人,一口纯正的北京话,我记得他是班里年纪最小的,大二时只有十七岁,身材不高,可是学生会的文艺骨干,表演一个小丑啊,魔术啊,很是绝活。而且他还有行头,黑色箭袖短靠,一排密密麻麻的扣绊。手握几把飞刀,朝着几米远的木板前的美女,一把一把扔去,飞刀插在头顶四周,让人看了心都悬着,惊险万分。其实是魔术,是木板背后事先放了飞刀,随着急骤的鼓点,靠着弹簧,把尖刀都弹到前面,由于配合默契,所以看得人都以为是真扎上去的,还有老先生不敢看的。不幸,他才二十出头就划为右派,发配出北京,受尽磨难,而他的作品《劳动模范郝建秀》已获得全国美术大展雕塑类二等奖。改正后,留在石家庄河北师大艺术系任教,现在是河北师范大学工艺设计系主任、教授,工艺艺术研究所所长。

雕塑班同学中,还有一个吴介琴,也是我印象很深的,上海考生,年纪比我们大一些。提起他,我就要讲一个问题,就是我们刚入学时,好像并没有太在意学生的政治历史问题,我在帮助艾中信先生在上海招生时,也没听说政审这回事,有的新生还是初中生,搞这个根本没有意义。问题是从吴介琴开始,抗美援朝动员学生参军,他的各方面素质很好,体检全部合格通过,政审时却退回来,说他曾到美国西点军校受训,是国民党空军人员复员的,不合格。他年纪是大一点,但学习很用功,有的领导还是批评了:"培养什么人?"结果,他此后虽没遭遇退学,但每碰到运动都要:"敲打、敲打。"我对这样做法想不明白,由此,也惹祸上身。

就这一点,我还记得另一位陈伯男同学,他是哪里人,我记不清了。他学雕塑专业,而钢琴、英语也都很好,美院还有琴房,他经常去露一手,和同学们也很友爱。吴介琴事情出来后,说他也有政治问题,实际上据我知道,也就是参加过三青团什么,但那时顶多才十六七岁,进美院才二十岁不到。反右运动时,又提了一点意见,新账老账一道算,被发配到新疆,由于他会弹钢琴,被分配到体育学院为体操队训练弹琴。后来有外国登山队来登山,又临时调去当翻译,住在学校最差的铁皮房里。改正以后,他调到新疆的大学去搞美术雕塑本行。1986年,我有幸去新疆考察时见到他,他条件还不很好。2013年西安举办"魂系长安、艺坛巨匠——徐悲鸿精品展",看到他的名字列在悲鸿先生新疆弟子名单中,感到很欣慰,他历尽磨难,还老而弥坚,真祝福他了。

在这个展览的西安弟子名单中，还有我们一位老同学陈天，他是江苏邳县人，本科和研究生也都是同学，他的雕塑水平也很高，搞人民英雄纪念碑时，他也调去协助滑田友先生搞创作，滑先生负责的一块是《五四运动》，他去搞了不少革命资料。他自己也雕了一些革命题材的作品，有《赤卫队员》这些。他的雕塑《谈心》，在反映人的心理活动方面受到很高评价，也参展过北京市的青年美展。他政治上也很追求进步，申请过入团，后来知道他中学时参加过三青团，这就完了。当时就被定为："不是培养对象。"反右运动时被分配到西安，最艰难时是到煤矿当矿工。后来调到西安的美术品进出口公司管仓库。1981年我去西安看他，虽然已经改正，仍一家住在仓库里。后来到西安美术学院雕塑系任教，不久前病逝。他儿子很优秀，继承父亲的志向，搞雕塑，现在是西安美院雕塑系主任了。

我雕塑系同学中印象较深的还有李桢祥，他的歌声："大红的公鸡，毛呀毛腿腿；乌赫赫的母鸡，肥呀肥又肥。"当时始终是学校联欢会最受欢迎的保留节目。他后来成了北京建筑雕塑厂厂长。

另外，还有很多同学，退休后大多数都见过面，老同学聚首十分亲切，现在一时还有一些名字我记不全了，总之当时人与人之间关系，还是团结友爱的。

五、亲聆几位雕塑大师给我们授课

我正式进了雕塑系读大二后,以至以后一直到本科毕业,应该讲,我们是幸运的,教我们的老师确实都是很强的,对我们的各科课程教学,都是第一流的。后来,我也做过老师,教学中许多东西还是受惠于我当年的前辈先生。我先讲教雕塑主课的,记得有滑田友、王临乙、曾竹韶、王丙召、夏同光、郑可等几位老师。其中尤其是王丙召先生,他是我们的带班老师,有些像今天的班主任性质,教我们时间最长,可以讲朝夕相处。其中有多位如今已被称作中国雕塑界大师级的人物了。但他们执教我们时,都是那么循循善诱,诲人不倦,使我们感到如沐春风,终生难忘。

如滑田友先生,他那时正值盛年,是学院的雕塑系主任,但也亲自给学生上课。我们都知道,他是徐悲鸿院长的高足,得意弟子,并由徐院长竭力提携,曾经到法国的巴黎高等美术学校留学,学习雕塑。他的作品《深思》,在巴黎春季艺术沙龙中获过金质奖章,圆雕《轰炸》也为法国著名的现代艺术馆收藏。他到中央美院执教,也是徐先生推荐引入的。当时,天安门广场上的英雄纪念碑基础浮雕,是一项大艺术工程,他和刘开渠先生负责,其中《五四运动》那一块,就由他主持创作的。

他是苏北淮安人,从乡村里苦读出来,讲一口周恩来总理那样口音的普通话,上课话不多,讲起来都是提纲挈领,极切中要害。他上课欢喜从教室课桌走廊中间,一个学生一个学生的走近前去,看你的手势,看你正在做的东西,看得很仔细,一旦发现你的问题,他就会说:"你停一停。"并就你手中的活儿,当场作一些分析和指导,而且问题抓得很准,一下子点到你的要害上,真如醍醐灌顶。

对于这一点,我曾亲聆其大教,我当时做人体雕塑,总感觉掌握不了重心,人站得不稳。滑先生一次看到了,站到我身旁,一面指着我的习作,一面耐心分析说:"你的这个人体,立得不稳,根子在哪里?是你还没掌握雕塑要从整体、大体出发,人,要从人的身体结构运动规律出发,这个道理,你还没有理解。你现在要先从总体感出发,把这个作为开头,再慢慢深入进去。这个,你要认真地学好解剖学,从筋骨、骨骼入手,把人体结构、内部构造都搞清楚,人的头、脑、骨盆这三者的关系,一定要处理合理,你塑的人体才站得稳。"

这番话,对我的指点真是一针见血,顿觉豁然开朗。滑先生当年教课,对学生的作业作品,也是认真批改的。大问题还要叫到办公室谈一谈。我们许多同学提起滑先生,都是很感恩的。以后我教学生时,也讲的是这番道理。滑先生家里我也去过一次,他和李可染先生等住在一个院子。他还是那样话很少,但你浏览他的书架,架上全是美术及雕塑方面的书,很多都是英文、法文的,以及他自己做的作品小稿,还是很有启发。我那次去具体为何事忘了,可能是继续和我谈作品人物的重心问题。

王临乙先生也是大师级的雕塑家了,我接触得更多一些,聆教也多。因为他和我父亲曾是南京中央大学美术系同学,都是徐悲鸿先生的学生。所以,除了上课外,我到他家的次数也有几次。他是上海人,我去见他,他都讲上海话,很亲切。在北平美专时,他曾是雕塑系主任,就给我们上过课。这时候他话不多,尤其是当时遭遇过的无辜受辱,使他变得更谨慎小心。这在下面我会再说。

他的夫人叫王合内,是法国人,这是她的中文名字,也学雕塑,和王先生去法国巴黎高等美术学校留学时曾是同学,她专做动物雕塑,所雕的狮子、老虎和鹰、狼等凶猛兽禽,很有张力,有威武之气,还有现代派感觉。当时她坚决随王先生来中国,也在学院工作。她气质很好,优雅而有风度,学生去他们家都很客气。我有一次去,她还给了我一件小礼物,是什么我忘了,总是很有意思的小玩意儿。她是学院老师,但没给我们上过课。自随王先生来中国后，就没有回去过，探望过法国家乡一次，又回来了，而且没子女，她是真正地爱上了中国。

王临乙老师自己家里，还有一小工作室，夫妇两人都做了一些习作作品。我去看他时，他也常常一面说话，一面还在做作品，同时也指点指点你。这对我们学生是最受益的。当时他很忙，除教课外，他后来也参加了人民英雄纪念碑基础浮雕的创作，负责《五卅运动》这一块，因为他当年曾亲眼看见上海南京路上这血腥一幕，他很有感情。但他这一块最吃力，据听说，有人提出内容要改为红军强渡大渡河，所以创作方向就难定夺。后经周总理拍板，才明确照原来决定做。他的功力很深，不论什么作品，稍稍一动，就形态毕肖。王临乙先生虽然话不多，但学生给他看习作，他也是点得很准，使你感到确实是指点迷津。

另一位给我印象较深的是邹佩珠老师，她是国画大师李可染先生的夫人，李先生也是我们学院当时绘画系的老师，实际他是画国画的，而徐悲鸿先生很器重他。邹老师是抗战时期的重庆国立艺专雕塑系毕业的，刘开渠、王临乙等也都曾教过她课，是她的老师，所以她的一些教课内容和方法，基本也是和他们一路的，多多少少带有一些法国雕塑界的影响。那时她才三十来岁，上课嗓音清亮，很仔细认真。另外，她京戏唱得很好，一口京腔很纯正。学院的师生课外文化活动，都请她来一段。据说，她和李可染先生的姻缘，也来自京戏，李先生京胡拉得好，她唱得好，就这样好上了。我曾到她家去过，就是现在很有名的北京东城大雅宝胡同甲二号，怎么去，邹老师还和我讲了一下，因为北京的胡同套胡同，我们外地学生不好找。实际上，我曾经去过，滑田友先生也住在那里。那个胡同不大，还有些乱，墙角还满是野草，房子也很陈旧，东一间，西一间的，有些凌乱。当年就是中央美院的一处教师宿舍，里面住了好多位学院的老师，如李可染、滑田友、董希文等。我去时，记得李先生也在家，他话不多，就打了个招呼，问候了一下。我感觉他屋里也很拥挤，书啊，纸啊，堆得满满。老实说，那个年代，李先生这样的国画家，在美院是比较压抑的，他教的课很少，也不是他最擅长的国画。我和邹老师坐着说了一会儿话，说完话就起身告辞了。后来我和邹老师一同在雕塑工厂工作，协助她共同创作了在抗战中牺牲的新四军著名将领彭雪枫像。

还有曾竹韶先生，我记得那时他刚从中国历史博物馆调过来，以前是兼课的，教中国古代雕塑史这样一些课程，不如滑先生、王先生接触多，印象深。他也是留法归来的，曾在巴黎、里昂两所高等美术学校学雕塑，和王临乙老师留学时就认识，比较熟悉。他比较重视中国古代传统雕塑，那时，他教中国古代雕塑史，讲云冈石窟、大足石刻这些，都很有感情。他的作品也很多。后来和学院的滑田友、王临乙、王丙召等老师都是人民英雄纪念碑基础浮雕的创作者，他负责的是《虎门销烟》这一块，是中国近代的开头。他是广东人，对这段历史更特别有感情，后来也塑过孙中山、蔡元培等近代伟人。他讲话是广东口音的普通话，语速很快，待学生热情、爽朗又随和，毫无架子。

当然印象最深的是王丙召先生，刚才说过，因为他是我们的带班老师，也就是班主任，那时才三十多岁，年纪相差不算大，几乎是朝夕相处，连我读研究生算进，整整近八年。他又叫王炳照，是山东益都人，讲话一口浓重的山东口音，初接触还不大好懂，一看就是那种厚重的齐鲁汉子。他是日本占领期间的北平艺专雕塑系毕业的，和我谈起来还有这点渊源。后来，他又受不了日本人的气，到大后方陪都重庆去跑了一圈，结识了郭沫若和徐悲鸿先生。徐先生十分赏识王老师的才华，在北平艺专时就是我的老师，后在筹建中央美术学院时，继续把王老师招为雕塑系教师，很器重他。1951年，第一届全国英雄模范代表大会在北京召开，这在当年是一盛事，徐院长带了院里十位画家、雕塑家去，王老师也是其中之一。他为解放军神枪手魏来国塑了一尊座像，也为著名战斗英雄苟福荣塑了一尊半身像。后来都在全国美术大展或全军美术大展中，获得展出与观众见面。他准确精准的造型功力，还有塑造人物形态的高超技巧，真是让人叹而观止，无不钦服。

我还记得，抗美援朝动员学生和青年人参加志愿军，我们班有一个女同学叫李孝华，录取了空军学校飞行员班，在离校前的欢送会上，王老师当场为她塑像留念，我们在一旁观看，一团泥在他手中，左捏右捏，没过一会儿，一个头型出来了，很快眼睛、鼻子、嘴齐了，我们都屏住呼吸，不禁啊了一声。他手中已出现了一个英姿飒爽的女志愿军战士形象，他把这作为送给这位女同学的纪念礼物。我们齐声鼓掌，又都敬佩他的手法大胆、简洁而又精准。

当时，中央人民政府决定在天安门广场建人民英雄纪念碑后，成立了兴建委员会，主任是北京市市长彭真，副主任有建筑大师梁思成、雕塑大师刘开渠等人。王老师是荣幸地入选了创作碑座汉白玉浮雕的八位作者之一，他负责第二幅反映太平天国起义的《金田起义》雕塑。他承接这个任务，是有深厚感情的。他是山东乡村长大的，平日吃穿谈吐也看得出，对农民有感情，为此，他亲自到广西桂平县金田一带山区考察，收集资料，前后一个多月。他考察太平军的服装、枪械、用具，访问仅存的知情老人，回校后又和担任画稿的油画系老师李宗津先生一道精心构思、设计，反复修改画稿蓝图，然后再塑出一次次泥塑小稿。他做这个作品时，是付出了心血和汗水的，几乎天天一身泥，一身水，我们学生也去帮他做，因为从中也好学到不少东西的。所以，我们班的老同学聚首，谈起中央美院的学生时代，王老师总是记忆中最多的。

当时教我们雕塑翻制技术的就是郑可先生，雕塑用泥从初稿小样，经过反复修改到正式定稿，最后还要经翻制，成为铜或其他金属的正式作品，这就要用石膏粉制成外模，再进行浇铸。这看起来是一个纯技术性问题，但在一件作品的创作中是不可或缺的，并且要有很高的艺术修养。郑可老师教这门课，讲得既十分科学严谨，又通俗易懂，容易学会。这门课，对我从事雕塑这项艺术创作，可以讲是必需的基础铺垫。

以上这几位大师级的老师曾亲自给我们授课，真感到三生有幸。

六、终生难忘恩师们的教诲

进了中央美院后才知道,学雕塑,还要学习一系列的相关学科,它包括解剖学、透视学、图案学、美术史和文艺理论,等等。当年教我们这些课程的老师,都可以称得上是一代名师,是我们的恩师。就先从解剖学、透视学说起,这是滑田友先生指出我的不足时,曾经特别强调的。当时教这门课的是夏同光老师,他是从美国学美术归国的留学生。除教解剖、透视外,还教过我们色彩课,也是水彩课。他的儿子夏乙乔也在中央美院读书,是我雕塑系的同班同学。夏老师教解剖课非常认真,为了领我们去看人体结构,他联系了在北京老皇城根的北大医院解剖室,那里离美院不算近也不太远,去参观时,一进解剖室,那股浓烈的福尔马林气味,就呛得我们受不了,有个女同学第一次看见尸体,吓得惊叫起来,脸色苍白。夏老师耐心地对我们讲:"这对学习美术很重要,不懂解剖就不会搞懂什么叫透视,不懂透视就不会搞好绘画或雕塑。"这些话对我们真是终身有益。

夏老师使用的教材,很多都是他自己写作的,当然,那时教我们的老师,很多都是自己有著作,或自己编讲义的。夏老师那时出版的教材,叫《艺术用解剖学》,不同于其他先生的是,他还把我们学生的作品吸收进教材去。他在解说解剖学对绘画的作用时,就用了我基础班同学,后来进绘画系的汪志杰的油画《师徒之间》来做例证,他以一老一青两个工人,身体相交站立形成的关系,对透视作了生动的说明。在用雕塑作品做例证时,他选了我的习作《汉藏之间》,实际就是一位汉族同胞和一位藏族同胞,两个人紧密地靠在一起亲密交谈,从正面看也形成了一种透视关系。夏老师用我们的作品来做著作中的例证,年轻的我们当时真很兴奋,几十年后都还难忘记,清晰地记得。

除了解剖学课外,当年和美术基础课有关的课程,还有高庄先生上的图案课,他那时是中华人民共和国国徽图案的创作者,我们当然对他敬佩得不得了。而雕塑作品的底座,尤其是大型雕塑,往往都配以精美的图案雕塑,这也形成作品整体的一部分。高先生的课不多,但他讲课一丝不苟,有条不紊,分析讲解十分到位透彻,没有丝毫含混不清,这都是我们印象深刻的。而且他上课声音洪亮,字正腔圆,这也是当时老先生中不多的。

另外,中央美院大二虽分了专业,对于素描这类基础课,学校还是坚持抓住不放,继续安排课程。这就使我们接触到了蒋兆和先生,蒋先生也是画国画的,尤精于人物画。但是,那时中央美院已没有国画专业,大概是叫彩墨画。甚至荒唐地还让原来的国画老师,也跟着学生来一道学素描。蒋先生就是在这种情况下,来给我们上素描课的。蒋先生上课,话极少,他有时带自己的作品来让你们看,做示范,我们一看,那画真叫精彩。实际按现在想来,那还是传统的国画课徒办法,就是临摹画稿。他有时也在黑板上钉上一张纸,手中拿一支笔,画一个人头部位的样子,给你们看。他的画法真是神奇,下笔很慢,凝神静气,画人的脸部,先从眼睛勾起,再延伸至鼻、口、耳等部位,很快就显出人脸的轮廓,同学们都无不惊讶、钦服,赞叹:"下笔真准。"蒋先生人很清瘦,面容清秀,穿中式衣衫,真有些古代名士的感觉。

还有令我们终身受益的,就是王逊先生上的中国美术史课,他也是山东人,一口浓重的山东口音,那时也才三十多岁,但知识渊博得让我们不得不服。他讲中国古代绘画、雕塑,从敦煌壁画谈到云冈石窟,及至宋元明清诸大画家,可以讲是头头是道,天马行空,信手拈来,无所不晓。而且,他的方法既科学又新颖,基本上是以画证史,又以史释画。就是用一幅名画来印证某一段历史,再用某一段史籍来考订某一幅名画。同学们都很爱听,我也很爱听,都认真做笔记。因为学美术的学生,个个都着迷这些历史名迹,听他一讲就更是如痴如醉。

而且，王逊先生还是一个永远问不倒，同学中也有本来懂一些古代书画知识的，总想问倒他。有时就故意挑一个偏冷的名头，来难难他。但是你无论提起哪一位古代画家，哪一幅古代珍品，他都是了若指掌，娓娓道来，使你不得不服，五体投地。我晚年为创作佛像，去考察了一些名山古刹，更是对王逊先生怀念不已。

　　还有学雕塑，当年要求必须要学文艺理论，这就是我们有幸听了几位延安来的老师的课，真可谓各有千秋。原来学校教这门课的是蔡仪先生。后来从华北大学并过来的几位文艺理论老师，基本都是延安鲁迅艺术学院出来的，因为这时要求文艺理论课，要结合马克思主义文艺思想、毛泽东延安文艺座谈会讲话来讲的。蔡仪先生那时还兼学院副教务主任，他讲的课原先叫"作品分析课"，多数选的是意大利、法国作品，当时也选苏联或俄国的油画或雕塑作品，包括列宾的《伏尔加纤夫》等，他分析画面中的每一个人物，探讨人物的社会背景、心理状态和画面中他们的动作姿势和面部神情之间的联系，与新的理论结合不多。这就是延安来的王朝闻、艾青等老师所长。

　　当年王朝闻先生在学院，是学生最好接近的。那时校尉胡同里学院门口，王先生来上课时，同学们还会和他开玩笑，他也会拉长调，用浓浓的四川话回答："大学生了啊，还没大没小。"一点不生气。王朝闻老师讲课，一口辣辣的四川方言，不紧不慢，一句接着一句，滔滔不绝，似乎就是天马行空，讲到哪算哪。他常用对比和反问的方式，讲生活和艺术的关系、题材和主题，个性和共性，典型的普遍意义，代表事件本质的瞬间，列举中外古今优秀美术作品为例。那时他常挂在嘴边，是延安时期的版画，比如：古元的《哥哥的假期》、《马锡五调解婚姻案》，王式廓的《改造二流子》，彦涵的《打土豪分田地》，等等。由于他也在那个环境里，和那些作者很熟悉，所以说起来结合时代背景、共产党的政策、画中人物关系，以及作者个人经历、喜爱的手法，等等，就如家常往事如数家珍。

　　尤其是他比较独特的，当时中央美院对国画是压低的，而他对齐白石的画却情有独钟,常赞不绝口,也举齐白石小品的例子,讲强弱、虚实那样一些对应关系,学雕塑的学生大多对欧洲西洋美术印象深,对齐白石知道很少,他一讲,使我们的视野转向了自己民族文化。他对中国古代雕塑也评价极高,那时他和美院李可染、张仃、夏同光几位老师,刚到甘肃炳灵寺麦积山石窟去过,评价甚高,尤其对那些小供养人,他说那神情真是迷人,绝不逊色于欧洲维纳斯神态,说着自己也不禁眉飞色舞。王先生的课对学生启发多多,又讲得引人入胜,学生听得十分入迷。每次下课前,王先生还有一句口头禅:"今天我也不在这里细讲了。"大家也会一声轻松地哄笑。那时,他的名著《新艺术创作论》已经出版了,同学们也会互相传阅。

艾青先生也上文艺理论课,他从华北大学调过来,是那里的文学院副院长,到中央美院来是以接管的军代表身份,所以也称他"艾青同志",多少他还有一些领导的感觉。同学们对他的欢迎,我的感觉,不是他是文艺理论家,还是崇拜他是大诗人的成分多,在我们那个时代,文艺青年不论男女,没有读过他诗的可以说没有,他的诗充满激情,文字、音节都美,朗朗上口,同学中就有他的"粉丝"。学生会文艺活动,常有节目,是朗诵他的诗。实话说,他上课没有王朝闻先生好,他讲课一口浙西方言,不大好懂,北方同学更听起来吃力。我们上素描或色彩课时,他也会走进来看一会儿,甚至动手涂一张,他是真爱画画。他上课的内容,后来编成一本小册子出版,叫《新文艺论》。

他上课时说,他原来是在杭州艺专学西画的。林风眠校长劝他到法国去留学画油画,结果去了巴黎半工半读,当时他又爱上写诗,发表了一些作品,想不到回国后,在火车上被国民党特务逮捕。监狱里他还写反抗国民党的诗,偷偷地寄出去发表,出狱后,他说:"我是被迫,不得不当诗人了。"然而,他仍热爱美术画画,所以在延安鲁艺和江丰就很要好。艾青上课批评那些资产阶级文艺观点,包括所谓资产阶级、小资产阶级感情,用语非常尖锐,甚至有些刻薄,这样,同学们就对艾青先生有些议论。

艾青上课也讲过国画的评价，认为国画要改造，国画山水画要画真山水，必须到野外写生，要内容新，形式新，那时他在美术界很有影响力的。常在《文艺报》等报刊上看到他的文章。但他又爱收藏国画，尤其是齐白石、黄宾虹是他最喜欢的画家，他收藏的齐白石作品很多。同学们都知道，他的诗集版税很多，他很有钱。

王朝闻、艾青这两位大名鼎鼎的人物，一位是美学大家，一位是大诗人，并且都还学过美术，当年都曾经给我们上过课，真感到幸运。

还有一位印象深刻的，就是政治思想教育的李庚老师。进入大二雕塑班后，他继续是我们的政治老师，说来也巧，后来是他爱人的时宜，是我们的女同学。以后听说，李庚做我们政治课老师，是和美院的江丰书记及几个教授关系都很好。开始是请他做讲座，后来就正式开课当兼职教员了。那时，他风华正茂，生得清秀白净。讲课慢条斯理，思路清晰，真是出口成章却又从不念稿。我们做笔记，几乎可以一字不落地记下来，他的语速节奏掌握得这么好。而且使学生折服的，每当一节讲完，他的声音止住，停了下来，正好下课的铃声也响了，食堂通知开饭的梆子声也响了。

还有不可不提及的，当年中央美院还经常外请名画家、文艺理论家等来开讲座，有些还是徐院长亲自请来，并一直陪同。如中央戏剧学院的院长李伯钊，就是徐院长亲自请的，她是戏剧界前辈，红军时代的戏剧家，参加过二万五千里长征的女红军，当然是受年轻人尊敬的。她为我们讲过长征故事，还有人生目标，等等。还有就是古元先生，那次下乡参加土改，他就来做报告。当时他在人民美术出版社的创作室。他的版画早已闻名，作为一个新时代美术的标杆。他说自己在延安鲁艺时，为能够深入生活，主动到一个乡里去当文书，以接触熟悉陕北老乡，了解他们的生活和感情，找到创作素材，所以学美术的学生要下乡深入生活。他是广东人，不大会说，也不大好懂。还有就是蔡若虹，他当时是全国美协的领导人之一。他是江丰请来的，是江丰在上海搞左翼版画最老的搭档。他讲打好基础的重要性，说学习素描要有"四写"，即是速写、慢写、默写、摹写。他讲话是江西一带口音,本来难懂,性子又急,语速便太快,是前面一句没有讲完,接着后一句又蹦出来了。

当年美院请外面名人来做讲座,有利条件是在校园土山前新盖了一栋小楼,就是后来的展览馆。当时中国美术家协会和美院美术研究所都在这栋小楼内。楼里有报告厅,这就为开讲座创造了便利。想想当年恩惠我们的那么多大师、名师,真可以称作群星璀璨,虽然我们也老了,回忆还是感到幸运。

当年,我们雕塑系还有两位青年教师,一位叫司徒杰,一位叫刘小岑,都是中央美院前身北平艺专雕塑系解放初期最早的毕业生,各方面都很优秀,深为徐院长和滑田友、王临乙等大师青睐器重,才留校任教的,后来也是滑先生、王先生等前辈师长的助手,并卓有成就。我后来也留校了,和他们的交往很多,留在以后再讲了。

七、参加"三反"、"五反"运动和"打老虎"

就在我大三寒假回上海过年返校不久，下半学期就开学了，一场声势浩大的运动随之而来。这就是"三反"、"五反"运动。"三反"指的是反贪污、反浪费、反官僚主义，主要针对的是党政军机关及其干部和工作人员；"五反"指的是在工商业界开展的反对行贿、偷税漏税、盗骗国家资产、偷工减料、盗窃国家经济情报的运动，针对的是不法奸商。在"三反"运动过程中，枪毙了中共天津地委书记刘青山、天津行署专员张子善。当时，中央美院还组织我们师生参加了在北京太庙举行的审判贪污受贿分子的公审大会。这样，社会震动真的很大。北京市委在春节前就发了通知，要求各级党组织认真组织党团员学习文件，我作为团员也听了报告，随后派出"五反"工作队，由市委统一部署，分批到私营工厂和商店去，发动工人、店员，同不法资本家，就是奸商，开展面对面的斗争，以打退资本家的猖狂进攻。

当时学院党委书记是江丰，他对这种由中共中央布置的政治运动，贯彻落实是坚决果断，很有魄力的。在1952年大约二三月间吧，学院决定由当时的党委成员，曾在延安鲁艺的老干部，从华北大学来接管学院的领导之一，又是版画家的胡一川老师带队，组织全校学生参加北京市的"五反"工作队，统一行动到北京商店最集中的王府井大街，去"抓奸商"。

行动还搞得很神秘，那天清晨，天还没有完全亮，我们按要求每个人都带着背包，按班级聚集在校园操场上等候出发。胡一川在队列前简单地讲了几句话，他以前没有给我们上过课，这是第一次听到他讲话，也是南方人口音,不是很好懂,就最后一句的要求:"服从组织纪律是,每个人都要带个笔记本。"我记住了,实际动员时,已再三强调了。

我们背起行李,在暗夜里,唱着当时最流行的苏联《共青团员之歌》,从学院出大门,步伐整齐地经过校尉胡同到街头上,王府井大街几乎没有行人,那时因路灯也很少,完全是一片黑暗。从前面传来领队通知,不要唱歌了,因为要扰民,就只听到急促的脚步声,以及偶尔传来的低语声,真让人感到有一种严肃、紧张的气氛,因为解放后虽已经历了几场政治运动,但这个"抓奸商""打老虎"怎么弄,真是难料想。

走到了长安街上天安门西侧的中山公园,在那个五色土广场上,已聚集了不少学校、工厂等单位的队伍,那时的习惯做法,是每个单位都打着一面旗。这时天也大亮了,看见了周围的房屋楼宇。有人在拿着一沓纸,在寻各个单位领导,宣布每一个队的队长,以及各组组长的名字,还有各组的组员。我们学院的队长,自然是胡一川老师,各组组长也是党委事先决定好的。

使我们没有料到的,每个组的组员有我们这些会记笔记的外,搭配了懂财会的,竟还有背着大枪的,这就气氛顿时紧张得多了。每一组组员确定,就立即开赴指定的地点,当时我们中央美院工作队是受北京市西城区委领导,按照他们的部署和要求,我们进了店,一面查账,一面发动店员揭发老板的"五毒"罪行,在掌握了一些所谓线索后,就发动对不法资本家的斗争,由此常常搞到深夜。这样,我们夜里打"大老虎",白天睡觉,搞了一个多礼拜。

这时,学院队部又把我们抽去搞宣传工作,也就是满大街的张贴上标语、宣传画等。当时王丙召老师,为配合运动,做了一个雕塑,是一个头戴瓜皮帽,身穿皮袍马褂,一脸奸诈刁滑,两眼阴险可怖的奸商塑像,放在王府井大街新华书店的橱窗里。一旁还配了文字:"你还没有交代?"之类。由于塑像做得逼真,真可说栩栩如生,橱窗前站满了驻足观看的人群。这给我们的印象很深。但过了不久,我们学生也就陆续撤回学校了。

可是，我们回到学校才大吃一惊，学院里运动也正如火如荼地展开，学院里竟然也有"老虎"。学院总务处的黄警顽，就是接我们到学校的那个小老头，已是"小老虎"，反复查他管的学生补助金，说他管的助学金账目不清。实际这个钱本来很少，就是某个经济困难学生饭费不够了，或者纸、颜料没有了，又无钱买，向他借一点。大多数困难同学，都说他肯帮助人，是好人，但还是受到了审查、批判，以后就改为让他只能管管发放助学金申请表了。

让同学们困惑的是，学院内正在隔离审查两只"大老虎"，一个是雕塑系教授兼总务处长王临乙，一个是绘画系教师兼校办公室主任丁井文。起因大概是在操场西边新建了一座作为学院办公用的两层楼房，楼房内又添置了一些沙发等摆设，怀疑他们有贪污受贿行为。依据的理由是，这么大的工程和生意，承包工程和生意的"奸商"怎么会不行贿？那几个"奸商"被斗得吃不消，也开始胡招。这样一个堂堂的留学法国的大雕塑家、总务处长，一个接管的军代表、延安的老革命办公室主任，双双被关在操场西南头的一排小房间内。那时，天安门旁边的中山公园音乐堂，常常用来开坦白大会，各单位带着各自单位的"老虎"，到那儿批斗，进行政策攻心。中央美院也把王老师、丁老师带到那里斗过。

丁井文经过延安的斗争会场面，情绪还算稳定，一再声明接受党的审查，自己绝没有做对不起党对不起人民的事情。王临乙先生是留法回来的雕塑家、教授，是一向清高不管俗务的，做人行事很珍惜羽毛，也很自尊的。我父亲很了解他。他是完全出于尊师，才勉为其难地答应老师徐院长之请，来兼任总务处长的，徐院长这么做，是为学院节省一点人员开支。这时满腔的委曲和无奈，也不容他诉说，据说，他后来竟吞大头针，一说是割脉，打算自杀，被人发现救了过来。审查的最后结论，是两人根本没有任何经济问题。然而，已经被关了不少日子，吃足了苦头。当时这些事情，应该都是江丰坐镇主持的，事后据说他也向王、丁二位老师赔礼道歉。王先生至此身体受损伤，也更沉默了，但这反让他避过了另一场风浪。

八、本科毕业我留校当研究生

1953年七八月之间，我们这批解放后第一届中央美院本科生，终于顺利地毕业了。这时，国家经过三年多的经济恢复时期，许多地方发生了重大的变化。就连人的精神面貌也不一样了，好像看到了新的希望。面临毕业，每个人都有自己的打算，也都填了工作分配志愿表。当时全校也就绘画系、雕塑系、实用美术系三个系，毕业生总数也就一二百人，国家已要求青年大学生到国家最需要的西北、西南边疆去，我们每个人都填了志愿书，表示服从国家分配。当然极个别提特殊要求的也有，不过那个时代真是极少。

为了服从分配，我将学校毕业分配的情况，写信告诉父母，他们也支持我的选择。就在这时候，学校公布了分配方案，有一批同学由学院党总支书记胡一川带领，到武汉开办中南美术学院，后来又迁往广州为广州美术学院。还有分到沈阳鲁迅美术学院、重庆四川美术学院、西安美术学院、中央美院附属中学、清华大学建筑系等院校的。在当时情况下，雕塑系毕业生的分配，比绘画系、实用美术系要难一些，因为绘画系还可以到人民美术出版社等出版社，或者到人民日报社等报社当美编，实用美术系还可以到景德镇陶瓷公司这类企业搞美工设计，而专业从事城市雕塑的机构还比较少，所以后来留了约二十人继续读研究生。而其他系如绘画系，原来毕业的人比我们多，却只留了十四人。由于当时学校担心这些留下的学生，产生骄傲情绪，开头还没有正式给予研究生资格，只是说留校继续学习。

在举行毕业联欢演出时，我们雕塑系的研究生班实际已开学了，班级

97

中那几位优秀女同学都在,有张得蒂、丁洁因、赵瑞英、文慧中、时宜、杨淑卿等,男同学有李守仁、吴介琴、刘志福、林家长、夏乙乔、线天长、俞士菘、李行健、张照旭、丁洁因、史美英等。还有一些同学姓名记不清楚了。指导老师还是滑田友、王临乙、曾竹韶、王丙召等先生,带班的是司徒杰、刘小岑两位青年教师。在我们之前,雕塑系已有研究生班,我在北平艺专同班过的钱绍武、刘士铭等就在高一级班里。由于本科已同窗四年,同学关系更为熟识、融洽。

我们进入研究生班学习以后,由于国家的第一个五年计划已经开始,北京作为首都的城市建设,包括著名的十大建筑,也都拉开序幕,搞雕塑、学雕塑的人,也开始热门起来。我们在读研究生时,就参加了许多纪念性和装饰性雕塑设计。有几位同学,还抽去协助院里几位老先生,参加天安门人民英雄纪念碑基础浮雕的设计和建造工作。

留校读书的第二年,学院正式宣布我们为研究生,并按国家标准,发放每人每月五十元钱的研究费。在那个时代,人民币币值很高,这个钱对我们来说真是不少,是今天的研究生不能想象的。这说明国家对我们的重视,另外,那时读研究生年岁偏大的,却已有家庭负担。这样逢到星期天,同学们也会三三两两的到小馆里坐坐吃吃,聊聊身边的人和事,就留下了日后一些话柄。

研究生毕业成立了雕塑工厂,共青团支部重新改选,同学们选我当团支部书记,张得蒂当支部宣传委员,俞士菘当组织委员。在此前后,本科班里的同学王鸿文,这时已改名王澎,他已是中共党员,被学院派到苏联专家办的雕塑研究班学习,找我到校园小树丛旁谈话,告知已被列为入党培养对象,要发挥更大的作用,还叫我好好地读读刘少奇的《论共产党员的修养》。我到王府井新华书店去买了一本,也认真地读了几次。他还叫我了解一些家庭情况,这都是加入党组织要汇报的。我当时的思想上,确实是朝这个方向努力的。

这时,我的思想情绪基本是兴奋的,总的前途一片光明,而这次欢乐的毕业联欢会，却成为我们许多同学的苦涩回忆。由于绝大多数同学都落实毕业去向，不再是解放前毕业就是失业，就毕业联欢活动本身来说，搞得十分红火。在老同学和老师记忆中印象最深的，就是由学生会文艺骨干集体演出的节目，叫《我们的大马戏团》，没有什么剧情，就是由一批同学轮流上场扮演马戏团里的各个角色，当然他们多少有些表演才能，绘画系的上海女同学尚沪生担任报幕。先是三个小丑上场，他们是后来著名油画家詹建俊、蔡亮和同学李宏仁，他们脸上涂满油彩，梳着小辫，在台上插科打诨。接着，一群女同学花枝招展地表演耍盘子，实际盘底装有机关，表演是假的。后来又有一个同学叫韩象琦表演耍坛子，实际坛子也是道具，不是真杂技表演。再后是我们雕塑班同学线天长堪称一绝的耍飞刀，他的表演真还吓坏了几位老先生。正在兴头上，汪志杰又反穿毛皮，头戴用报纸、糨糊糊成的狗熊头，趴在笼子里咆哮着，用平板车推进演出场地时，吓得观看的老师子女，一群小孩子们到处乱窜。

这个"大马戏团"后来出名了，一共演出了两次。一次是招待北京文艺界朋友，有吴祖光、新凤霞夫妇，黄苗子、郁风夫妇，以及刚从香港回来执教的黄永玉和全家。学院的老师艾中信、夏同光、周令钊等一些不苟言笑的老先生，也参加充当艺术顾问，徐院长当时已病了，没有来，他的夫人廖静文也来观看。而学院所有的名师，不论是教什么的，几乎都来了，黄均、李可染、吴作人、滑田友等几位老先生，平日不大活动，都把演出中的惊险一刻，当真了，连叫："小心、小心。"那时，一部分同学已毕业到外单位报到，所以要求研究生班同学人人必须参加，无一例外地分配了不同角色，我也分配做剧务，跑龙套。当时道具也是学院出面向中国杂技团借的。这是我们中央美院四年本科生活，最后难忘的一幕。

这次毕业联欢会上，同学们还演出了一个节目《五年后的返校节》，是以地铁车厢为场景，在开往母校中央美院的旅途中，上来了一位位老同学，这时都已是政府文化官员、美术教师、专业画家，等等，结婚的女同学还带着孩子，都是返校参加校庆聚会的。车厢内用毛毯包成软座，窗口有同学打手电,营造出地铁夜间飞驰前进的氛围。前方还有美院新建的巍峨建筑,还有新同学跳跃欢迎的背景。实际上,这都是从当年的苏联电影《幸福生活》里看来的。不过,我们也都是这样憧憬自己的明天的,事业有成,生活一帆风顺,国家和个人更加美好。

九、到北京后和我父亲的接触

到北京读书后,自然和我父亲的接触少了,基本是在放假回家,和他来北京开会。时间不多,但对我的影响还是很大。在我们即将本科毕业那年春节,一是可能分配到新的地方工作,另是学院党组织把我列为入党培养对象后,我也要了解一些家中情况,就决定回家过寒假,说实在话,我到北京读书,回家次数真很少。到家家人告诉我,自解放后父亲更成了"大忙人",在我离家去学校复读后,他参加了市里的很多工作,家里几乎看不着人。他出席陈毅市长、饶漱石书记和潘汉年副市长召集的许多会议,比如向工商界人士宣传"劳资合作,共同发展"、"稳定经济,恢复生产"等方针、政策,那时的报纸常把出席会议的各界人士名字都登出来,以示政府的重视,和对各方面人士的团结。我家人看到报纸上有爸爸的名字,也很高兴,说明他受到共产党和人民政府的信任及重用。这时,家人也才从父亲口中知道,当年他们所说的那个"刘姥姥",就是市军管会轻工业处长和市委委员,一直领导隐蔽战线工作的刘少文。他从抗战初任八路军上海办事处秘书长起,就一直领导爸爸的工作。上海虽解放了,他指示爸爸还要继续做日本研究工作,说这很重要。

这在我的印象里也有一点记忆,就是在我家底楼,曾经建立过一个日本研究社,那是由于一时找不到房子,就只能暂设在我家底楼,那时担任华东联络部部长的何以端,还来过我家里。我之所以晓得是华东联络部在领导,因为我妈妈也是这个时期正式参加工作的,在研究社里当日文资料翻译人员。另外几个研究人员,有赵南柔、史存直等人,主要还是搜集日本的研究资料。当时,中共华东局统战部副部长吴克坚的夫人徐玉书,也在这里负责行政工作，她一直叫我小名"龙龙"。因此，徐与我家人很熟悉。这时还闹出一个误会，因为当时联络手段较少，研究社与上级联系，还使用电台，而且就设在我家厨房里。解放初居民警惕性很强，很快报告了上海市公安局卢湾分局。公安民警上门来查，才知道是怎么回事了。当然，很快华东联络部也落实了正式的社址，从我家搬走了。我父亲当时仍负责这个工作，所以他实在是很忙。

就在我到北京正式开学的时候，《人民日报》等报纸上，又刊登了上海工商界代表团到东北老解放区参观考察的消息，这个团很大，有五十多人，许多工商界重要人士都参加了。副市长盛丕华是参观团长，我父亲是秘书长，到北京时中央统战部长李维汉等接见谈话。报纸上还发表了他此行的谈话，表达了在共产党领导下，对国家经济恢复的信心和决心。我读了报纸很高兴，可以讲，那段日子我一直沉浸在新中国到来的光荣、幸福感中。

这次回家，有一天，我总算见到他，把学院党组织把我列为入党培养对象的事，告诉了他，他很高兴，说："应该靠拢党，争取进步，一辈子跟党走，我的情况组织上全了解的。"这时，我也早已听家人说，我去北京读书不久的1950年1月间，他被中央人民政府任命为华东军政委员会的副秘书长，毛主席还给他发了任命书。接着，中央政务院又任命他兼任华东机关事务管理局副局长，任命书又是周总理发的。所以，我上海家里原来的汽车和驾驶员都没有了，甚至他还将家里的一套很珍贵的红木家具，包括镶大理石的大圆台面，都捐给了市政府招待所，即后来的东湖宾馆。放这套红木家具的那间房间，过去据说是杜月笙住的。我前些年去看过，它还在那里放着。我父亲买这套红木家具，因为他当时搞星五聚餐会，来的都是大老板，工商界头面人物，一定要显得气派大一些。

这时，组织上给他配备了一个警卫员，还有一部车子和司机。那位警卫员我在家也见着了，叫尉世德，是山东小伙子，高高大大，很爱学习，后来到上海华东政法学校读书，我父亲很支持，他就去了。至今他和我们全家还是常来常往的好友。他有时也和我们聊聊天，说："首长是八级干部，上级要求安全上绝对要保证，不能出纰漏。"有一次，他在家里听到附近弄堂有一声枪响，立即报告了市警卫处。机关就来劝说我们搬家，说淡水路周围民居多，警卫工作不好做。他们要我家搬到华山路丁香花园旁一栋花园洋房里，前面一栋是潘汉年副市长住的。我父亲坚持说："我是当机关事务管理局长的，知道房子的情况，需要房子的同志太多，我现在的房子已不错了。"他再三谢绝。后来又让他搬到衡山路常熟路的一幢公寓大楼去，他也坚决不肯，还是那句老话。

当时回家度假，我也曾到延安西路33号华东局大楼去过，即现在拆掉造了上海侨联大厦的地方。是我父亲让我去听报告，学习学习，紧跟形势。有一次还听过华东局第一书记饶漱石的报告，大家都叫他饶政委，感觉他水平真的很高，说话说服力很强，一听是知识分子出身的领导人。但我自己老实说，是一门心思学雕塑的，听这些不是很提得起精神。

我记得，那里面还有一个游泳池，一次在暑假回家时，我也去游过泳。那个池子不大，但管理得还可以，当然我去是要买票的，票价很低。我大弟金星那时在南洋模范中学读高中，比我去的次数多。有一次，他回来就很兴奋地说："你们知道我今天碰见谁了？"他一脸神神秘秘，我们很惊讶。他拿了半天关子，才说："我碰到陈毅市长了，额角头（上海话指运气）高吧？他也在里面游泳，还和我说话了，问我是谁家的孩子，讲了好几句话，讲我比他游得好。"我大弟弟那时还年轻，有时看我爸爸的汽车停在门口，他也想用一用。因为那时我家有私车时，用用是正常的。我爸爸到华东机关，派来开车的驾驶员也姓金，我们叫他小金，他很严肃地拒绝说："不行，金秘书长关照过的，除了他工作用，其他人都不准用。"确实，那时我妈妈已调到广慈医院图书资料室工作，也比较忙，但也没用过我爸爸的车。那时，外滩市政府礼堂，每周六都有晚会或放电影，家属可以给一些招待票，我爸爸拿回来的都是最后一排的，我弟弟不高兴，还去问发票子的人，那人回答他："这是秘书长关照的。"

我爸爸被任命为华东军政委员会副秘书长等职之后，事务繁忙，据警卫员小尉和驾驶员小金和我说:"你爸爸的确是很忙,他每天一大早到机关,总要弄到很晚才回家,他做事太认真、负责,总要管到底。"我和爸爸说了学校培养我为入党对象的事后,他也抽空和我谈了几句,他简单地告诉我,他的一生革命经历,说:"我的情况组织上是都了解的,不会影响你们进步的。今后你不管什么时候都要相信党。"爸爸的这番话,使我和共产党的感情更深了。

另外,我和爸爸的接触,还有他到北京来开会的机会。大约是在研究生二年级开学后的一天下午,我在宿舍里整理材料,门房间的张大爷喊我:"高云龙有电话!"我赶紧跑过去接,一听竟是我父亲打来的,他说他到北京来开会了,住在北京饭店,一会儿我大弟弟也来,让我去见一下。我很兴奋,放下电话就过去了。北京饭店在王府井和长安街的交汇处,是当时国家重要会议代表居住和接待外宾的地方,离我们学校很近,相距也就十几分钟路程。我去过几次,一次是波兰国庆活动,波兰大使馆通过外交部,让我们学校去几个学生协助做一些筹备工作,我也去参加了。后来招待会在北京饭店举行,我也被邀请,将结束时周总理竟到了,他和出席会议的中外来宾握手,也和我握了手,并还和女同学跳了一曲舞,我兴奋极了。不过,他有事忙,先走了。

我到了北京饭店见到爸爸,才知道他是到北京来开全国政协二届一次会议的,他已经被安排为代表民主建国会的全国政协委员了,我当然很高兴,他不是中共的老党员吗?怎么又当了民建会的代表?但爸爸历来是服从组织,不会说什么的。他只是说:"现在我加入民建会,也是潘汉年副市长叫我去的,让我去做好团结教育工作。"正在父亲又向我问些学校情况的时候,我大弟弟金星也到了,他在南模高中毕业后,于1953年的秋季考取了北京大学化学系,当时已在读大二了。他在我爸爸面前还有一些没长大的样子,欢喜问这问那,我爸爸总是正面的教育他几句。当天他带我们到饭店去吃晚饭,那是代表接待客人的客饭,也就是份饭,要付钱的。他关照会议结束,让我们再去一下。

几天后我们去了北京饭店,他很兴奋,说这次会议中,毛主席还接见了他,和他握手谈话。周总理还记得他,在抗战胜利初期,总理也接见过他,指示他的工作方向。爸爸向他请示一些问题,他亲切地回答了,嘱咐他好好工作。所以,我爸爸每当谈起总理,总是充满敬仰之情。

他说,还要到我们学院去看看老同学。后来他真去了,没有叫我陪。他见了吴作人,也见了王临乙,因他听我讲起王先生受委屈的事情,他安慰王先生查清就好,不要压力太大。这两位都是他在中央大学美术系时的同学。这次,他还去看了我们学院新到任的副院长王曼硕先生。王先生和他是日本东京美术学校的同学,我父亲读雕塑系,他读油画系。王先生在去日本之前,也曾在北平艺专学美术,还参加过左翼文化活动。在日本东京,他和我父亲一同参加了中国留日学生的无产阶级社会科学研究会,进行抗日和革命宣传活动,一同遭过日本军警的殴打。他也回国参加抗战,1938年直接去了延安,任过鲁迅艺术学院的美术系主任,参加了共产党。他后来又转战东北解放区,在东北美术界和沈阳鲁迅美术学院担任领导。他们自抗战前在日本分手后,就始终没见过面,我爸爸是解放后在一张报纸上,晓得了他的信息。所以他调来北京后,我父亲趁开会的机会来碰碰面,叙叙友情。王院长见到他也很高兴,当年他们一起在日本进行革命活动的,如曾任《新华日报》华北分社的何云等人,后来都在太行山牺牲了。我爸爸告诉他,何云一回国又被国民党逮捕,关在南京陆军监狱,他还曾去探过监。

从这以后,趁他每年一次到北京开政协委员会议的机会,我和大弟弟都去北京饭店,或虎坊桥的建国饭店看过他。我还带同学李守仁去过,他也招待我们吃客饭。在会议住处,他还介绍我们见了一些大名鼎鼎的人物,我记得有爱新觉罗·溥仪,这位末代皇帝见人特别客气,对我们这些毛头小伙子,也是一口一个您,鞠躬哈腰,我们感到很不习惯。

我父亲当了全国政协委员后,他在华东的职务,因为当时大区的撤销,也就没有了。他被任命为上海市人民委员会委员兼副秘书长,也就是现在的市政府副秘书长,协助金仲华副市长做外事工作,他们之间的分工,金副市长主要管英美等国家的来往接待,他管日本等东亚国家的交往。同时,他还兼任市民族委员会的主任、市民建会的副主委和民建中央委员。这样,市里的外事、少数民族事务和工商界工作,他都要负起一定责任,也是十分繁忙的,因为这三个机关办公地址不在一起,市民建会在陕西北路荣家老房子里,市民族事务委员会在新闸路,每天跑一趟就不容易。

而他当时是作为民主党派人士,参与市里的这么多行政领导工作的,他没有感到自己的权力受到轻视,和谁都合作很好。有一些事,组织上怎么处理,他就怎么执行,毫无怨言。那时有一些日本代表团来,整个接待方案都是他制订的,当领导会见时却没有他,他虽有过不悦,但很快就淡忘了。他任市副秘书长,当时市级机关有一次办公地方调整,他没被叫去参与领导、组织,人家都很奇怪,怎么您还不知道? 他一笑。他觉得上级怎么分工就怎么做。他的思想总是革命牺牲了多少人,和他一起进党的人大多不在了,很多也叛变了,他不计较这些个人的东西。这恐怕是他解放后几十年闯过许多风浪的根由之一。

十、"一五"计划使雕塑有用武之地

　　我们在读研究生时,正赶上了国家第一个五年计划实施,北京许多大型建筑,包括著名的"十大建筑",开始动工兴建或酝酿,使我们学雕塑的顿时有了用武之地。现在很多人都在感叹,那些老城区、老胡同不拆掉有多好,然而,当年我们这些年轻人确实想不到,尽管我们还是学雕塑的,和城市规划密切相关。当年老北京的印象,老实说在我心目中,真也不是上佳,几乎有些失望。

　　我是1948年到北平的,那时的古都北平,就像一个没有爹妈管的弃儿,荒凉破败,市面凋零。天安门城楼早已失去华彩,墙面油漆斑驳陆离,就连故宫院内也一片荒草,砖地一块一块塌陷,宫殿屋脊上也长满青蒿等野草。大殿阴森森的关着大门,去转悠的人稀稀拉拉。胡同里的房子也破旧的属多数,大门上的匾虽还在,字迹多辨认不清,屋里冰冷的地砖,硬邦邦的土炕,好不舒服。

　　冬季的北平,更是灰色一片,雪后结冰的马路,汽车必须在轮子上缠上铁链才能行驶。春季化冰,满街泥泞,更是难以出门。城里有几路公共汽车和有轨电车,叮叮当当开得十分慢,而许多稍偏一些的地方,就不通公交车,就只能搭马车,马屁股下挂着一个粪兜子,城市卫生也很差。那时还能看到从内蒙古过来的骆驼,蹲在城墙根歇脚。

　　解放后,北京人民的精神面貌发生了很大变化,但城市建设的启动,马路的拓宽,公共交通的发展,一些作为首都的标志性建筑的兴建,还是在第一个五年计划前后。我所参加的这些建筑的雕塑创作,也是在读研究生二年级的时候。所做的第一个项目,就是今日仍卓尔不群地展现在北京高楼群中的新侨饭店的大厅浮雕。这栋大楼,由当年的中央人民政府委员,华侨事务委员会主任,大名鼎鼎的廖仲恺夫人,国画大师何香凝提议,由陈嘉庚等十八位华侨领袖集资建造,由清华大学建筑系负责设计,它以独特的建筑风格,将古都的风貌特色,与新式建筑理念融为一体,可以讲这是体现了既保护传统,又紧跟潮流的建筑美学思想的。它在当时的东城崇文门西大街道口,邻近天安门广场,也离王府井大街等繁华市口不远,周围是许多重要机关和著名建筑。

这个建筑设计图纸,是由清华大学老师负责的。我们中央美院负责的是底楼大厅,正面墙壁的那块浮雕,浮雕的面积很大,具体尺寸我已经忘记了,主题由中央和北京市的领导决定,是工农兵学商共同建设新中国的群像。当时学院指定司徒杰负责。我们先参考了苏联的一些这类雕塑照片,因为当时国内还没有这类大型壁画浮雕,这和古代的九龙壁不是一个概念的。感觉到苏联的雕塑多少有一些概念化的东西。又想到它必须和整个房屋的设计协调,就采取了年画作品中的中国工农兵学商的形象,当然基本表现形式还是不能违反,以背景的电气化井架、水库和高山、大树上的累累硕果,来衬托一群斗志昂扬的劳动者,其中工人正在干劲冲天地造发电机、修铁路、驾驶火车和掘煤井等,农民手握镰刀割禾、摘棉花、水果子等,也有解放军和知识分子形象,人物众多,由于构图复杂,先由绘画系同学画成图稿,然后再做小稿,这是我们第一次做这样的大型雕塑,由好几位同学协作,还有曾竹韶等老师指导,我们承担的这一大型雕塑,做得还是比较成功,新侨饭店于1954年初动工,仅一年就开业,这幅浮雕很吸人眼球,《人民画报》还发表过,但当时是不署创作者个人名的,就叫集体创作。后来新侨饭店几次扩建,这幅壁画浮雕始终保留,这也是历史的记忆了。

在这个项目结束后,我又由系里指派,和研究生班里女同学张得蒂一同,随邹佩珠老师雕塑彭雪枫烈士塑像。这个塑像虽不是建设项目,而和国家经济能力增强了不无关系。当时由安徽省委决定,在宿县建立烈士的陵园,请中央美院支持。系里交代任务后,邹老师召集我俩开会,商量怎进行？后来我们先去拜访了彭雪枫的夫人林颖，她当时也在北京纺织部工作，人很爽朗，完全是知识分子女性。他讲了彭的生平，河南人，身材魁梧，读过大学，1925年入党，在北京南苑发动起义失败，到上海随周总理、邓大姐做地下工作，后来到红军鄂豫皖根据地，当过师长，是一名战将，长征到陕北，抗战转到新四军四师当师长，1942年和她结婚，生了一个儿子叫小枫。1944年春天在江苏泗阳半城镇与国民党顽军作战牺牲。

听了她的介绍，我们更肃然起敬。我们请她提供一些烈士的照片作参考，可是由于当年条件艰苦，能够提供的照片没有几张。我们就根据那几张照片先画出肖像，再请她审阅。在面部五官和身材基本确定后，再开始做泥塑小稿。邹老师做作品大气而有女性的细腻，那时我到她家去过，一同商量如何改进。张得蒂是个很有想法的女同学，经过几次修改，征求林颖女士意见，确定了彭雪枫的塑像，为一站立的八路军、新四军高级指挥员形象，他五官端庄，目光远眺，一手撑在腰间微微扣住皮带，一手背后，双腿微叉开，小腿打绑腿，脚穿草鞋，正在运筹帷幄，指挥战斗的神态。塑像经各方面认可后，做成了8米高雕像安放在安徽宿州烈士陵园。后来河南省革命纪念馆也照着石膏模做了一尊，现在也陈列在馆内。

回忆当时我们参加的项目，最大的就是北京苏联展览馆了，现在已叫北京展览馆了。它选址在西直门外，靠近动物园的地方。当时建造它，主要为学习苏联"老大哥"，举办各种有关苏联的展览。它于1953年10月动工兴建，建筑速度很快，1954年国庆就投入使用。建筑风格基本是苏联风格，还有苏联各个加盟共和国的专厅。它的规格很高，由毛泽东亲自题写馆名，开幕式周恩来总理亲自到场。里面陈列的实物和图片等资料，使你看后感觉这就是象征着中国的明天。

我们中央美院雕塑系的任务，还是做浮雕和墙体装饰，浮雕也是工农兵群像，装饰是苏联风格的榔头、镰刀、齿轮、麦穗等联结起来的图案。浮雕由我和司徒杰老师分工负责，他雕工人，我雕农民，全部完成后，再合在一起总体修改，王临乙等先生指导。装饰图案镶嵌在墙体各部位，看似简单,要合理美观也要下工夫。当时有多位同学参加,项目作者就叫集体创作,因为那时是竭力倡导集体主义,反对个人成名的,所以说作品的个人艺术风格是要受批判的,因此回过头来看,这些作品很规范,但是艺术水准是说不上的。

还有就是当年帅府园中央美院的标志性大楼,后来也是北京美协大楼的正门装饰浮雕,它是1953年做的,时间还比前几处略早一些,主题也是雕工人、农民和知识分子等劳动者,规模没有前两个地方大,也是我和司徒杰老师及其他同学共同创作的。这幅浮雕的画稿是请李可染先生的学生李行简画的,他画的人物稻穗骏马旗帜等都是工笔的,非常精准,对我们创作雕塑很有利,那时都很年轻,干起来不知疲倦,现在回想真是很怀念的日子。

我在这个时期,还第一次尝试了自己独立的创作作品,这就是《列宁像》。当年北京的各大中央和市的机关,都在高举马列主义的旗帜下,对列宁极为崇拜。很多单位的会议室、学习室都置放马克思、恩格斯、列宁、斯大林雕像,这也是时代风尚,从那个时代过来的人都有记忆。有单位请学校雕列宁的胸像,学校让我做,我参考以前的苏联和中国的作品,尤其是原始照片,掌握他的头型特点,抓住他的眼神,充满睿智和慈祥,以及胡子、西装、领带等细节部分,都恰到好处处理到位,这尊雕塑由于动手前反复琢磨,真正完成是一气呵成,我感觉很好。几位老师也很赞许。后来很多单位都来复制,那时这种情况都给稿酬的,我们那时是生活蛮滋润的。两年的研究生学习,一眨眼过去了,感到有收获的是每天都有动手的机会,这是学雕塑最要紧的。

十一、到雕塑所参加志愿军纪念碑雕塑创作

　　1955年7月，我们在中央美院研究生将毕业，学院和文化部已经安排好了我们的出路，这就是成立雕塑艺术创作研究所，我们平时称为雕塑所，我们这批同学也都吸收到所里工作。在这之前一年，学院依托系的力量，已建立过雕塑工作队，这时在队的基础上又扩大了。客观地讲，随着北京的城市建设进入一个高潮，许多新的公共建筑上马，雕塑艺术是也吃香起来。由于有业务方向，我们那批同学，几乎全留在了雕塑创作研究所。同时，雕塑所也叫雕塑工厂，双重领导，文化部也管。当时叫工厂还有这样一个背景，就是国家希望文化事业单位能够养活自己，雕塑所能接到大量的大机关和大型建筑委托的项目，能够赚钱上缴利润，这是它受到重视的原因。

　　在这个问题上，江丰的思想倒不是那么保守，现在看还有些超前，他去考察过苏联美术界的状况，在学院作报告说，苏联画家、雕塑家都不靠国家养的，可以自立，自己养活自己，他也说，中国艺术在社会生活中的地位，暂时还不如苏联，但有前进方向，等等。由于这层因素，江丰那时很关心雕塑工厂的工作，常来看看走走，没有架子。我在研究生班时是团支部书记，到雕塑工厂时基本还是那摊人，便经过改选，继续连任团支部书记。

　　这个时候，中央美院雕塑所由于它的地位和水平，当时也的确承担了一些国家重要项目，其中就有朝鲜抗美援朝纪念碑浮雕雕塑。1953年7月，抗美援朝战争经过两年多血战取得胜利，两年后的1955年7月，中央军委和志愿军总政治部决定在朝鲜的平仓南道桧仓郡，也就是志愿军总部所在地，建立志愿军烈士陵园和纪念碑。当时把纪念碑委托给另一名雕塑家

做,碑的浮雕部位委托中央美院雕塑所创作。由于这一任务的重要性,中央美院当时由院长兼党委书记的江丰,亲自负责挂帅,召集会议参加座谈讨论,院里由雕塑人员成立创作组,再根据创作内容是两大块浮雕,以及创作人员特长,分成两小组,一共是六个人,全是本科到研究生的老同学,一组由李守仁当组长,有丁洁因、赵瑞英,一组由我当组长,有文慧中、林家长。当时我们都很兴奋,志愿军烈士是我们最敬仰、最可爱的人,接受这一任务是艰巨而又光荣。

当时,中央军委和总政治部派了一位姓李的处长,和我们指导联络,他传达军委和总部首长的指示,强调意义的特殊性和重要性,并说时间和经费不用担心。关键要搞好这一创作,先提出设想,在搞设想之前,抓紧接触一些中朝友谊和志愿军英雄的资料,你们要到朝鲜实地去考察一下,肯定更有感触。

学院为了很好地完成这项任务,也让我们多征求几位老雕塑家、美术理论家意见。当时,李守仁一组负责反映志愿军战士英勇战斗的场面,我们一组负责雕塑反映中朝军民战斗友谊的。从内容来讲,我们这一组更抽象一些。开头我们搞了一些设想,画了几幅草稿,自己内部就不统一,也不满意。江丰说:"你们去请教请教几位老师吗?"我们便去走访了艾青、王朝闻、李庚等老师。艾青家我记得去的次数最多,他很热情,说:"艺术品不是宣传品,是要长久保留的,它要有美感,有诗意,尤其是雕塑,保存的时间更长,处理要概括、集中。"他特别举例,朝鲜妇女对志愿军感情很深,有许多故事,她们也很爱美,一定要穿朝鲜民族服装,要艺术化地表现出她们的美。王朝闻先生先问:"你们去过朝鲜吗? 一定要去,不去体验志愿军战士的艰苦,就无法体现出那种感觉的。实地考察,体验生活,才能拿出经得起考验的东西来。"李庚先生多的是热情鼓励:"任务重要,很光荣,一定要认真对待,全力以赴,也不要怕,肯定会成功。"这几位老师的话,对后来创作都有意义的。

在经过一段初步的搜集资料和走访后,由军委派来联络的李处长安排,我们创作组六个人,加上一名朝语翻译,正式去朝鲜体验生活,学院指定我和赵瑞英当领队。当时经北京出发到沈阳,转车去吉林的丹东,跨过鸭绿江到朝鲜的新义州,再到平壤。朝鲜接待我们参观市容,当时刚停战,一片废墟,很冷清。还到牡丹峰剧场看了歌舞,不过剧场是在地下。很快就把我们送到桧仓郡的志愿军总部,杨勇司令员接见了我们,还设宴款待。他欢迎我们来,相信一定会搞好,说话干脆利落,真是身经百战的将军本色。当晚,我们还看了一场上海越剧团的文艺演出,具体节目记不清了。

第二天,我们就去了大榆洞,这里的防空洞大而深,还有两层楼,这是当年彭德怀司令员等指挥战斗的地方,毛岸英也是在这里牺牲的,炸毁的坑洞废墟等还存在。陪同的志愿军干部,讲了一些当年激烈战斗的情景,我们都默默地聆听着。随后,又领我们去看了准备建造纪念碑的地方,这是山洼中的一块平地,后来也铲平了一些山坡。

接着,又去看了著名的上甘岭,当时通过各种媒体的宣传,已成了革命英雄主义的圣地。我们住在叫上甘新邨的部队营房里,完全和战士们同吃同住,接待我们的那个小战士一口四川乡音,可爱淳朴,带我们参观战士出操、放哨和训练,还一同到食堂打饭。他们吃得很艰苦,但能吃饱。团长等也和我们谈话,说了许多普通战士的英雄事迹。整个上甘岭上没有一棵活树,有的山顶都炸去了,全是坑坑洼洼,美军坦克残骸瘫在山沟里随处可见。那个有名的"鬼门关",我们也去了,陪同的干部说,为了这条通道,牺牲了多少战士,谁也说不清了。

我们接下来去了五圣山,这是上甘岭的最高峰。在这里就可以用潜望镜看见三八线对面美国、韩国军人的影子,仿佛战争还没有过去。那里还有一个"彭洞",是为了怀念彭德怀司令员的,我们去参观了这个彭德怀指挥战斗的山洞。我们也去了朝鲜人民军部队参观,他们待我们很热情,和我们联欢,还打野鸡、狍子盛宴款待。

最后我们还到了平安南道成川郡的石田里,凭吊罗盛教救朝鲜落水少年崔莹牺牲的地方。看到了那条小河,平静而清幽,河不宽但不浅,崔莹滑冰时沉入水中，罗盛教跳水去救，救起孩子自己牺牲了。当时部队作为事故处理，朝鲜乡亲来部队请功，第四十七军才报告志愿军总部，授予他烈士称号。我们去了崔莹的家，见了他和父母、妹妹，他爸爸按朝鲜待贵客风俗，给我们吃生鸡蛋。我们男女同学都吃了。

我们在朝鲜总共呆了一个多月，结束考察体验生活回国，对于创作这个浮雕，心里感觉到有了底，我们都随手画了一些素描和写生，作为创作素材。这次用爸爸给我的那架莱卡照相机，也拍了不少珍贵照片，包括我们和崔莹全家的合影。这在今日已是难得的历史资料了。

回到北京学院里，江丰立即听取了汇报，指示我们先画草图，再听取意见修改。我们三人小组的一块浮雕，决定包括四组画面：1. 志愿军救助遭轰炸的朝鲜老乡，2. 朝鲜人民冒着炮火给志愿军送弹药、物资，3. 朝鲜人民扶老携幼修筑公路，4. 志愿军和人民军共同抗击美韩军。草图出来后，先给江丰审阅，江提出意见修改后，又给李处长审。这期间，又在院里开了几次座谈会，请老师、同学们提意见，几上几下好多次，真体会到了什么叫一丝不苟的含义。李处长看过，又给他的上级首长审阅，至于有哪些志愿军首长审过，我们也不得而知。在正式通过以后，我们做出了小稿，再按 10∶1 的比例，完成了浮雕作品，长 15 米，高 2.2 米。浮雕将落成时，我又去了一次朝鲜，看一看陵园的土建情况。

这次重要创作，我也十分看重，整整进行了两年，在 1957 年春天基本完成，两年中我甚至没回过上海家中。爸爸在 1956 年到北京来开全国政协会时，曾到中央美院雕塑所来看过我，还看了我们正在搞的小稿，提了一些意见，因他是内行，有些我们也接受了。浮雕完成，《人民日报》在文艺版上予以报道，并给了好评，这使我们松下了一口气，因为那时它的报纸评价，就代表了文化领导部门和有关艺术界方面的肯定，老师、同学也为我们高兴，包括江丰，他是一个很真诚、爽朗的人。

就在这次创作抗美援朝烈士陵园纪念碑浮雕期间，正逢波兰世界青年联欢节美术展征求作品。我们研究生班很多同学，都积极地创作作品应征。因为这是一次以苏联和东欧社会主义阵营国家为主体的国际美术展览，我们作为中国最高美术学府的研究生，责无旁贷地应该拿出自己的作品，显示解放后雕塑艺术的成就，当时学校动员时，也是这样说的。我选择以日本广岛原子弹爆炸十周年纪念为题材，和女同学丁洁因一同合作，创作了《广岛原子弹爆炸十周年》这个作品。我们合作创作是有一定基础的，她参加过抗日斗争，亲眼看见了日本侵略军的暴行。当时在北京召开的世界和平大会，规模都很大，中国和亚洲国家反对美国占领日本扶植军国主义，反对美国核威胁呼声都很强烈，也提出了这些口号。

我们两人合作的雕塑，主体形象是一个日本妇女和两个儿童一男一女，并且显然是母子、母女关系，她们紧紧地偎靠在一起，母亲一手搂着一个稍大的女孩子，一手抚摸着一个较小的男孩子的头，眼神都看着远方，好像是在盼望着什么？我们是把她们作为日本广岛原子弹爆炸的受害者形象来处理的，当然也是更多的日本战争受害者中妇女儿童的形象。我们创作它，希望能唤起更多日本人民的觉醒。这尊雕塑，我觉得在题材上是有独特视野的，处理上也是很有特色的。后来它入选了这次展览，同时我们好多同学的作品也入选了，并还获奖了。这显示了我们中央美院雕塑所同事的整体实力，我们大大庆贺了一番。当然，从这次创作中取得的经验和教训，也是更宝贵的。

图1: 高云龙(后排中)和中央美院同学在朝鲜上甘岭
图2: 高云龙(后排右一)和中央美院同学访问罗盛教烈士所救朝鲜少年崔莹一家合影
图3: 高云龙(前排右三)和中央美院同学参观朝鲜三八线合影

116

2 4
1
3 5

图1：志愿军纪念碑（部分）　与美院同学合作
图2：北京美协大楼正门浮雕　与司徒杰等合作
图3：彭雪枫将军像　与邹佩珠、张得蒂合作
图4：列宁像　高云龙塑
图5：北京工人体育场男女运动员圆雕塑像
　　与苏晖合作

图1：中央美院读书期间与同学合影，后排左五高云龙
图2：军民鱼水情　与文慧中等合作

第四章　反右运动中受到的挫折

一、反右运动中雕塑所和我个人的挫折

1957年4月底，正是我们创作志愿军烈士陵园浮雕，将要进入收尾的时候，中共中央下达了《关于整风运动的指示》，尽管十分繁忙，学院党委和江丰还是抓紧了文件的学习和贯彻。我的直感体会，是动员大家提意见，因为它特别强调了党员"有特权思想"，要反对"主观主义、宗派主义、官僚主义"。老实说，在这之前，毛泽东的"百家争鸣，百花齐放"和"言者无罪，闻者足戒"等谈话，也已在中央美院师生中传开议论过。

大约在这之后不久，学院和雕塑系都举行了整风座谈会，学院会议情况，我不清楚，没能参加。雕塑系的会议我参加了，是同学吴介琴最早提了意见的，他也是1928年生的人，出身上海电影世家，1944年十六岁，在大后方成都报名参加了国军空军，曾短期到美国西点军校培训，回国时抗战已胜利，决定复员继续读书。1949年从上海考入中央美院，抗美援朝报名参军，已送到军校培训，结果政审退回。然后，在学校遭到冷遇和歧视，他认为自己抗战参加国军空军，是爱国的，年纪才十六岁，因此很不服气。

接着提意见的，我记得也是同学线天长，他和当时同班同学潘绍棠有意见，看法比较大，以前和我也说过。我和潘的关系比较好，潘是我的入团介绍人，我就从中调和调和。研究生毕业后，潘绍棠因是学生地下党员，在雕塑系当党支部书记，后又调到另外一个部门当了党支部书记。线有看法，就贴大字报说潘是"连升十八级"。后来还给院党委贴了大字报，讲党委也就是江丰"偏听偏信"、"任人唯亲"，等等。

再下来，提意见的同学就更多了。我记不全了，可能有李守仁、张得蒂、夏乙乔、李行健等好几位，这里面的意见，我分析有三种情况：一是家庭出身和个人历史问题,像吴介琴一样,受到不信任或打击,比如陈伯男、陈天以及李守仁同学等。陈天还是加入了共青团的,但因为他在中学时代,就是抗战时期加入过三青团,所以后来不列入入党培养对象。当时这对他打击很大,那时年轻人都积极争取入党的啊。尽管暂时还没有什么歧视,读书在继续,可是心情陷入悒悒寡欢。1957年他已分到了西安美术学院雕塑系,反右运动时,他在那里提出这些意见,还是划了右派。至于家庭历史问题,那就更加普遍了,在解放前能够支持子女读美术的,应该是家里都还过得下去,起码有一些财产,农村里是富农一类的。解放后,越来越强调阶级路线,这些同学他们感觉压力很大。

另一类,是对学院和系领导,以至国家文化部的工作和管理体制等,确实有不同意见,有看法。当时的教育方针是学苏联,很多东西是教条化的,并不符合实际情况,但在政治压力下,有些话不敢说,现在整风可以提意见说了,一些人也就提了。比如,江丰特别强调阶级感情、阶级立场和群众观点,认为过于追求技术就是危险的、资产阶级的,甚至连学习哪一种素描方法,都要提到这种高度来认识。有一些同学是有怨言的。

还有一类,就是夹在宗派斗争中不舒服,实际上就江丰本人来说,后来说他是右派真是冤枉,就现在看,他也是"左派",甚至过左、偏左,就是因为左,他才和延安来的一些文化部、中央宣传部领导有恩怨、有派性。比如国画,他强调要提倡新国画,为政治和现实服务,实际他也并不懂国画,所以那些国画老先生对他有意见。文化部那些人,也果真是尊重那些老先生了吗?还是看到毛泽东发话了,要百花齐放,就把责任全推到江丰等人头上,戴上一顶"民族虚无主义"的大帽子。由于这种情况,在中央美院内部,延安来的那些领导,明显排挤一些留法、留美的老教授,同学中是也有打抱不平的。总之,是解放后工作中,大家都积累了一些意见,有一些想法,现在一号召整风就爆发出来了。

雕塑所由于在整风中提意见较多,很快在转入反右运动中,便成了学院的重点目标。而谁料我个人也陷入泥坑。因为当时在系里的整风座谈会上，我作为雕塑工厂的团支部书记，也谈了一些意见，并且也还是自己身边的问题，认为在学生中抓住人家历史问题，进行打击是不必要的，是应该团结和争取。像吴介琴，他就那些问题，每次运动都搞一下他，打打"死老虎"，这是没有意义的。至于有的同学们给学院党委提意见，包括贴大字报，也是很正常的，不应该大惊小怪。当时和我意见相同的，还有当团支部宣传委员的张得蒂等人。

而且，当时我们雕塑系同学，或者说已是雕塑工厂同事的，争论最激烈的还有一个问题，就是对解放后雕塑艺术和事业评价高低的问题。有一种意见，认为很快，成绩很大。还有一种认为不快或者不够快，还有种种问题。当时，也在王府井大街的《人民日报》社的一个记者，也到学院雕塑创作研究所来开座谈会，我也参加了。老实说，我对解放后雕塑艺术工作的开展，承认它是有发展，有进步的，但是不够快，我说不够快，一是指艺术水平，拿它和前一辈老先生比，肯定是有差距的，我认为这些和文化部领导不得力有关；二是指普及性，认为国家文化部门，还是存在问题，有需要进一步努力的地方。

当时那位记者，把我的发言登载在几天后的一个专题报道中，这就扩大了影响。由于这一关于雕塑工作评价的意见分歧，一时比较激烈，当时本是中央美院绘画系同学的裘沙，这时候已分配到《中国青年报》去当记者，就写了一个采访稿，把这两种意见都在这张报上发表了。他说，江丰也参与了这场争论，认为："年轻人的正确意见应该扶持，一切新的事业不扶持，就不能发展。"裘沙就把他的谈话整理出来，也发表在了这张报上。报纸请他审阅自己的谈话时，江丰虽然正发着高烧，心情也不好，还是签字同意了。想不到，这场关于雕塑工作的讨论，后来就成了一些认为"不快"或"不够快"的同学的"右派"罪名。由于我们雕塑所的青年同事即老同学，一开头整风，就意见反映比较大，贴大字报啊，到学院党委去说理啊，在学院里也反响比较大，说雕塑系是"闹得最凶"的，所以，在中央美院"江丰为首的反党集团"还没被点名揭开之前，我们这里的情况就很不妙了。

二、一篇在中央美院爆炸性的报道

大约就在这时候，记得是1957年的8月初吧，一天早上，《人民日报》头版发表了一个通栏大标题的报道：《美术界纵火头目江丰》，这就等于在学院和全国美术界扔下了一颗大炸弹。想想看，江丰是中央美院的院长兼党委书记，又是中国美协副主席兼党组书记，还是鲁迅倡导的木刻艺术的学生，延安时期鲁艺的美术系领导，解放后在杭州和北京两地美术学院都是党委负责人，一向以共产党美术工作的领导人出现，一下子变成了反右运动中的"反党头目"，这让人怎么想得通？不感到惊讶？这一天，操场上聚集了三五成群、窃窃私语的师生员工，空气紧张，气氛严峻，有不少人，真是一时转不过弯来。

到10点钟光景，学院通知，文化部领导同志来中央美院作报告，大家集合到礼堂开大会。那时全校师生也就二百五六十人。坐下后，看到坐在台上的是文化部副部长，实际主持工作的部党组书记，他讲的第一句话是："同志们啊，以前我是不敢到美院来的。"他这句话，让大家印证了一个传闻，就是江丰与有些文化部、中央宣传部领导，从延安时期就闹矛盾。然后，他又大讲了一通所谓"五月事件"的反党性质，以及它的严重性和危害性，等等。

讲到所谓的"五月事件"，实际也是我后来的"罪行"之一，由于江丰和文化部领导有矛盾，所以据说后来毛主席在杭州时，批评了："不要国画，是民族虚无主义，不懂辩证法。琴棋书画共产党不去占领，资产阶级就要占领。江丰不要国画，他到底是共产党还是国民党？"江丰在北京听到以后，就认为是陪同视察的文化部党组书记，在一旁打了小报告，进了谗言。

不久，中央开展党内整风，号召大鸣大放，给党提意见，江丰认为说清事情的机会来了，就发动中央美院和杭州等分院，中国美协和一些地方分会，就是一批教师、画家等，抬着江丰提倡的新国画，记得有徐悲鸿、蒋兆和、李斛等老师解放后画的新社会人物画，到北京朝阳门内文化部所在地，要求开大会提意见。

在会上，许多著名画家发言说，江丰不是取消国画，而是大力提倡能为社会主义服务的新国画。还有人分析，新旧国画之争解放前就有，徐悲鸿先生就倡导过新国画。还有人严厉批评文化部，不是百花园中的好园丁，搞宗派主义。当时这次会议，文化部有些被动，我记得文化部是派副部长陈克寒来主持的，实际是来听意见的，但他始终没有表态。这次会，许多人是江丰动员或受江丰影响去的，包括我也去参加了。江丰在这两天前是对我说过的，雕塑创作室要派人参加。当然，会上江丰本人也发了言，态度也蛮激烈。不过，我在会上确实没有发言。

这次会议，因为是美协也出面动员的，吴作人、董希文、高庄等老先生也参加了，大约有二三百人，因为当年美院全院也就是这么多人。有一些人发言是很激烈的，我们雕塑系有一个同学叫张世椿，他是江苏扬州人，解放初期由扬州团市委推荐来中央美院的，曾参加过进步学生活动。江丰很喜欢他，有一次作报告，说培养就要培养这样的学生，刀把子要掌握在这种人手里。培养他入了党，还要送他到苏联留学。他当时连出国制服也做好了，西装笔挺很神气。这次向文化部领导提意见，他是党员，又受江丰信任，会上抢着发言，讲到火爆时拍桌子，要开除文化部领导的党籍！后来他很惨，划为"右派"，开除党籍，发配东北，辗转回故乡扬州，改正回中央美院后，继续搞雕塑，又搞壁画，可惜六十岁刚过就去世了。

当年会议的矛头是除对准文化部某领导，也对准美协的蔡若虹，老先生们参加，是因为这两个人平时架子很大，某领导当主持工作的副部长时没来过美院，他后来说是因江丰搞"独立王国"，不敢来，这句话让师生们不信服。蔡主持美协日常工作，以大理论家自居，碰不碰批这批那，老先生们很不满。这样一群人到文化部时，我们雕塑系的有几个同学，用现在话说"最傻帽"，竟然扛着旗子，所以，以后就叫做"游行""冲文化部"，雕塑室也成了重点。这就是所谓"五月反党会议"，也就是"五月事件"的经过。时间大概是 5 月 19 日。

据当年绘画系同学，也划为"右派"的汪志杰曾对我说过，江丰事先在一定场合，曾讲过苏联文化界前不久发生的一件事，苏联艺术家对苏文化部不满，有一名权威作家带头签名，向苏联政府施压，对立更加加剧，以致直接发生争吵。后来苏文化部长伊凡若夫果然辞职下台。然而，中国的情况却绝不会如此。当年八一是建军三十周年隆重纪念，解放军办大型美术展览，请汪志杰也去画画。7 月 30 日，他应邀出席国防部招待会，恰巧与中央领导人坐得很近，领导人很平易近人，问他是哪个单位的？他回答是中央美院。又问："江丰如何？"他答："没有架子，工作很积极，至今没有结婚，配给他的车给别人坐。"领导人说："年轻人，你要看看报纸。"汪说，当时他真年轻啊，这种话出于领导人之口，等于说江丰已在劫难逃。

三、中央美院开展的反右运动

　　文化部领导到中央美院开会后，美院的师生对宣布江丰是"反党集团头子"，并不认可、服帖，还有人贴出大字报，表示质疑，要求中央来人调查。直到第三天，有说是公安部派来的一个干部陈沛，接任人事处长，后来还当过党委书记兼副院长，同时文化部又派来教育司副司长王志成，担任美院党委反右运动整风领导小组负责人、院党委成员，他们按照文化部的指示，领导美院反右运动，把全校师生按年纪老、中、青分别编成小组，再把党员分别穿插进去，由新院党委根据党员汇报，在由文化部、中国美协和美院联合组织的反右运动整顿领导小组的安排下，成立了一个个专案小组，来确定每个人是否属"右派"，局面才稳定下来，一时气氛十分紧张。

　　接着，就开始了对江丰"反党集团"等的批判，会议在学院小礼堂或文化部礼堂都召开过，揭发批判江丰等人的反党反社会主义言行，第一次是新来的院党委反右运动整风负责人王志成主持，他才三十来岁，就是局长级干部，据说当过人民银行印刷局局长，上海圣约翰大学的地下党员、学生会主席，普通话夹上海口音。他说："江丰是什么东西呀，反党右派！"

　　开头几次会议，美院原反右运动领导小组组长、政治老师、团中央出版部部长李庚，以及浙江美院赴京揭发莫朴罪行的一位代表，还和文化部、中国美协领导一起坐在主席台上。不久，李庚调回团中央，也因同情江丰等问题被打成右派。那位浙江来的代表，听说回去后也成了右派。

　　学院揭发批判江丰等人的会议，文化部领导除钱俊瑞外，夏衍等也来过。主持会议的有华君武、蔡若虹等人。那时会议的气氛还算"文明"，让江丰这些被批斗者还在台下坐着，我记得，他总是坐在台下左角，闷头不停地抽烟，有时脸上苦笑，不辩解什么问题。会议结束，地下一地烟头。台上一个个组织好的揭发发言，这时已是大势所趋，一边倒了，张口总是："江丰，你反党反社会主义，反文化部，开黑会。"江丰的确是被刺痛了，感觉很痛苦。我们这些也同属于"落水"的人，也被指定只得坐在台下，听着揭发批判。

江丰是"反党集团"啊，总要揪出一些同谋者，这样，院里其他领导也很快一同落马。最让人想不到的，是刚来才三年的副院长王曼硕，他也是院党委成员，和江丰的关系较长，江丰在延安鲁艺当美术系主任，他是秘书，江丰的提倡新国画等做法，他也赞同，江丰对文化部的意见，本来有一些就是院领导集体的，他也牵扯在内。"五月会议"他没有去，而后他的"右派"罪行，还是有参与反党活动，否定国画传统，搞"民族虚无主义"，等等。

还有彦涵，他是延安最有成就的画家，也是美院的教授，动员开展整风时，他正在为军事博物馆画《八路军东渡黄河》，根本没参加运动。听到江丰是"右派反党"，他不相信，在讨论会上为江丰鸣不平。彦涵倔强耿直，直到"开除党籍"、"降级降薪"，他也不签字不服软。古元也差一点，他和江丰也在延安一同呆过，他也对江丰划右派不赞成，只是他是延安美术成就的代表，由另一位中央领导说话，才侥幸躲过。

艾青，是教过我们文艺理论的老师，这时是全国知名的"大右派"，他牵扯到江丰，也是由于和江丰关系较好，脾气也相像，艾青又和丁玲等较好，丁玲打成右派，艾青表示同情，认为："这么老的同志，怎么好当敌人来斗争？"批斗会上也被揭发出来。艾青也成了"右派反党集团"的人，但他也很倔，后来落到发配北大荒的地步。

我记得属领导层的还有冯法祀，他是徐悲鸿先生的得意门生，我爸爸在南京中央大学美术系时的同学。抗战初也去了延安进过鲁艺，以后又到重庆，在周总理领导下做抗战文化工作，临解放前夕参加了中共地下党。在中央美院，他是徐院长和江丰的沟通人。学苏联他跟得很紧，马克西莫夫到美院来办油画训练班，他当时是油画系主任，亲自出面张罗接待，还请徐院长去参观。他和江丰关系也很近，"五月会议"油画系的几位老先生去，吴作人、董希文等，他是动员过的。那时，他正在画大作品《刘胡兰就义》，结果被打成了"江丰右派集团"成员，让人不可思议。他在批斗会上有一句话："我是跳进黄河也洗不清啊！"我们真不知道是为什么？

这些还都是中共党内的，还有民主党派，比如民主同盟。它在美院有一些盟员，负责人是美术史系主任、教授王逊，还有油画系教授李宗津先生。他们曾在会上向江丰建议，美院的重大问题在决定之前，应该通报给党外的主要教授，让他们也知晓，并还主张把不具备入党条件的教师，吸收到民盟中来，以便共同工作。江丰也同意和接受了。"五月会议"时，学院民盟的一些老师也参加了，后来揭批江丰，王逊、李宗津都被污蔑为"江丰反党集团"的"狗头军师"，妄图"以盟代党、恶性发展，向党夺权"，又和民盟的一些人士联系起来，两人都被划为右派。王逊老师刚批准当新设立的美院美术史系主任，正为之奔走，这个打击真是太大了。另外，当时刚从中央美院实用美术系划出去，新建立的中央工艺美术学院因属手工业管理局领导，脱离了文化部，系主任庞薰琴以及一些老师不满意，认为"外行不能领导内行"，由此也被划为右派分子。

四、一些难忘的美院反右运动记忆

由于江丰把他在延安时期的一些老部下、老同志，也发动了一道来提意见，不少人也就此坠入深渊，如浙江美院院长兼党委书记莫朴、鲁迅美院院长兼书记杨角、张晓非夫妇，还有在北京东城辛寺胡同人民美术出版社创作室的一些延安来的创作干部，也都被划为右派。当时在鼓楼前面辛寺胡同对面，有一个湖南餐馆叫马凯食堂，画家们得了稿费，欢喜在一起吃吃聊聊，不顺心也发发牢骚，我们学院也有老师学生到那里去，后来被作为"右派窝子"追查，去吃过饭的大多都被划为右派分子。

在批斗江丰这些人的同时，各系各部门也开始深挖右派分子，举行批斗会。在雕塑系，先斗的是高庄老师，什么问题我也记不清了，反正他对学苏联不起劲，对苏联没好感。斗他时，他把自己的座位往圈子中间一挪，又起双手往上一坐，一副毫不在乎的样子。他说："我就是右派，我是老老右派"，准备和他们辩论。滑田友先生等好言好语地劝他："高先生，你听大家说。"大家都知道滑先生是厚道人，你那样硬抗要吃更大的亏，他也才听从了劝说。高先生的人品和学问，学生们都是敬佩的，他对中国陶瓷有很深的研究和鉴赏力，国徽的定稿就是他亲手做成的。但他性格直率粗犷，桀骜不驯，后来的主要罪名是破坏中苏友谊。反右运动后，他定为右派调到工艺美术研究所，后来又不知为何，竟被升级为"极右分子"。谈起高先生的经历，真令人感慨。

教过我们被斗得很厉害的老师，还有夏同光夏先生，他那时已调到版画系任副主任。夏老师也是徐悲鸿先生的学生，中央大学美术系毕业的。1948年在美国好莱坞电影公司学习一年卡通画后回国，他自己常说，是看到新中国的希望回国报效。但有人总怀疑，还调查他的回国动机。他心里不舒服。另外，他也是民盟盟员，民盟被定为"向党争权"，他也受牵连，被划为右派。更不幸的，他的儿子夏乙乔是我雕塑工厂的同学兼同事，也被划为右派。他的爱人史美英，也在美院，当时已入了党，受丈夫和公公牵连，也遭批评。自定为右派，夏乙乔夫妇被分配到扬州工艺美术品公司，史美英一直病未好过来。改革开放后，夏乙乔去了美国。

还有郑可老师，我也想说两句，郑先生很注意在雕塑创作中使用新技术，他也是留法的，广东人，本来在香港已有自己的雕塑工厂。徐悲鸿先生很欣赏他，江丰也看得中他，引荐他到美院来，为回内地，他卖掉了香港很有前景的产业。他研究电子脉冲雕刻技术已有成果，受到表扬。反右运动一来，他今天是"红人"受表彰，明天就变成"黑人"右派。

最后，我还想说说王丙召老师，现在，他的家乡山东益都要为他做些纪念，称他为雕塑大师，我们也很怀念他。王先生到底是为什么？那时他很火的，是解放后最早从副教授提为教授的，许多大型雕塑都有他。大概问题也出在历史缘故，他抗战时到大后方，说他参加过蓝衣社，为蒋介石塑过像。他不承认，不知参加过的那个团体有特务背景，也没参加过活动。为蒋塑像，他也不认为是什么事情，他还为冯玉祥塑过像。他认为自己自认识郭沫若、徐悲鸿二位先生后，是站在进步立场上的。还有就是抓他的个人生活，他在山东原籍农村，本有一个小脚太太，后来在学校认识了一个北平艺专音乐系的女学生，长得很漂亮，钦佩他的才华，王先生就和原配离了，娶了她。这在学院里有一些议论，反右运动也揭发出来了。王不服，就这样被打成右派。

王先生后来被调到吉林艺术学院，开头没有上课权，1962年摘帽后，让他上课，当了雕塑教研组长，境遇稍有改观。"文化大革命"一来，他又作为"历史反革命"、"老右派"揪出来了，接下他更惨了，他在集体宿舍厕所方便，用旧报纸，报纸上正好有一头像，很小，又当"现行反革命"抓起来，批斗毒打，这时后妻也和他离了婚。不巧他儿子又出车祸丧生。他在身患震癫性麻痹症，几乎残疾的情形下，被驱赶回山东乡下张高村管制改造。前妻收留了他，生产队里让他放牛。他的遭遇，我们老同学说起来都十分心酸。

五、雕塑所成了"右派窝子"

我要说到自己的结局了，由于雕塑工厂已被作为反右运动重点，也就是"右派窝子"，大约总共二十人吧，被正式划为右派的是八个人，我记得有李守仁、线天长、吴介琴、夏乙乔、李行健、郭嘉瑞、张得蒂和我。其中七个共青团员，一个普通群众。至于按什么标准定性，谁也说不清楚。比如线天长是对老同学潘绍棠不满，给院党委提意见的，线划为右派，潘绍棠在另一个部门也划为右派，因他提拔当了党支部书记，当然是要紧跟院党委和江丰的，由此也当了右派，当时就是这么逻辑混乱。

我们班里的那位女同学张得蒂，是大家公认的品学兼优的才女，当时也是提了一点意见，对一些同学的遭遇表示同情，我们团支部七个团员划为右派，她也要负责，对她打击极大，她一时想不开，经她的也是本校同学、中共党员，后来是她爱人的张润垲耐心劝导，才走出人生的阴影。后来被下放到河北等地农村很多年，干苦活累活，失去艺术创作和钻研的权利。现在她取得了很高的艺术成就，是著名的女雕塑家。

向我们宣布划为"右派"结论的，是当时系里的反右运动整风领导小组成员，本来是我们的同学，比我们还低两级的王克庆，这时他入了党，也留校任教当了干部。他分别一一叫我们去谈话，宣布处理结论："你已定性为右派，还有别的事情嘛？要继续检查。"实际上，当时我已写了许多份检查交代，自我上纲上线了。这时，我又只好再次承认名利思想重，个人主义。他说："你是团支部书记，团支部烂掉了，这是你最大的罪！"随后，他就叫我退出来。我走到门外，心里一团乱麻，没有感觉。

回想当年中央美院反右运动的惨痛经历，我每次都心情分外沉痛。实际情况是不亚于那些"重灾区"的，比如新闻界、法律界等，据事后统计，当年中央美院二百来个师生员工，打成右派的达到四分之一到三分之一，将近五十来人，我们雕塑室就是如此。那么多优秀的美术人才，就这样被摧残了。现在想来还是可怕，真不堪回首。

当然，当年中央美院反右运动，受伤害之惨的也不仅是雕塑所。据事后回忆，当时中央美院反右运动揪出来的学生，就是我的难兄难弟，比老师还多，本来学生总数是要多一些，不过搞学生的"劲头"的确很大，我知道的有很多人，不知什么事也都是右派。比如傅抱石先生的公子傅小石，他也划为右派，还有一个"右派反党小集团"，牵涉到好几位同学。当时美院的团委委员谢立纲、学生会主席英若识，包括现在许多著名的画家，如何孔德、谷文达、朱乃正、袁运生等都是右派。

我情况比较熟悉的是汪志杰，不仅是由于我和他是基础班同学，还在改正后和他一同工作到退休。他没有参加"五月会议"，也没提过意见。当时，文化部和江丰都主张画家个人职业化，汪志杰就和另一个青年画家做试点，汪志杰搞得蛮成功。江丰在大会上表扬他："汪志杰现在搞得很好，楼上楼下，电灯电话，还雇用了一个保姆。"后来钱俊瑞这些人要搞江丰，叫汪志杰揭发，汪拒绝，后来文化部副部长刘芝明亲自找他谈话，他却大吵一场；加上他平时就因不服从领导，常闹情绪吃批评，经常竖着风衣领子，一副闷闷不乐的样子，斗他时因罪名吓人，引起一些女同学围观，他勃然大怒，吼："都给我滚！"就给他定了个最严重的："不要党的领导，脱离组织搞自由化"的"极右"分子罪名，被送到北大荒劳改。

其中最不幸的是中央美院附中一些尚未成年的青少年，也成了"反党反社会主义"的右派分子。起因很简单，中央美院设附中后，从全国

134

找来一些年纪很小的美术尖子，本来招生时说好，读得好可以直升中央美院，结果在这一年，规定附中学生也要通过高考，同学们不同意，就开始先在学院里闹，后来听说这一规定是文化部定的，也参加"五月会议"的"大游行"。他们还办了一个壁报，叫《蒲公英》，上面写了一些发牢骚的文章，后来就抓了全国年纪最小的才十七岁的"右派"，而且还人数不少。

六、我受到的"右派"处理

想起来，当年还是幼稚，尽管被划为右派，还认为这只是一个思想认识问题，人民内部矛盾问题，只是动嘴提提意见嘛，动机是好的。经过一番思想改造，好好表现，就会用撤销等办法来解决的。我当时的处理决定，是开除团籍，保留雕塑创作人员身份，工资降一级。比较起来，在当时把右派分五类处理的规定中，有开除党籍、军籍、团籍；从撤销职务到开除公职，以至送劳动教养的；还有就是降级、降薪，从五级、四级、三级、二级到一级的，我是保留公职，降一级工资属最轻的。我的想法，工资降一级，还不是大事，我生活没什么负担。关键是政治上损失太大，我本来还是入党培养对象，现在全完了，也不再考虑了。感情上的伤害也有一些，我本来已二十九岁，在那个时候不算小了，有一个女朋友在中央戏剧学院，是四川人，相处得还可以，出了这种情况也就不来往了。可是我绝没有想到，这才是二十多年苦难的开始。

处理决定宣布后，领导也来找我谈话，就是继续留在雕塑工厂里工作，要把搞运动耽误没做完的活儿，包括朝鲜抗美援朝纪念碑浮雕等加紧做完。这样，我又全部身心埋头在工作中，因为一可以忘掉心头的伤痛，二也可以表示自己从没有什么对共产党、社会主义的不满。剩下的活儿，也并不太多，创作的主题内容已经定型，只是一些制作问题。令人难过的是这个作品，分两部分创作的两个组长，我和李守仁都定为了右派，工作情绪之低落，是可以想象的。但我们扪心自问，我们只是提了一些关于雕塑工作的意见，何曾有反党反社会主义的问题？

然而，经历这一场风波以后，整个雕塑工厂包括中央美院沉默多了，老师同学对我们的冷淡，是明显可以感觉到的。大约考虑到我曾是团支部书记，这时学院通知我到北京市里参加一个报告会，会场在哪里，我忘了。总之，是北京市委召开重要会议的会堂。到了会场一看，出席会议的人都脸上无笑容，神情忧郁呆板，彼此也比较冷漠，不像以前开会，一片交头接耳，悄悄谈论，气氛是既严峻而又带些神秘。开会时间要到时，下面的人都在掏出笔记本，等待做记录，匆匆上来一个主持人，说了几句什么，就说："欢迎彭真同志讲话！"场内这时才响起一阵稀稀落落的掌声。

彭真说话了，他的神情也比较严肃，尽管在放慢语调，说："是不是大家经过反右这场运动，有些缩手缩脚，谨小慎微了？"我记得他还说："现在有一些单位，包括学校、医院、研究所这些，思想都很混乱，甚至还影响到了工作，因为包括老婆闹离婚的什么事都有了吗？实际没有这个必要。"说到这里，他还抬头问："今天来开会的不是左、中、右都有吗？划右派的人，不就是把屁股向左移一下的问题吗？要有信心，争取加快进步。"等等。他说到这里，会场里的气氛有一些活跃。彭真的话，可以说风趣、轻松，但是每个人心头的包袱，怎么放得下来呢？包括我自己，真是活跃不起来。因为我怎么也想不通，我怎么会一夜之间，就变成了人民的敌人？是反党反社会主义，我做梦也要吓醒啊。

实际上，回到学校，情况是一天天的冷酷，举一个小例子，当时学院在离不远的三里屯造了一批宿舍，是按两人一间分的，一个姓张的同学和他新婚的妻子，分了朝南的一大间，约有二十平方米。我和李守仁两人同住，只能分他对门朝北的十平方米左右的小间。而且，以前一些关系很不错，见面很亲热的老师、同学，这时也避之唯恐不及，迎面相撞也不正眼看你，这让人太受伤，精神压力太大。加上报纸上登的都是工人、农民等声讨右派分子的话，甚至是侮辱性语言，还有各种漫画，真的是一整夜，一整夜的脑子里盘旋着一个问题：我怎么变成了人民的敌人？现在想起来，我不就是在会上做了几次发言，参加了一次"五月会议"，就犯下这样大的罪？

我们当时说是保留了公职，实际是被剥夺了平等工作的权利。抗美援朝纪念碑基础浮雕正式完成，学院召开总结大会，我和李守仁两人作为主要的创作人员，被通知不能参加，更不要说肯定我们所做的贡献。这等于不仅将我们在反右运动中所犯的错误，连以前所做的工作也否定了。

七、反右运动连接着的中央美院 "大跃进"

接连着反右运动的，就是所谓的"大跃进"。中央美院党委和师生经过那场斗争教训，自然是紧跟，当时在学院U字形大楼旁，也建造起了小高炉大炼钢铁，让那些学院的老先生们，包括现在已经尊为大师级的人物，也拉着板车到院内院外去捡废铜烂铁，有一些还明明可以用的铜铁件，也扔到高炉里化了。学院的师生自然都停课，分班分工参加劳动，美院院子里成日浓烟滚滚。结果，一是缺少技术，二是高炉炉温也不够，炼出来的钢铁全是粢饭团，还由院党委的头儿带队，敲锣打鼓到文化部去报喜。尽管是读美术的，难道真正一点看不懂吗？不敢说了。我们已是右派分子，在那个情况下，更是无说话资格，是叫干什么，就干什么。

中央美院在"大跃进"中，还是要充当宣传队的作用。现在想想，1958年，那真是一个充满幻想、头脑发热、失去理性的年代。在"鼓足干劲，力争上游，多快好省地建设社会主义"总路线的口号下，要在十五年内把钢铁和重要工业产品赶上或者超过英国，"超英赶美"，全民大炼钢铁。人民公社的粮食亩产是几万斤、十几万斤，简直是神奇。美院师生为配合这种宣传，也画了不少这一类作品。比如一挂大板车上就拉一棵大白菜，等等。当时，美院还要求教师，包括我们这样留校改造的人，都定下了一年的创收计划，用自己的专业技能为国家创造财富，把兼课费、稿费等都全部上交国家，也等于是在刮"共产风"。

雕塑系这时候接受的任务，或许是主动请战，是在北京中山公园保卫和平坊前，建造一座名为《劈山引水》的彩色雕塑。这座雕塑是我的同学刘士铭创作的，他在北平艺专就和我同学过，后来也留校在雕塑工厂，以后到河北地方去搞陶瓷雕塑了，我离开学院后，就再没见过他。雕塑的主题是工人农民群体塑像，拿着各种工具在开山挖河。形象做得很有气势，是中国民族风格的，还按彩塑做法上色彩。这样工艺也比较复杂，先在钢筋上蒙上丝网，再涂加草筋的白水泥，等干后磨光上彩色。当时强调"大跃进"速度，我们在现场草地上挑灯夜战，晚上就睡在草地上。后来华君武又亲自为它改名为《移山填海》，《人民日报》也报道介绍过。当时还在学院的苏联雕塑专家，也给予好评。另外，在北京火车站广场也做了一尊雕塑，叫《降龙伏虎》，也是工农形象为主体，双双大手擎住龙头、虎头，谁创作的我已忘了，总体印象比那一尊粗糙，也上彩色，基本是临时摆放的一个大宣传品。

当时，我感觉还比较有价值的，艺术水准还讲究一些的，是现在还在中国革命军事博物馆广场上竖立的《军民一家情》群雕。这是我当了右派以后，唯一的一个正式作品，是我和班里女同学文慧中合作创作的，由她主稿，这个作品有一组是一位老奶奶对解放军问长问短，一个战士正弯腰给老百姓担水。当年这类创作都叫集体创作，每个人都必须自觉的消灭名利思想。自从戴上了"右派"这顶帽子，我内心的痛苦是无法言说的。成天沉浸于这尊雕塑，使我的心能够安静一些。我也想到，这可能是我在北京做的最后一个作品了，因为那些一同划为"右派"的同事，已经逐步离开学校，去各处改造了。所以，这尊雕塑我确实做得很用心的。

说实在话，那时候，我倒羡慕起分到学院外改造的那些同伙。中央美院右派下放的地方是北京郊区的双桥农场，被划为右派分子的干部、教师和学生，从党委书记江丰开始到附中的学生，都在那里进行劳动改造。他们一同住在两间大屋子里，男女分开各一间，屋里是双层木床上下铺。他们和农场工人一起，日出而作，日落而归。年老体弱和女同事，分配较轻的活儿，年轻的下大田，虽说累一点倒也简单。我那时就想，索性和他们在一起倒还算了，经过努力劳动改造，尽快摘掉帽子，再回到群众队伍里来。在学院里，我是处处低人一等啊！

八、主动到北大荒劳教和兴凯湖岁月

然而，后来的形势越来越紧张，不仅没有尽快回归的希望，在中央美院感到环境压力太大，尤其是听说汪志杰等划为"极右"的，还被北京东四分局抓进了自新路看守所监狱，然后又直接送到东北黑龙江北大荒的兴凯湖农场劳动教养。当时，报纸上还登了丁玲、艾青等大右派送往那里劳改，理由是以"净化首都政治环境"所发的消息。我想，他们那样的人都这么处理了，我还有什么希望？思前想后，在1958年的8月的一天，夏季还未过去，我一个人背着一个小包袱，里面有一些换洗衣服连冬装，还有一些洗涮用具，没有和任何人打招呼、告别，也没有什么人告别，就独自一人到北京火车站，登上了北行的列车，先到了哈尔滨，再转车去了密山，因为兴凯湖劳改农场就在密山县境内。

到了密山县城里，我倒有些茫然，怎么找劳改农场呢？最后考虑还是先找一个小旅馆住下，我身边还是带了一些钱的，旅馆的服务员就给我开了一个房间。那地方是边境地区，和还没撕破脸的"老大哥"苏联就一水相隔。隔三差五地公安派出所就会来查夜，三天后的晚上，两个民警来了，问我是哪里来的？干什么来的？我说是自动来要求劳改，他们听不懂，就把我带回派出所。他们讯问我的情况，我都如实说，什么名字，在哪里工作，什么身份。他们又让回旅馆等候处理。一二天后，实际是中央美院的答复和处理意见来了，又传讯我去，态度很严肃对我说："你是右派分子，抗拒改造，罪加一等，学院已经决定开除你的公职，送到兴凯湖农场劳动教养。"他们吃惊的是我没任何辩解，我说："我就是劳动改造来的。"他们对我态度也转好了。第二天晚上，他们就派人用船把我送到了兴凯湖农场。

你要问我当时怎么想，就是这么想的，还不如去劳动教养。

兴凯湖农场在密山县城的东南方，离县城有一百多里路，是地地道道的北大荒。在1955年由北京市劳改局建为劳改农场之前，就是一片荒原和水泡子，所谓"棒打狍子瓢舀鱼"的地方。密山县公安局用船把我送到农场场部时，沿湖岸看到都是积满落叶的柞木和桦木林，或者是一兜兜满是荆棘的灌木丛，还有一片片已泛黄的荒草甸子，心里有一丝伤感，从上海辞掉海关"金饭碗"，考中央美院学雕塑，一眨眼近十年，整个青春都放在了北京，怎么料想是这样凄惨地离开了北京。那时，我没有眼泪了。

到了兴凯湖农场场部，他们大约早安排好了，让我去一个上岗五村的劳改队。到了这个上岗五村安顿下来，我后来才晓得，所谓兴凯湖农场，在湖中的一块较大冲积平原上，它四面环水，是关押劳改犯最好的地方，北京劳改局选中它，也是别有眼光的。冲积平原由洼地和沙岗组成，平原上共有五道岗，在岗上都建有泄洪闸口，上岗就是其中一道岗的一个部位。冲积平原土地肥沃，一年一季种小麦、大豆、高粱、玉米等作物，收成还不错。

上岗五村这个队，当时有劳改犯或劳教犯，据我后来知道，大多数是刑事犯罪，也就是偷盗之类的犯人。属于右派的只有三个人，最正确的说法，是我晓得的就只有三个人。北京来的右派分子多数是在另外几个队里。当时右派按文件说法，是属劳动教养，和劳动改造是有区别的，而在兴凯湖农场改造，没有感觉到有何差别。三个右派，一个不是北京去的，没有什么接触，因为劳改队也不允许劳改犯多说话交流的，所以名字也忘记了，看样子也是知识分子。另一个叫王昕，是北京地质学院的学生右派，比我去得早，能力很强，笔头很好，后来和我一起办黑板报，文字都是他写。但是怎么当的右派，我们俩没敢交谈。

所谓上岗五村，实际就是在高坡上有几排土坯房，每一排分成两大间，每间里分南北两大炕，中间是过道和火炉，每炕上睡十来个人，每间房共二十多个人，也就是一个班。出工时候每班排成两行，全队挨班排好站立，队长照例要训几句话。整个劳改队服装、被褥等都是统一发的，衣服的颜色都是黑的，包括冬天的棉袄棉裤，黑狗皮帽，胶皮黑棉鞋，棉手套等。那身衣服一穿，一看就是劳改农场里的囚犯。

我去的时候正在秋收，要将地里的大豆、高粱和玉米，还有其他的秋熟作物收下来，连土豆、萝卜、白菜这些一冬一春吃的菜，可以讲是一年最忙的季节。我到劳改队后第二天，就跟着下地背高粱秆，就是把一根根割倒的高粱，捆成捆，再背到田垄中集成堆，用牛马车运到场院上脱粒。高粱秆很结实，捆好后，每捆有一百来斤，甩上背在崎岖不平的垄沟里走，一会儿我就全身大汗，稍微歇歇，北大荒秋天的凉风又直灌脖领。老实说，这辈子从没干过这么累的活，我第一天下来，手掌、脖子、脸颊都被高粱秆划破了，火辣辣地疼，累得饭都吃不下。经过一段日子，才慢慢适应了。当时的管教队长一个姓郑，一个姓王，名字叫什么我不知道。他们好像都是东北人，说一口东北土话，也当过兵，说话做事很爽快，待人挺真诚，没有怎么歧视和为难过我。

在兴凯湖劳改队，吃得还可以，有食堂，一人发两个大搪瓷碗，主食一般是窝头，用玉米面蒸的，有时是高粱米饭，改善伙食的时候是吃馒头。我因在北京已待了将近十年，这些都还吃得惯。副食是很单调的，基本是白菜汤和咸菜疙瘩，就是东北人所说的人头菜，用盐腌咸了切成丝。有时还能吃到兴凯湖里捕上来的鱼，鱼都一条条很大，肉质真也很肥美。总的来讲，干活很累很苦，吃还是吃饱的。

北大荒最难忘的，是冬天的寒冷，零下三十度也不算稀奇，滴水成冰的形容真不为过。我去的第一年冬天真受不了，尤其是刮起了大烟泡的日子。所谓大烟泡，就是旋风把地上的积雪全卷起来，漫天的风雪弥漫，那时候要在野外走，不留神冻伤脸颊，或手指、脚趾都是常有事。然而，就是那样恶劣的天气，还要出工。兴凯湖的农田紧贴湖边，稍一涨水，大田就被淹，所以冬天要趁农闲，在田里开沟修水利，以备排水防涝。挖的排水沟一般深1.5米，宽也1.5米。北大荒冬天，土地冻得像石头一样硬，抡起洋镐狠砸下去，就一个白点，我们硬要在这冻土层上开沟。猛一上手，我一天抡镐下来,胳膊抡肿了,虎口也震开渗血,而一天所刨的土,比一个面盆大不多。挖土方每天还有指标,管教的王队长虽说没什么,我压力也不小,我是劳教犯啊! 后来,逐步找到了窍门,要先选好位置,打两三个点,再利用它的共振力,一大块一大块的震下来,这样一天也就能完成指标了,大约是一二方土吧。爱开玩笑的王队长还表扬过我,说:"你进步不小啊,一天能刨到三方土,我就放你离开这里!"

当时我一个炕上的同伙,虽然都是犯过刑事罪的人,按他自称叫"跳死门蹲笆篱子"的,虽然个个身强力壮,而我身体很弱,还戴副眼镜,但和我相处,从没有欺负过我。我后来了解,他们中有些人,也是没生活出路才偷盗的,人也蛮仗义的。我刚劳教活计不会干,也帮我教我。他们弄不懂,像我这样的大学生,有工资拿,也犯事劳改干什么? 我只好苦笑说,你们改造好了,出去不偷就行。我的事犯在脑子里,要不想很难。说这些话,我内心虽有些凄凉,但不感到压力了,他们和我是平等的,没有谁歧视谁了。说来也奇怪,就那种环境,虽干着那么繁重的体力活,吃得也很粗糙,由于没有精神压力,自认这辈子也就这样下去了,我的肺结核竟然没有重犯过,身体还比过去结实了。这不禁让我想起祸福相倚的老话。

大田劳动了近一年时光,郑和王两位队长找我和王昕谈话,让我们俩办宣传大字报,他管文字稿采写,我管画报头、插图和写美术字,我们配合得还可以,当时宣传大字报的内容,无非是转抄一些报纸的社论、报道之类,国家一片形势大好啊,等等,还有就是表扬一些有进步表现的劳改人员。我从中也可看到一些队部订阅的报纸,《人民日报》啊,《黑龙江日报》啊,晓得一些国家大事。

过了一些日子,王队长又叫我办一个小卖部,就放在食堂的一个角落的小房间里。因为那时管教人员,还有家属同住在一起;劳改人员也发很少的钱,可买一些洗漱用品;我们劳教人员除吃饭外,发的生活零用津贴又比劳改的多一些,具体是几块钱我忘了。所以,办一个小卖部,卖一些生活日用品针头线脑,牙膏肥皂,真也是十分需要。我接过这个活儿,还有就是我有文化,会记记账。这样,我就隔三差五地需要经常去场部或分场场部,去商店批一些货回来,来回路程总要在二三十里地。所经过的有不少灌木丛和荒草甸子,一个人单身行走总有一些胆怯,主要是怕狼。尤其在冬天,一片白茫茫的大雪,一匹马拉爬犁在雪地里走,经常看到狼在不远处紧跟着,有时听到它的号叫,像孩子的哭声,真惨!

　　驾着爬犁在雪地里走时,有一段要经过乌苏里江江岸,从那里可以看到对岸的苏联西伯利亚,甚至有时还看到西伯利亚铁路上的火车在跑,听到它的鸣叫。这条铁路,大约就是从中国人叫海参崴,俄国人叫符拉迪沃斯托克出发的,到中国人叫伯力,俄国人叫哈巴罗夫斯克的那一段。火车冒出的浓浓黑烟,有时还飘洒到我们这一边来。我坐在爬犁上想,怪不得叫"背靠大沙发",把我们送到这里来劳改、劳教,难道就是因为离得这么近吗? 不过这时,我已多多少少感觉到和"老大哥"关系有变化了。这是我从报纸上看出来的,但没有想到,它很快又要和我们的命运发生联系。

九、被转押到天津茶淀劳改农场

1961年的秋冬之际，一天傍晚，突然吹哨，通知我们紧急集合，排好队后，郑、王两个队长站在队前，分别训话，让我们尽快打好行装，准备转移，并宣布一路上纪律，不准擅自离队，不准交头接耳议论，大小便都要报告请假，等等，而转移到哪里去，却丝毫没有透露。这时大家才发现，站在队伍前后的还有解放军和警察，都带着武器。当时在劳改队，每个人也没有什么多的东西，就是一个铺盖卷和几件衣服，不一会儿也都收拾好了。按照规定的时间，我们一个个爬上开来接送的卡车，王队长点好人数，就通知开车，车上也有警察监管，那时我们已很驯服，没有什么绳子绑捆和戴手铐这些，都老老实实地听从指挥，卡车一路驶向密山火车站，到那里看到一列火车已停在站台上，车站上黑压压的人群，都是和我们一样的劳改、劳教人员，排着整齐的队伍等待上车。四周也都有拿枪的解放军和警察看押着。

我们上车后，每个人在指定的车号位置上坐下，一个人一座位，是普通客车，不是其他人所说的无座位的闷罐车。上去不久就开车了，不一会儿也给每人发了一盒盒饭，是大米饭，还有一些素菜，我因好长日子没吃过米饭了，感到好香。每个车厢里都有腰间别着枪的警察在巡视，大小便这些要报告，基本是一路平安无事地到达终点。

因为事先没有开会，也没任何通知，终点是哪里也不知道。总之火车是开了一夜一天，下了火车，看了站牌，才知道是到了天津。到了天津站，又按照命令爬上汽车，一路往东开，车速很快，沿途渐见荒凉，房屋矮小破旧，道旁土地贫瘠，道路也坑洼不平，等看到一些不高的楼房和厂房时，才知道是到了塘沽。车过塘沽，弯进一条不宽的土路，又开了大半个时辰，车子才在一个大门前停了下来。大门旁是有木牌子的，写着茶淀劳改农场等字样。

我们按命令下车整队，由押送人员押进大门，而我们在从天津站到这里时，一路上也是有解放军军车和警察警车前后押送的。进了大门，才感觉茶淀这里是真正的监狱，院子正中有高高的岗楼，有解放军端枪四周瞭望，四周院墙都有铁丝网，铁丝网内外都有宽宽的护墙河，院子里由于我们押过来，到处都可看到带枪的岗哨，感到戒备森严。

到这里后，管教人员进行训话，然后重新分组，最大的不同是把我们右派分子，单独编成一个小组，叫右派劳教小组。和我同组的，除兴凯湖上岗五村一同来的王昕外，还有十来个右派分子。其中有一个，我乍一听一愣，谭天荣，北京大学最有名的学生右派啊，当年一个是他，一个是人民大学的林希翎，《人民日报》等报纸几乎天天见到，称他是"学生右派总司令"，"恶毒攻击马列主义、毛泽东思想"，他也分到我们组里来了。我仔细打量过他，人长得算高的，但很瘦，眼睛蛮大，但无精打采的。组里还有一个人叫林安乾，年纪和我差不多，和我挨着铺睡，所以说过一些话。他是《人民日报》图书室的资料员，还是共青团员，也是提了一些意见，被定为右派，先到兴凯湖，再到这里。其他的人叫什么名字，当时知道的，现在忘了。因为几乎互相不说话，都是认为自己吃了说话的苦，干脆不说话，右派改造小组是一个彼此不交流，最沉默的小组。

过了一些日子，我知道茶淀劳改农场，地址虽然是在天津塘沽，但正式名称叫清河农场，也是北京市劳改局管的，茶淀实际是北京到山海关的京山铁路上的一个小站，它在北京人心目中印象，就像是白茅岭在上海人中的印象，说这人是茶淀来的，就是说你是牢里出来的。我们右派劳教小组，在这里是个特殊人群，全部在马厩里干活，管起马圈，扫圈和院子，切马草料等活。农场还有一个养鸡场，也归我们打扫管理。农场规定早上六点出工,晚上天黑收工。学习之类安排很少,劳改和劳教人员还是编成中队、小队管理,管教人员也按这样来配备,对我们右派小组没有特别的管理和监督。右派小组人员基本相安无事,每个人想的是快些解除教养,最希望来个"特赦",能早一天回归社会。由于这种心情,我们和家人通信都很少,因为实在也没什么可说了。

十、饥饿煎熬和老同学雪中送炭

在刚到茶淀时,正值三年困难时期,天还未入冬,大田里还看到没收尽的庄稼,食堂供应虽然不如在兴凯湖,但基本还是能吃上杂粮像玉米面之类,每餐也还维持个半饱。等到天冷以后,下过头一场雪,食堂里伙食就明显下降了,常常是山芋粉掺着粉碎过的玉米芯子,蒸成团团即窝头,作为主食供应给我们吃。而且里面还含着沙子,直咯牙齿,一冷下来就硬邦邦的,黑乎乎的,强吞进口咽下也是勉强充饥,一会儿就觉饿。况且就连这种饭,每顿也只给两个比鸡蛋大一些的。所给的白菜汤,也就只是一碗刷锅水,一丝油花也没有。

仅仅过了一段日子,组内所有的人都感觉不行了,出工走路都有气无力,拖拖沓沓。接着,就互相发现很多人浮肿了,尤其是腿肿得最明显,手指一揿,一个瘪塘,久久不会恢复。我印象中谭天荣肿得最厉害,他本来个子大,一瘦就愈显得皮包骨头,两条腿也更迈不动了。这时候,所有的人都感觉到了饥饿的恐慌,我也在内,常常在入睡前饿得忍不住,翻来覆去地睡不着。

来年开春,情况没有好转,饥荒还在威胁我们,在出工的路上,看到新出的柳树芽,就会跑过去,撸一把塞进嘴里。有时看到地里的嫩野菜叶,也不识是什么野菜,因为还沾着露水,也在衣服上擦擦,吞进口咽了。后来麦快熟了,刚抽出穗,还没灌满浆,走过田边,趁人不注意,也赶快撸一把吞嘴里。总之,是见到能吃的,就先把它吃进肚里。这时还发生了一件怪事,一个和我同在右派小组的"难友",也是从北京来的,有一天晚上"告发"我,说我白天在打扫鸡棚时,偷了一个鸡蛋回来,我当时反驳他是"诬告",第

149

二天早上出工,管教去查了,发现那个鸡蛋,还在他所说的原来地方。小队管教经过调查,认为他是谎报诬赖,当天晚上还召开了小组会批斗了他。我想,他本来是想争取积极表现,能早日解除劳教,不料这反倒又受影响。这也可以想象当时缺少粮食,饥饿可怕的情景。

就在那年春荒最严重的春夏之际,一位中学老同学的关爱,让我永远不能忘怀。这就是大同附中高中同学周文良,他和我一同考取上海税专,后来分到缉私船工作,当了船长,跑了世界上不少地方。继又调到天津浚浦局当领导,负责天津港的航道疏浚。他上海的家和我家离得很近,每一次回上海都到我家里来坐一坐,打听一下我的情况,听说我划为了右派,怎么也不相信,一口认定冤枉的。我到天津茶淀劳改农场,给家里写了一封信,尽管想让父母不要为我操心,但字里行间多少透露了一些饥荒的情况。他兄弟周俊良到我家来玩也听说了,那个年代这种情形,不是真正的自己人是不说的。他到天津看他哥哥,他哥哥周文良听说了我的消息很吃惊,就让他兄弟带来一包饼干、糖果,因他们在海上作业,有一些特殊供应,从天津到塘沽,再从塘沽走了十多里路来看我。那一包饼干和糖果,对我真如雪中送炭,我决定细水长流每天只吃一块饼干、一粒糖果,维持一点热量,尽可能多坚持一些天数。我一直把这高贵的友情藏在心中。这次饥荒在茶淀是不是饿死人,我不敢说,但满眼看到的都是饿得骨瘦如柴、有气无力的人,甚至在道边拉着车走着走着,就趴下了,实际没有病就是饿。所有人就靠食堂那样粗劣,极少的一日三餐维系着生命,这种记忆是终生难忘的。

十一、做留场职工和摸鱼捉蟹自救

1962年的春节以后，我的情况发生了一个变化，经过近三年的劳动教养，农场认为我改造较好，表现不错，决定解除我的劳动教养，放出大墙外当了留场职工，每月有了一些工资。对我来说，最主要的是获得了一些自由，劳动教养，我们是关在围墙里面的，不可自由出入。变为留场职工，我们住在围墙外职工宿舍里，基本是自由的了。住在外面，我们可以到食堂用餐，职工食堂比劳改、劳教食堂伙食要好一些。

我记得，第一个月拿到工资后，我一个人跑到塘沽镇上去玩了一次。本来想，塘沽在全国也蛮有影响，应该是个不小的城镇，有繁华的市区和商场，从农场走过去，足足有十多里路，我走了将近一个上午才到，到后有些失望，发现塘沽小的很，只有一两条马路，全是旧平房，一副残破像，兜了半天在街尾发现了一家小饭店，跑进去看到一个菜红烧肘子，问价吓一跳，要十五元，是我大半个月工资。原来这是议价菜，那时肉食供应很紧张是要票的，不要票议价就等于是黑市。但我有多长日子没吃肉了呢？真想不起来了。一咬牙，就要了这个菜。实际那个饭店里，就只有那么一份肘子。那个肘子之香，是我这辈子终生难忘的。我几乎是狼吞虎咽地把它啃完了。

我变动为留场职工以后，还是编入一个右派留场的职工小组，也有十来个人，有和我一起变为留场职工的林安乾，还有一个叫翟绍昌，也是北京一个文化单位送到北大荒，再转到茶淀的右派分子。然而，解除劳教改为留场职工，大家相互之间话还是很少，不交流，有几个人我晓得姓，不知道名字，在人际关系上这群人都麻木了。

我到这个右派留场职工小组,跟大家一道下大田干活,活比以前累了,但是自由得多了。这样,我在那个饥饿的年代,就意外地找到一个食物来源。从农场沿围墙往东面走,有一个河道通往入海口,四周长满水草,水质很清。那次我走过,听到水里"扑通"一声,"有鱼!"我不禁叫了一声。那时天还虽未很热,但已开春,就脱了裤子跳下水去摸一摸,刚到河塘边水齐腰深水草茂密的地方,就觉得大腿上"啪嗒"被什么抽打了一下,我惊喜地意识到果真是鱼,还不老小,因我小时候在奉贤东新市,就是弄水和捉鱼摸蟹的好手,我立即顺着水路很快把那条鱼揿住了,用两只手捏紧它的鳃,一看是条大鲫瓜子,足有半斤多。

　　我爬上岸,就用手把鱼鳃抠了,鱼鳞刮了,再用一根树枝穿起,在宿舍平房的后墙根,垫起几块破砖头成炉灶型,放上打饭的搪瓷碗,用捡来的枯树枝叶点着火烧,不一会儿,一碗雪白的鱼汤,尽管是没盐没油,但是其味道的鲜美,真是令人大快朵颐。

　　后来,我就把一件破汗衫,剪剪缝缝,改制成一只网兜,正好套在头颈上,当成踩水摸鱼的鱼篓。每天中午趁午休的时间,就到闸口水塘里去摸鱼摸蟹。尽管塘中央水很深,摸鱼不易,而我的水性很好,甚至能一个猛子钻到水底下,把一条鱼摸上来。所以,这以后的天也逐渐热了,每天中午的这个把钟头,我都可以有所斩获。后来,我在闸口发现一个蟹洞,就伸手进去摸,果然摸出一只大蟹,有三四两重吧。这样,我每天中午去摸鱼摸蟹,回来就在墙根的砖头上烤熟吃,很快饥饿的感觉没有了,营养不良的症状消失了,人也有力气了,精神也好多了。在天气不好,阴雨连绵的时候,一般摸不着鱼蟹,我看到塘边水草里有青蛙在跳,也把它抓住剥皮烤了吃。味道也很鲜美。青蛙没有了,我还抓过水蛇,也是把它皮剥了,用树枝穿起,在火上烤了吃。我一边啃得满嘴污黑,一边感叹自己,是不是变成了原始人。

　　当时和我住一个屋的右派同事,共有十来个人,一个个也饿得不行,有一些人也知道我在塘里摸鱼摸蟹,还抓水蛇吃,但因大多数是北方人不会水，也只好忍饥挨饿熬着。那个林安乾是挨着我睡的，我看他饿得实在不行，中午总是有气无力地躺着，就把一只烤熟的青蛙，带回屋里，偷偷地叫他吃，不料他却好歹不肯吃。我劝他："这东西在我们南方人是都吃得的。"他叹了口气，还是不肯。我也没法子只好由他了。这种饥荒的情形，现在和年轻人说起，是已经没有人相信了。大约是这年的秋天，饥荒的情况才好一些了。

十二、到北京见父亲意外得知大弟落难

就在这一年的春天，我刚结束了教养，改变为留场职工的时候，一天场部办公室的一个干部来找我："说你父亲是全国政协委员吗？他到北京来开会，住在北京虎坊桥的建国饭店，让你去见面，我们已经给你批好假了。"由场部办公室通知我，一是我们这些右派小组的人请假，都要经过他们场部批准；二是这种劳改单位也只有他们办公室有电话，职工宿舍门房是没有电话的。接到这个通知，我自然是很兴奋，从接手做抗美援朝烈士陵园纪念碑浮雕，我已因为忙未回过上海，划为右派，我连和家中的通信都很少，这样就有七八年没能和家人见面沟通，这次爸爸让我去北京见面，我兴奋得一夜未睡好，第二天一早，就拿了通行证，去了茶淀火车站。

虽说是在茶淀农场劳动教养，而这次才真正到了茶淀火车站。这是一个小得不能再小的火车站，只有一两个职工吧。又管卖票，又管检票，还要管管站务这些。停靠的也都是山海关和北京之间方向的慢车，上车的也都是当地的农民和极少数我们这些劳教、劳改留场职工。到北京花了多长时间，我忘了。但在北京站出站，乘上公交车，我到了虎坊桥建国饭店，我父亲立即从楼上下来了，他见我一愣，问："人家都面黄肌瘦的，你好像面色蛮好嘛？"我回答他："我靠摸鱼啊。"他开头还困惑不解，后来听我仔细说了，才恍然大悟。

这时他领我进了他房间，说："城里人也供应紧张，我和你妈妈对你们不放心。"他又问了我划为右派的详细经过，老实说，当时我虽和家中通信，但有一些情况还不敢写在信里。这次，我把自己在整风反右运动中的经过讲了一遍。我父亲一边听，一边连声说："你这个糊涂虫，糊涂虫喔！"同时还带出一句："你们这两个糊涂蛋子喔。"

我心一惊，难道我大弟弟金星也出了事。我只晓得他从北京大学化学系毕业，分配回上海交通大学，后来又动员他去了新疆石河子农学院教化学。我父亲告诉我，他在北大读书时，是共青团员，也是排球队员，北大在海淀离城里较远，到城里来比赛，就住在我的宿舍里。反右运动"鸣放"时，他到我这里，讲了北大的一些学生集会、贴大字报情况，他说，你们学校有人去揭发，说他到你们中央美院串联，煽风点火，1958年那时，他已分配回上海交通大学教书，一年后北京大学却又一纸通知把他补充为"右派"。我听了，只能大喊一声："天啊，哪有这样的天方夜谭！"我大弟弟还受我的牵连，我们受难，人家升官，知道这些，我简直心如刀割。

令我吃惊的，我爸爸说，他也是有惊无险，经历了一场风波。在中共中央下发了整风文件以后，上海市委也召开了上海各民主党派领导人的座谈会，给共产党和领导干部提意见，他提了一条："有的党员干部拿着尚方宝剑到处整人。"结果第二天，《解放日报》见报时，登载的变为了："党员干部拿着尚方宝剑到处整人。"将"有的"两个字漏掉了。我父亲看了很着急，这绝不是两个字的差别，是有根本性质的错误，他绝没有批评所有党的干部的意思，立即向解放日报社提出更正。好在报社还是接受了意见，专门登出了更正启事，总算没给抓了"辫子"。

当然，反右运动对他内心的冲击还是很大的，他自从经组织批准到日本治病后，共产党内的同志接触最多的就是沙文汉，解放战争时期，他还是我父亲党的关系领导人，还曾经住在我家，我父亲能逃脱国民党特务的逮捕，就是他冒险来通知的。解放后，他在华东和浙江省当领导，还当了浙江省长。和我父亲还有交往。结果反右运动中，他和夫人陈修良一同被打成右派。我父亲提起这件事，看他心情总是很沉闷。

十三、我调到北京卢沟桥农场种水蜜桃

我在北京待了两天，我父亲回上海去了，我也回了茶淀农场。事情大约过了几个月，一天农场办公室又来人找我，说根据中央和北京市委右派分子解除教养安置的规定，像我这种情况的，可以安排到北京市的国营农场，已将我安排到了北京郊区的卢沟桥农场。我感到有些意外，但很快想到是爸爸的老战友、北京市副市长张友渔和他夫人韩幽桐的关怀。

张、韩夫妇流亡在日本时，曾和我父亲、母亲认识，还到他们的住处来过。彼此了解都曾是共产党员，为逃避国民党的抓捕，躲避到日本，一同组织过进步团体无产阶级社会科学研究会等，也曾一起参加过到日本外务省官厅示威游行，反对日本侵略东北，遭到日本军警的殴打和驱赶。张、韩回国后幸运地直接找到了周恩来，后来就到重庆在中共南方局领导下做地下工作。解放后张在北京市任副市长，他夫人韩幽桐是最高人民法院的一个庭长，也是全国政协委员。他们在会上与我父亲有过交谈。

我在回到茶淀农场后，曾接到过家里的来信，传达我爸爸的嘱咐，好好改造，说他见到过张友渔副市长，谈起过我的情况，张说去问一问，照政策办。所以我猜测，把我由天津茶淀劳改农场调往北京卢沟桥国营农场，是有张友渔关系的。

场部通知我后，很快就把我的调转手续办好了，我临走也没向更多的人告别，只和林安乾低声说了说，他的眼中满是凄楚的目光。我离开茶淀后，据我后来晓得，和我一样的他们这批右派分子，先被集中到北京郊区大兴县的团河劳改农场三余庄分场，后来又送回天津茶淀，就一直呆在那里，1966年"文化大革命"风潮又起，林安乾又被作为"黑五类分子"遭到关押、批斗和种种迫害,1968年林安乾终于在绝望中自杀。我得到这个消息,一是悲伤,几年落难中萍水相逢,他是一个好人,也不可能有什么历史旧账,才二十多岁,共青团员,也充其量是言论问题,就受了十年磨难,直至自杀。乍一听,我几乎控制不住自己的情绪。二是庆幸,庆幸自己还能苟活到改正这一天,还能后来做出一些成就,但付出的代价太沉重了。

还有谭天荣比我们更惨,他因为是有名的学生大右派,到哪里都受到特殊关注,我和他在一个劳动教养小组,我们干的活儿比其他的组都累,挨的批评也多,一说就是:"谭天荣,你怎么样?怎么样?"因为他这顶帽子太大,管教便紧盯住他。我们解除教养,他还没有挨到这个当留场职工的资格,仍旧关在围墙和铁丝网里面,由岗楼哨兵监视一举一动,可以说没有什么自由。据说他是被教养了十一年,也曾被移送到北京大兴的团河劳改农场三余庄分场,后来又被送回天津茶淀。"文化大革命"中,说他和一批在三余庄的北大右派同学搞"反革命小集团",传说被枪毙。实际,是被押送回家乡湖南道县——和我一样被押送回奉贤老家监督劳动。改正以后,也没有见到过他。

大约是在1962年的秋冬之际吧,我到了卢沟桥农场。它是一个以果木栽培为主的国营农场。在北京的丰台区,沿着永定河两岸有一个狭长的河滩平原,土质肥沃,水源充沛,气候温暖,是京郊的一块风水宝地,就开辟建成了一个果园。它下设有好几个分场,这些分场当年分别以水果品种来建的,有苹果分场、葡萄分场和水蜜桃分场等,分场都不大,只相当于一个生产大队,有二三百名职工。

我去报到后,农场把我分配到水蜜桃分场,分场书记姓李,是个转业军人,人很和气,好像一点不是把我看成什么分子,只是看了我的材料,让我到下属的生产队去联系具体工作。我到了生产队,队长姓王,也没问什么,就招呼一个年轻人过来,带我去宿舍和食堂去安排吃住。宿舍是一排青砖平房,贴着围墙根一块狭长的地块上。一间房里住四个人,不分什么身份,反正都是职工。食堂也比过去茶淀农场显得整洁,我去那里工资和定量都不变，待遇还是解除劳教的右派分子。第一天去食堂用餐，感觉伙食比茶淀好，窝头要大一些，松软一些，白菜汤见着油花，也香一些。隔三差五的有白面馒头，或有肉丝做卤子的打卤面，我感到兴奋，感觉是饥荒有些缓解了。

我分配到一个小组，是第几组忘了，总共有十来个人。组内有几个北京城内的小青年，才十七八岁，都是北京市里没考上大学，也进不了工厂，动员到这里来的。组内还有一些情况复杂的人，比如是国民党旧军人，他们说是随傅作义将军北平和平起义的，但又没什么安排，就在这果园里劳动。还有一个旧职员，说解放后知识分子登记后没被录用，总之人也很杂，我已习惯了不多说话。

我们这个分场是种水蜜桃的，当时的品种已是日本引种的，叫大久保，至于怎么引进来的，我当时不清楚。它的个头不小，比中国无锡水蜜桃要大，吃口很好，汁水多，还很甜，每棵树的产量也很高。当时分配我的工作是管理桃园，我就向组里的老职工学习管理技术，他们也耐心地教我，如何修剪枝条啊，以及有关种植果木的种种知识。因为我想，从反右运动摔进这个人生的谷底，现在已没有重搞雕塑的可能了，我总要有一门吃饭养活自己的技艺，眼下学点园艺技术还是日后有用的。所以我学得很努力。

的确，怎样种好果木真不是一件容易的事，它有很多讲究和窍门。一棵桃树怎样结好桃，多结桃，经过五六年的管理、保养，剪掉什么样的枝杈，保留什么样的枝杈，都是有选择的。因为桃树的形状，不仅有美观的作用，还直接关系到结果。当年我们尽量使树形培养成空心形，有五根主干，这样透光，透气，通风，可以长得好。剪枝时，要尽量把花蕊太多的剪掉，免得结果虽多，但个头小，质量差。还有果树有"大年"和"小年"之分，实际是养分关系，如果处理好，也可以避免。那时一棵桃树一年能结几百斤桃子。我有一阵对这个也真钻研，把它看成一种精神安慰。

在卢沟桥农场许多年轻人都待我不错，所谓待我不错，就是平等的待我，喊我老高或高某某，有什么说什么，也开开玩笑。那时有一个上海青年姓王，因生在上海叫海生，大概是解放后跟家庭父母到北京来的，那时北京从上海调过来的技术人员、工人很多，会讲上海话，我们在一起用上海话讲讲上海的事情，马路啊这些，他大约从家庭或亲友嘴里，晓得一些右派是怎么回事，心里有一点同情，对我蛮客气。当然，这和分场领导李书记有关系，他和人说："高云龙人很老实，劳动不错，技术钻研进步很快。"他这样评价，对我是有好处的。

到了卢沟桥农场，我有了一个享受，就是星期天，可以进北京城里去逛一逛。当时我走到丰台火车站并不远，从丰台乘小火车进北京，不到一个小时，北京站出来，先找一个小馆子打打牙祭，改善改善，偶然地还可以逛逛书店。然后到天安门、王府井、前门大栅栏等地方兜一兜，经过帅府园中央美院门口，我从没进去过，甚至不愿遇见熟人。到王府井时也到新华书店去转一转，那时政治空气变化太快，太大，苏联本来是"老大哥"，所说所做一切都是"金科玉律"，已变为"苏联修正主义"了，是"最危险的敌人"，这些书和报纸，我看得真是目不暇接、目瞪口呆。

尽管在卢沟桥农场，领导和职工朋友待我还算照顾，但真正的政治地位我是心知肚明的。尤其是1965年1月的三届全国人大会议，刘少奇再次当选，公报发表，当天晚上分场职工举着毛主席、刘主席两位主席的像，敲锣打鼓，欢天喜地，向总场还是丰台区委、区人委报喜，我和几个有问题的人，比如国民党旧军人等，都不准参加，坐在屋子里老老实实学习。实际在前一年秋天，选举区人民代表公布的选民名单时，榜上就没有我的名字，说明我还是被剥夺政治权利的"异类"，我内心就有一种预感和担忧，说不定什么时候还要搞到我。另外，本来有一些职工还不知我的"真相"，这下全知道了，都对我投以阶级斗争的"有色眼镜"，我也感到压力，好在我承受力很强了。

但我怎么也料不到，会有一场更大的席卷全国的大风暴眼看就要来了！

十四、亲历"红八月"一天及关进"牛棚"

就在刘少奇连任国家主席和选人民代表，我感到压力的同时；这一期间，我父亲也到北京来参加全国政协四届会议，我也去见了他，他闷闷不乐，不愿多说话。我陪他坐了一会儿，他才说："四清中，我犯了错误。"他说："统战部批评他，在民建会工作，和资本家关系太密切，帮他们说好话，是包庇，丧失立场！"要他写书面检查。他说头疼到写不出。他说，市委统战部的一个副部长，对他很厉害，非常严肃或者是严厉吧。后来我知道叫赵忍安，"文化大革命"中他也被斗得很厉害，和我父亲还关在一个牛棚里。"文化大革命"后，到市人民银行当副行长，见到我父亲表示歉意，喊他金老，说当时批中央统战部"投降主义"路线，顶不住。我父亲后趁去北京参加全国政协的这次会议上，见到了周总理，向他报告了上海的民建会情况和统战部对他的批评。周总理不正面回答，就说："没什么，洗洗澡，问题会搞清楚的，好好工作。"我父亲还是心情很抑郁，离开北京时不是很兴奋。这在我心中已留下一个阴影。

1966年6月，《人民日报》那篇《横扫一切牛鬼蛇神》的社论发表，当时农场大喇叭广播以高音量整天在播，空气中都充满了火药味。那以后，我也去了一两次北京，感觉公交、铁路还算正常。8月上旬的一天，总之是星期天，我还享受放假，没进牛棚。我穿的是白衬衫，劳动鞋，戴一副眼镜，还从丰台乘火车到北京城里去，不料一下车出站，就感觉情况不对，除检票员查票外，还有一队队穿着黄军装，戴着黄军帽，套着红臂章的青少年学生，拦住出站的人盘问："什么出身？"你如果回答"工人或贫农"就顺利放行。如果回答是"资本家或富农"等什么，那就麻烦大了，拖过去就骂："他妈的,狗崽子!"然后是继续盘问:"来北京干什么?"同时,又边问边骂,还有小女孩,扎着短短的两根小辫,手里拿着铜头的军用皮带,甚至马上就抽打人。我一下子还闹不清,就听到有人说:"是红卫兵,红卫兵!"他们也拦住了我,我忙答:"农场职工。"他们一挥皮带让我过去了。

车站广场已满是:"造反有理!""横扫一切牛鬼蛇神!""革命不是请客吃饭!"等这类大标语。我虽然感到气氛紧张而又诡异,还是顺着老路往前门方向走,刚走到大栅栏时,看到一群群同样穿戴的红卫兵,正在这里"破四旧",把一些老招牌如同仁堂、瑞蚨祥门匾啊,包括橱窗里的时装模特、绸缎样装、老寿星啊,这些装潢陈设,全都拉下来当街砸坏,或者点火烧毁,橱窗玻璃上也同时贴上了墨汁未干的"最高指示",即用大红纸抄写的毛主席语录。伴随着这些"革命行动"的,是一阵阵震耳欲聋的口号声,也是"造反有理"之类。这时人群突然轰动了,我看到一个老人,那个时代习惯叫老头子,被一帮红卫兵用铜头皮带抽打,倒在地上后又被用脚连踢加踩,他哀求着直讨饶,头上脸上已是淌着血。我听着旁边人说:"地主,老地主。"就这样光天化日下打人,不远处还有警察,也不见来管。我感到一阵惶惑恐惧、茫然无措。我想,我们在京郊搞土改时,也没有这样暴打地主啊!在大栅栏一拐角的胡同口,我找了一个小饭馆吃饭,想不到又进来一群红卫兵,也问我:"什么成分?"我还照老样子回答:"农场职工。"他们跑到另一桌去了。

吃好饭,我乘公交车去火车站,买票回丰台,一路上心里总忐忑不安。在车上遇到一个男老师,约比我大一些,说是丰台中学的,说起学校里乱象,也是一脸忧心忡忡凄惶的神色。

当天傍晚回到卢沟桥农场,感觉气氛也不一样了,有"山雨欲来风满楼"的势头。场部办公小楼门前,大标语、大字报铺天盖地,高音广播大喇叭里不断在放《人民日报》社论,什么《触及人们灵魂的大革命》啊,《撕掉资产阶级"自由、平等、博爱"的遮羞布》啊,等等。社论播放中穿插着的就是毛主席语录歌《造反有理》、《革命不是请客吃饭》这些,一直到很晚,还

161

远远地听到在播放。

　　果然第二天一早，农场场部办公室门口就贴出了农场造反组织的所谓"勒令书"，勒令全农场的"黑五类"，就是地主、富农、反革命、坏分子和右派分子，前去报到交代罪行。我想这一刻终于轮到我了，虽说有思想准备，还是害怕，但也不得不去，战战兢兢地到那里去报到，交上赶紧写好的"认罪书"，交代了自己反党反社会主义的罪行，两个造反组织头头训我一通："交代还不老实，关进牛棚继续交代。"这样我就被关进了"牛棚"，也成了"牛鬼"。

　　所谓"牛棚"，就是场部里最破最旧的小黑屋，以前不知是堆化肥或农具的，阴暗潮湿。卢沟桥农场不大，又多的是年轻人，"牛鬼"不多，连我一共十多个，有地主、历史反革命、反动军官和坏分子这些，右派分子就我一个。"牛鬼"白天被监督劳动，干最累的活儿，抬树木啊，搬砖头啊，中午不准休息，人家午休，我们拔草，有监督我们的看管人员。

　　每天夜晚都要进行一场批斗会，轮流斗这些"牛鬼"，每天一二个是主斗，站在台当中，其他人是陪斗。陪斗的人也一式地剃了光头，挂着牌子，坐喷气式，就是两个人从背后反钳着你双手，一手又揪住你头，让你低头哈腰。我没有当过主斗对象，因为农场人真也弄不清右派是咋回事。不像地主，张口就是剥削，吸血鬼。看管的小青年平时和我是很好的同事，总是把我排在后面，少受了不少罪。因为主斗站正中，押上台的时候，一路上都是拳打脚踢，往往被打得鼻青眼肿，上了台也要被揪住头，按倒跪在台上。而打人的人，还多是不认识被打人的。我见到这种局面，心里总有些害怕，担心自己难逃这一关。

162

第五章　被遣返回家乡奉贤四团

一、被押送回上海郊区奉贤四团

1966年8月底或9月初，这时红卫兵已如天兵天将，可以号令天下，它从第一号通令发到第五号通令，其中有一号通令是勒令全北京的"黑九类"，立即押送驱赶出北京回原籍，理由是保卫毛主席、保卫党中央的安全。我到最近刚搞清，除原来"黑五类"以外，后来又把"反动资本家、叛徒、特务、反动学术权威"包含进去，就称作了"黑九类"。这号通令发出后，把我从"牛棚"押回分场，李书记和我谈话，可听得出，他还是蛮同情我的，说："留不住你了啊，要遣送回乡下。"我那时已毫无人身自主权，习惯于低头认罪。

李书记就派队里我所在的生产小组一位姓王的组长，还有一个会说上海话，原为上海人的女青年押送我，他们平时和我一道劳动干活，对我都很好。他们带我先到北京丰台区公安局转移户口，又到丰台火车站乘小火车，再到北京站乘火车到上海。我所有的行李就是一个小行李卷，简单的被褥和换洗衣服。我属于被押送出京的"黑五类"，还要戴上黑臂章，上用白颜色笔写"右派分子"，走到哪里，我都要低下头。

到了北京火车站，看到广场上坐满了一群群同样的"黑五类"分子，一般都牵家带口，主人戴着黑臂章，背着黑牌子，上写地主啊，反革命啊，牌子朝上跪在地上，有的妻子也背着黑牌子跪在地上，上写狗婆娘。儿女孩子抱头围着父母坐在地上，有限的几件小行李散落在周围。广场上不时还有红卫兵走过来，训话或打人，这种情景我是永远不能忘记，想起来总是难过。

我感谢王组长，还有押送我的那位女青年，他们让我被剃成的"牛鬼"

光头戴上帽子,摘掉黑臂章,跟着他们走一般旅客的入口,免遭了殴打和凌辱。上了火车,我也坐在一般旅客的座位上,让我不要说话。我去解手,看到那些被押送回乡的"黑五类",一家老小就蜷缩在列车车厢接口处,席地坐着,心里说不出的滋味。

经过二十多小时火车颠簸,我们到了上海站,当时就到上海老北站长途汽车站,转乘到奉贤四团的汽车,大约在天黑之前,到了四团,找到人民公社社部,以及派出所。我认为,北京红卫兵的这次行动是有来头的,因为上海也是大城市,没有国家的文件怎么会接受呢?一路上我还有些担心。四团公社和派出所看了王队长他们带来的材料,同意收我下来了。我现在听说,当年北京和我一样被赶出去,遣送回乡的,有八万四千多人。这当然不是红卫兵能做到的事情。王组长临走和公社接待人员,也说了我的好话:"高云龙改造得不错,表现得很好的。"也叮嘱我:"要相信党的政策。"他们就返回上海去北京了。

他们走后,我原来以为,四团公社还要继续关着我啰,但一看没有这个意思,接待的人问我在四团的经历,我说了我父亲、我祖父在四团的情况。他又问我,在四团还有什么亲戚?我回答,有一个婶娘,住在镇上一条小街上,他就让我先住到那里。这当然是我最乐意的,在北京包括一路上,我是"牛鬼",现在回到家乡,一转眼我竟有"自由"的感觉。

我怎么也想不到,抗战中我做小难民逃离家乡到上海,又从上海考到北京中央美院去学雕塑,从北京发配到黑龙江北大荒劳教,从北大荒转到天津劳教,再从天津留场调回北京,最后竟然遣送回了家乡四团,这到底是为了什么呢?担心四团等待自己的,又是什么样的岁月呢?

二、我偷偷地回了一趟家

　　我凭着记忆找到这位婶娘家，实际她的丈夫已在解放前夕到美国去了，是做生意还是干什么，不清楚。已多年和家中没有音讯，家中有一男一女两个儿女，当时已是成人。我的婶娘虽然是妇道人家，但很会持家和待人处事，所以邻里关系还不错，在那种政治环境下，保住了家中的平安。

　　我去后，他们一家很吃惊，也很高兴，等我告知是被遣送回乡，公社叫我来到她家后，由于和我家祖辈就关系融睦，也收留了我。婶娘为我张罗床铺，就暂住在她家。她们家里原本生活将就，我也藏了一些钱的，自然要缴伙食费用这些。接下来这段日子，我倒难得清闲，因为我是个暂时没有接收单位的人，倒成了逍遥运动外的"局外人"。我在四团镇上走了走，和我小时变化不大，就是许多某某私人开的小店，我还记得姓名的，都变成公社的什么合作社了。但镇上的环境还算平静。我也去过奉贤县城南桥镇，那里运动的声势就大一些。

　　在一个晚上，我悄悄地回了一趟上海家中。我已经多年不回家了，回家总有些游子归来的感觉。当时，从四团到上海，先要到奉贤县城乘长途汽车到西渡，在西渡摆渡过黄浦江后到闵行，再从闵行乘长途汽车沿沪闵线到徐家汇，从徐家汇乘车到家。一路上总要有三个小时左右。这时大约已是国庆节前后，上海也开始大乱了，我在奉贤已听说，北京红卫兵已来冲过上海市委延安西路大楼，就是我曾进去过的华东局大楼。

　　到家见到的第一眼，就是家门口贴满了大字报，是我父亲当上海市民委主任的机关人员来贴的，是贴我父亲的。他公开身份是民主人士，是民主建国会员，属于资产阶级，当然要拿他先开刀。进门后，见到我母亲、小弟弟，和借住在我家的堂兄弟金联芳，家中显得十分凌乱。母亲看到我在这种动乱时刻，能平安回来，高兴中又带着伤感。她告诉我，红卫兵已来抄过家，将家中的书籍和字画全抄走了，甚至把爸爸收藏的几个清朝粉彩和青花的瓷鼓凳，也敲坏了。这些是因我父亲是学美术和雕塑的，他也爱收藏了一点。更荒唐的，是把我家扶梯、窗框上做装饰雕的狮子、花卉啊，也当"四旧"砍坏了，一直到现在看到还是伤痕犹在。我母亲也很伤心，她把多年藏的一些小首饰，实际她并不稀罕这些，解放前为在场面上帮我父亲工作，必须要备一些，也为怕红卫兵"破四旧"受牵连，把它们全扔了。我听母亲和家人说这些事，为怕她们伤心，就没有多说在卢沟桥关"牛棚"等事情，就说把我押送回乡也好，可以和家里人见面了。我母亲含着泪说："人回来就放心了，身体要紧。"

眼前家中的情景让我心寒，但我更难过的是已经看不到最心爱的外祖母了。自从去北京读书，就很少回家，难得见一次面。工作后也还经常给她寄一点钱，让她买一些喜爱吃的，表表心意。当了"右派"后的这多年，我就没回过家，她也不知道孙子为什么连音讯也没有？在她心中造成的创伤，是我一辈子都抹不去的阴影。

我父亲到很晚才回来，当时在机关里参加运动已焦头烂额，他在1955年4月，不再担任市人委副秘书长后，就调到市民族事务委员会当主任，市民委在新闻路，他基本就到那里去上班。他对民族工作不熟悉，组织上调他去做，他总是认真做好，不计较职务高低。好在市里分管的宋日昌副市长，对他工作很支持，市委统战部调来的副主任陈位东是新四军老战士，和他很配合，工作还是蛮顺利。那几年，他跑了全国不少民族地区，带代表团去新疆、宁夏等地，和上海各少数民族上层人物和头头都交朋友，经常商量交流。他说，上海人数不多，但全是头，一定要关系弄好。上海回民中学创办，是他一手抓的，他到北京匆匆来过几趟，我都没见着面。"文化大革命"风潮到来，他很为难，虽是主任，但他是民主人士，不领导运动，而又必须端正态度，认真参加，接受革命群众揭发批判。这时，民委机关受社会影响起

168

来造反,不仅揭发他的"当权派"错误,还捕风捉影地揭发他的历史问题。晚上他回来,我看他神情焦虑,高度紧张,心里又不理解,运动怎么这样搞法? 便劝慰他:"无论如何不要乱说,不好逼你什么就说什么!"他瞪大眼睛看着我。实际上,我内心想,我当了十年右派,什么委屈也忍受了,什么场面也见过了。我只是担心爸爸,他始终是个理想主义者,怕他忍受不了。

而当下一次,大概是1967年春节期间,我再回上海家中时候,家中景象更惨了,就是一片狼藉。家中一楼全被造反派封掉了,二楼前房间也封掉了。后房间因我堂兄弟金联芳一家,夫妇俩和两个孩子在住,没有被封。只有三楼留给我家,住着我母亲和小兄弟,家里东西堆得乱七八糟。市民委机关造反派"夺权"后,就宣布将我父亲隔离审查,包括当时民委的其他几位副主任。实际就是关押在机关里,天天批斗、审讯,逼他交代,因有些问题组织纪律不可以说,造反派就动手打他,把他打倒在地,直至爬不起来,腰子受伤,小便出血,也不给医疗。家属也不准去探望,一连折磨了他好多天。所以这一次回家,我没有见着父亲的面。

三、分配我到四团公社牧场去劳动

　　我在四团婶娘家住了一个多月，感到亲情的可贵。大约已是1966年10月下旬了吧，四团公社派人来找我了，让我去谈话。我去后，公社一个干部说："你的情况研究过了，你是右派解除劳动教养的留场职工，现在分配你到公社牧场去工作，待遇照老样子。"又关照我"好好改造"。我回婶娘家取了行李，就到牧场去。牧场离四团镇只有三四里路，从镇的西头出去，过一座桥，走不多远。牧场原来是一块空地，当时建了几栋房子，有养猪场、养鸡场、良种场等，当时属公社领导，是集体性质。牧场党支部书记叫周德祥，我去向他报到，他是典型的上海浦东地区的农村基层干部，很质朴，也有一些人情味。我本来想，他例行要训话几句，结果没有。他就是说："我们农民种田祖祖辈辈，你们城里人种种田也是可以的吗？好好劳动，无啥道理！"

　　我就安顿下来，住在牧场的职工集体宿舍里，是一栋红砖砌的二层楼房，住在楼房里的不仅有男职工，还有女青年职工。牧场有集体食堂，伙食比北京好多了，一天三顿吃米饭和米粥，素菜四季不断，鱼肉荤菜也不时有卖。我有三十元左右工资，自己开销没有问题。这时，我才晓得牧场里附近有一个职工竟是我家的亲戚，农村里有一些亲戚是亲连亲的，讲起来才知道，他对我也很照顾，经常把我叫到他家，给我烧一些吃的。周书记和我谈过话，知道我在北京卢沟桥农场种过水蜜桃，有一些经验，就分配我到果园组。

　　果园组有九十亩果木园，是种的水蜜桃，上海郊区南汇、奉贤等县种水蜜桃也是有历史的，还有一些名气，品种也不错。我去后，发现管理得并

170

不好,甚至可以说蛮糟糕。果树都有病,走进果园地上一片木屑,剪枝也不合理,树杈密密疏疏,结果自然不理想,产量不高。当时果木组组长叫张志良,是本地人,种果木不大懂,我和他关系不错,讲了这些问题,他也接受。实际满地木屑,都是虫蛀咬的,排出来的排泄物。

我在卢沟桥学过如何管理,对这种虫蛀果树必须打针灌药水杀虫,怎么打,也有一点技巧,我在卢沟桥打过,教他们一道来打,很快就控制了虫蛀问题。眼看着1966年的冬天要来临了,我告诉他们,果树也要施腊肥,而且要施足,施好肥,真正的农家肥。然后再剪枝,剪枝怎么挑结果的枝条留下,剪掉不结果的枝条。剪枝同时对不合理的树木行距,也重新移位栽种。冬天奉贤靠海边很寒冷,但也很忙,男职工施肥、剪枝,有时还要挑河泥;女职工糊纸袋,因为桃子结果后,为防虫叮蚊咬,都要套上纸袋,九十亩果园要几十万只纸袋,这时必须发动家家户户齐动手来完成。这样,我就等于当了果木农业技术员。周书记和我说:"小高你有右派问题,不能当组长,让小张当。工作你大胆做。"他对我也蛮关心,有一次到我房间来,还摸摸我盖的被子:"天这么冷,你就盖这么一点点。"他在牧场里威信很高,老婆和儿女全家都住在职工房里,和大家关系都很好。

当时已是"文化大革命"高峰,开始批判打倒刘少奇了,上海市委、市人委都被"夺权"了,陈丕显、曹荻秋也被打倒了。我脑子里是一片糊涂,不知道怎么回事。不久,奉贤县和四团公社也"夺权"了,但牧场里没有大的变化,就是一般批判会开开,叫叫"打倒刘少奇!"口号,连大吵大闹也没有,就像世外桃源。牧场仍旧是周德祥书记掌权当家,这使我也少受了许多批斗的苦。

四、我在牧场种桃子取得一些成功

这样，我在奉贤四团牧场也很忙，因为这时牧场"抓革命促生产"还是叫得蛮响亮。我也关心桃子要结好，这就要春节后再施一趟肥料。我要教他们怎么把肥施好，起到作用。施好肥不久，天开始暖和了，三四月里桃花一片就像花海，种桃的人要疏果，就是疏掉一些长得不好，个小歪斜的桃子，让那些个头大又圆溜的桃子保证营养长好，因为品质好的桃子好卖，也价格高。那时虽然天天批"资本主义经营作风"，但上海果品公司收货时，质量好的桃子就是"吃香"。

所以，在当年秋天桃子收完后，我向牧场提出要进一步搞好果园，就要改良品种，学会嫁接技术。周书记听后是支持我的。当时国内有一个优良品种水蜜桃，叫玉露，据说最早是浙江奉化培育的，解放前经过果木专家培育改良，成为一优良品种，江浙和上海郊区都有种的，它个头大，吃口甜，皮薄，汁水多，是上海市场最受欢迎的品种。我到上海送桃子，果品公司的人多次提起，你们怎么不种玉露啊？我回来也向周书记汇报过。后来牧场决定引进玉露，引进的办法就是嫁接。

嫁接技术我在卢沟桥农场学过，但不是很熟练。这时我又经过牧场批准，到奉贤县城新华书店，去买了一些关于果木种植和嫁接技术的书。这时虽然社会上乱哄哄，但这类农技书还是有卖的。我虽然是学美术的，但高中、大学一般文化知识还是有的，看了后知道果木嫁接是一种无性繁殖技术，就是把优良品种植株上的芽，嫁接到另一棵树的最好位置，成活后变为新的品种。这里要掌握选枝芽，采集保存好，抓准嫁接的时间、位置、方法和嫁接后管理，等等。很庆幸，我们嫁接的第一批玉露竟成活率很高。

接着，我们又连续搞了二三年，把九十亩果园全部通过嫁接种上了玉露。上海果品公司来人参观，一直问到每亩地有几棵树？每棵树产多少斤桃？把我们的桃子全部包下，这样经济收入也上升了，是牧场的一大经济来源。牧场这时成立了革命委员会，但还是周书记当主任兼书记，当时我没有技术员的职称和头衔，但也确实这样使用我，认为我有文化，肯钻研，能老实工作。我们果园虽小，南汇有万亩果园，但我们年年高产稳产，没有大小年，上海农科院几次在四团牧场开全市果园的现场会。

由于我搞果木园有些办法，他们也知道文化高有优势。那一年的冬天稍农闲，周书记叫我到鸡场去。因为鸡场孵小鸡这一关很不顺利，经常遭遇鸡瘟。鸡场当时是两间大屋，冬天要生火炉保持温度，不过温度很难调节，几千只刚出壳的小鸡很容易染病。我去后，不分白昼，夜里也起来喂食、喂水，冬天半夜起来好几次，又冷又困，真不情愿。但没有办法，我心头上还是有包袱啊，万一出了大问题，他们就不会那么客气待我了。结果是怕遇鬼，就遇鬼，那年偏偏碰上了鸡瘟，死掉了一大批小鸡。看到一筐筐死小鸡抬出去，我眼泪水也要流出来了。我难受还紧张，心想这回要批斗我了。不料，周书记和鸡场职工都安慰我，不要紧，你不是有意搞破坏，是经验不足，下次总结经验就行了。我也表示，内心真的是想把鸡养好。

五、我兼当牧场船上运输工

每年七八月间，四团牧场第一批桃子成熟，果园男女职工和家属全体出动，女的摘，男的挑，还有分等级、装箱的。当时一箱装二十斤，桃子外面再包一层纸，装箱时都小心翼翼。当时四团牧场只有一只五吨头的水泥船，行驶靠手摇橹，还没有机动柴油机动力。而送桃子到上海，就全靠这只手摇橹水泥船。我会摇橹，又是男人，再讲还有"右派"的帽子问题，当然我是要表现得好一些。所以，每次船到上海送桃子，去的三个人中总有我一个。

当时我们从四团出发，是吃了晚饭七八点钟，从四团经川杨河到闸港，到闸港等黄浦江退潮，再进黄浦江，好顺潮水向南行驶到上海，靠十六铺码头上岸。这时上海天已大亮，我们再把一箱箱桃子搬上岸，按两箱一叠，还要按等级摆放。到上午八九点钟，上海果品公司的人来收货，他们验收后才把货运走。那时候，我们才吃早饭，吃好后，再到苏州河北的啤酒厂去装浆水，回牧场养猪；有时是到浦东的粪码头装粪，回场内当果园的肥料。那时我们是吃住在船上，船艄上有一个小灶，用柴火烧饭煮粥，吃菜也就不谈了，就是带点自己腌的咸菜。如果是装粪，那个臭气味也就不说了，尽管是农民，也是闻着不好受，靠在别的船边上或桥头下，人家都厌烦，那股味身上几天也散不尽。那时，我们果园九十亩地，每年总要产到三四十吨桃子，按五吨一次，就是要来回七八趟，所以在桃熟季节的那一两个月里，也很忙，船一回到场里，没隔几天，马上又装下一批货，而桃子熟了，摘下也一定要及时送走，否则要烂了，那就不好办了。

由于每年这个季节，我都要在船上当运输工，所以回家看看的次数就多了一些。那样，我对父亲的情况就了解的多了一些。在那一年桃子要送完的那一趟，天气还是比较炎热，牧场运输也稍放松了一下，我又抽空回了一次家，也带了一点桃子回去。母亲看到我人又黑又瘦，在河里、江上日晒风吹，也有些舍不得。她又谈起父亲的情况，也是愁肠百结。她说造反派把我父亲的大字报贴到了淮海路淡水路口，说他是"国际特务"，上海最大的"三开人物"，是日本人、国民党和共产党都"吃得开"。所以造反派对他的审查更严厉了，机关造反派也来抄过一次家，把他的书籍和笔记本这些全都抄走。

我临走时弯到淮海路上走了一走，那张大字报还在，看了才知道这个"三开人物"的新罪名，又是江青在北京清理阶级队伍的大会上发明的，说有些人是："日伪吃得开，国民党吃得开，共产党还吃得开，是坏人！"这就在全国掀起了一股不大不小的抓"三开人物"风浪。上海机关造反派不顾我父亲是为做地下工作，才和日伪和国民党打交道的事实，又胡乱给他加了这一顶大帽子，进行批斗和追逼。我真是气坏了！同时，我还晓得，就在全上海到处"夺权"成风的时候，还刮起一股"抢房子"风，这也危及我家。一些不知道哪里来的人，竟然冲到我家里来"抢房子"，他们擅自要撕掉家中底楼封条，占领这两间封掉的房子。幸好我父亲在民委工作时，结识了几位少数民族的朋友，他们听说后前来相助，进行劝说阻止，才免去了这一场麻烦。

六、险些葬身黄浦江底

这样，我的主要工作仍旧是在果园。水蜜桃的产量也一年比一年高。1970年的夏天，水蜜桃的成熟季节到了，这时手摇橹的水泥船，技术革新变成了机动船，但是三个人还要轮流把舵，比摇橹是要轻松一些了。而吃住还在船艄，靠那一口小灶烧烧煮煮。这一次到上海送桃子，因我们桃子多，装货时就已超载，加上有两个乡亲去上海要搭便船，船的吃水更重了。我们还像往常一样，把船开到闸港，等到下半夜黄浦江水退潮了，把船驶进江里，那时正好是一个来往次数不多的职工把舵，船行到黄浦江边浦东江岸垃圾滩时，那里恰恰是一个大S形，因小船本来都是靠江边走，比较慢，我们想走快点，早点到上海，就斜插过江，走江中心，不料迎面驶来一大轮船，是从十六铺码头开出的大客船，我们赶忙躲避，便顶浪行驶，掀起的连天大浪，立即把我们的船先顶到浪头上，后又摔到浪底被水淹没了。

我一落水，心头闪过一丝紧张，但很快镇定了，因我水性还可以，很快就从水里露出头来。正好跟在我们船后的，是一艘上海劳改玻璃厂的大驳船，我们大喊"救命啊，救命!"他们也就掉头，放下缆绳，我钻下水去把缆绳拴到沉船的将军桩上，船被拉出水面，总算船没有沉没，驳船又把我们一个个拖上船去，上面的工人待我们很客气，看我们全身淋湿，尽管是夏季，但江上的下半夜还是很冷，让我们坐进驳船舱里，就拖着沉船，带着我们一起到上海。那一船桃子也就飘在江上，眼看着无影无踪，我们也顾不得了。

驳船从黄浦江外白渡桥转进苏州河，天亮的时候停在了山西路桥。驳船上工人说，他们就停在这儿，你们也好下船了。我们连声感谢，把沉船稍稍整理一下，上面实际上什么也没有了，就全身湿透，又冷又饿，赤着脚，跑到淡水路家中。我妈妈刚起床,看我这么狼狈不堪,吓了一跳,再听我讲了这番死里逃生的事,更是真吓坏了。事后后怕,要不是后面那条驳船,我们在黑夜里江上漂泊,人被分散,分别逃生,那真难说了。真也是命不该绝,一条救命船救了我们。我吃了早饭,拿了几件换洗衣服,买了一点米菜,去寻同伴一同返航。回到牧场,虽然损失了一船桃子,人倒一个没少,周书记和场里同事都说"不幸中的大幸"。规定以后船装货,一定不准超载,安全第一。

想起当年有一次,我们在浦东川杨河行船到川沙的周浦镇时,经过离周浦不远的一个叫下沙的地方,船刚靠岸边,准备生火做饭,看到是我们船边一条小船翻了,一个老人掉进河里,我急忙拿了一根竹篙子,跳进河里救人,结果让那老人抓住篙子,我慢慢把他拖到岸边。那位老人救起后,一定要请我们到屋里坐坐,倒杯茶,以表谢意。那时人家都比较清寒,没有什么礼物好送的。周书记晓得后还大会上表扬我:"高云龙讲是右派,人性还蛮善良,有良心的。"那时,报纸上天天批资产阶级的"人性论",这些好的农村基层干部还是在讲"良心",我能够在四团没遭到过批斗,大概就和这些有关。

七、受捉弄引发了我骨结核

我在四团牧场分配到果园组,主要的工作和劳动当然是在那里,但毕竟是农村,有些如插秧、割稻等大忙季节,当时全公社大动员,所有人包括不仅公社机关干部,连中小学校老师学生都要下生产队来帮忙。那时上海郊区叫"双抢",即抢种、抢收,还有"三夏"和"三秋",三夏是指"夏收、夏种、夏管",关键要把小麦、油菜籽收割回来;"三秋"是"秋收、秋耕、秋种",奉贤当地来讲就是割稻、摘棉花。这种时候,牧场要抽大多数人去,我当然跑不掉。我虽然从小在奉贤东新市长大,但还是生活在城镇。北大荒和天津茶淀劳动教养都种过田,但没有插过秧,割过稻,刚一下地,脚也不会动,慢得很,后来有一些社员教我,我也掌握诀窍成了快手了。割稻呢,我基本是男劳力组,参加把割下捆好的稻把,挑到场上去打,每担也有一百多斤。

冬天上海郊区农村修水利是重头活,水田靠沟沟浜浜来浇灌,男劳力全部要抽去挑河泥,包括牧场的人。这除修水利外,还是积肥,这是个较重较苦的力气生活,一桶河泥要一百多斤,把它挑到麦田里,这样子一路上沟下坡,还爬河滩,路又泥泞湿滑,一步一颤,真也累得气喘吁吁,直冒大汗。我想,既已落到这种押送回乡劳动改造的地步,而牧场领导和职工待自己还不错的,没有什么特殊的歧视和进行过批斗,自己也要小心点,不要给自己带来坏影响,所以我在劳动中表现,真也是吃得起苦,也毫无怨言的。

当然,在当时的社会空气中,戴着有色眼镜看我的个别人,还是有的,有时也会指指戳戳,说"劳教过的"。1971年冬天,我去参加挑河时,有一个姓王的小青年,名字我也忘了,平日也很"革命"的,那天他给我往桶里装泥,加得特别多,特别重,是有意要捉弄捉弄我,我也不好讨价还价,毕竟自己头上戴着一顶"帽子"。我勉强挑起，踉踉跄跄地爬上坡，结果脚扭了一下，疼痛难忍，回屋一看，红肿得很厉害，我贴了一张膏药，还是坚持上工地，因为我刚才说了，心里还是有压力的。直到实在坚持不住了，才到四团卫生院去看，这时大腿股关节已肿痛发炎，后来甚至溃烂流脓，那里虽然医术不高，但看病还是很认真，说是我的结核病复发了，变成了骨结核。卫生院无能力治疗，让我去上海治疗，我担心场里难批准，不料场里周书记倒也同意我去了，还说了一句："不管啥人，有病总要看。"

这时，我实际去了上海也很为难，我不仅是农民，还是右派，没有任何劳保关系，从家庭关系来讲，这时我父亲自己也在受审查，我小弟弟也上山下乡去了，怎么帮我想办法？结果，我一个人只身忍着疼痛，一瘸一拐地乘车到上海，去离我家最近的南洋医院治疗，这家医院对于骨科，医术不是很强。我去找澄衷中学的初中老同学周性龙帮忙，他的爱人王翰生，在南洋医院化验科当医生，他们老同学待我真好，从不相信我这样的人是右派。把我拍的大腿关节片子，拿去给瑞金医院骨科专家看做了指点。结果虽然在南洋医院给我动的手术，但手术也做得比较理想顺利。

手术后，我在医院又住了半个月继续治疗，再回到上海家中住了三个星期，前后加起来有一个多月。这次因大腿受伤引发骨结核的治疗费用，那时自然都是我个人承担的。当时我家因我父亲隔离审查，只发生活费，还存款冻结，经济也很拮据。我这场病无疑又给他们雪上加霜。出医院刚下地走路，我的脚还在一瘸一瘸的，就像鸭子的蹼脚。到后来时间长了，才逐步恢复正常。回到四团牧场，领导还是对我有所照顾，有一段日子叫我不要干重活。

八、听我父亲讲批斗、关押岁月

因为这次在上海住院和在家休养，待的时间较长，我见到了从1967年1月被隔离审查以来，还没有见过的爸爸，他明显衰老了，神情也有一些木讷。他说了一些几年来的遭遇。在市民委机关关了快两年，批斗和审讯总不下于上百次，有时斗他"执行修正主义、投降主义统战工作路线"，充当"资本家的代理人"；有时斗他历史问题，是"典型的三开分子"，曾"脱党当逃兵到日本"，"抓进日本监狱后勾结日本特务出狱"，"还参加过国民党中统特务组织"。等等。批斗和审讯时，打他骂他成家常便饭，强迫低头弯腰，一站就几个小时！生了病也不准治疗，他被斗到腰子受伤，小便出血，只准我妈妈配了药送去，还看着他吃，他那时已是六十多岁人了！

1968年底，大约是在春节前，张春桥掌权的上海市革委会专案组，还是叫审查组这类机构通知，如家属送肥皂、手纸和衣物等生活用品，要送到上海漕溪路漕河泾的少年儿童教养所去。原来他们这批原在市里各局级机关关押的"审查对象"，从市委书记、市长曹荻秋开始，一直到市的委、办、局的领导，还有文化艺术界的名人赵丹等，一共三百多人全部实行集中关押，统一进行管理审查。关于这个做法的起因，我父亲曾经说，是周总理到上海接待外宾，听到反映有不少单位对"审查对象"在关押管理中，有受到迫害的现象，为了保护这批老同志，总理指示上海这样做的。

我父亲被关到那后，那里本来就是监狱，每人可单独一间，只有简单的一床铺，一小桌子。除吃早饭后放放风，见到一些熟人点点头，其余时间就是一个人面壁坐着。那时他和张承宗副市长是关在隔壁或许还是一层楼面，反正放风时，常见到他。解放前在地下党时，他们就已经相识。1946

年6月,上海人民代表到南京请愿反对内战,发生"下关惨案",他们都曾在北站送行。解放后他们还一同在市人委工作过。可是,这时彼此不准说话,只好点一下头,有时轻声说一下"保重"。那里,一天三餐伙食还可以,比在机关好,机关里有一段日子,只准他们"审查对象"买最低价钱的菜。

提审也集中提你主要问题了,当然方式还是威胁逼迫。最厉害一次提审,专案组来了四五个人,坐了一排,命令我父亲面对面坐着。其中一个穿黄军装的先发话:"你还有重大问题没交代,今天是最后机会了。"我父亲不响。一个工人模样的人,就拍着桌子骂:"花岗岩脑袋,顽固不化!"我父亲还是不响。一个机关干部样子的人,就厉声问:"你说,日本人怎么放你出来的?"我父亲刚要解释,他又接着一连声责问:"抗战要胜利了,你到屯溪国民党那里做什么?"我父亲连忙插话:"我从来没有去过屯溪。"那人不听继续问:"那还有一次国民党特务开会,你去屯溪参加的,你还亲笔签过名,你没去过怎么参加?你不是特务是什么?"

听着他们这样说,我父亲又一次解释:"从抗战期间直到现在,我都没离开过上海,不可能去过屯溪,这是可以调查的。还有那个国民党组织的巡回教育团会议,我根本不知道,怎么会有我到屯溪的亲笔签名?可以拿来给我对证。"

想不到,这时一个人真"啪"的甩过来一沓照相纸,说:"你看看!"我父亲拿过一看,在一次特务会议记录上,果然签着他的名字,他再仔细一看马上摇头,说:"这不是我签的,参加会议的人都用代号签的,唯独我的签名用真名签的,可以验笔迹!"那几个人递过一支笔,他当场写下自己的名字,他们看了哑口无言了,说散会散会。实际上,主持那次国民党会议的叫李南芗,是国民党江苏省党部委员,抗战时在上海"孤岛"很有影响,党组织叫我父亲和他搞好关系,共同抗日,我父亲和他是留日同学,他老婆很贪财,经常叫他造假名册,向重庆要钱。我父亲没去过屯溪,解放后在北京的孙晓村、王艮仲他们在那里,都知道。李解放后坐牢死了。从这以后,他们不再纠缠我父亲的特务问题。

在少教所,比在机关关"牛棚"好的地方,是还少掉了那些无休无止的批斗,即受折磨。那时机关叫"斗、批、散",没有业务工作,成天研究的就是斗"走资派",抓"清理阶级队伍"搞人。我父亲在民委机关就成了最大的靶子,几乎每天都要无事生非地搞搞他,他真已感觉疲惫不堪,要挺不住了。而少教所在闲着的时候,他还可以坐在房间里休息。他把一双竹筷子拿在手中撸,撸了一二年,放出来带回家时,它光滑无比。我父亲说:"它可以练手指活动,手指动就全身动,要不人会木掉。"

他在狱中还有一个任务,就是写外调材料,他因为入党早,经历长,又一直在上海做地下工作,认识的人太多,经他手写出去的材料,据他说有上百份,但他说:"是有就有,无就无,一点也不好瞎写。"有一些外调人员无理取闹,对他拍桌子,骂他:"包庇坏人,对抗'文化革命'"。他不屈服,据理力争。还好的是少教所的监管人员是军人,不允许对被调查人施压。

接着,毛泽东发出"五七指示",把这批原市级机关干部和包括"走资派"在内的所有人,全部送到市郊的"五七"干校。上海的市直属机关"五七"干校建在奉贤县奉城人民公社的海边上,条件十分艰苦,几乎是白手起家,而所有人员全部都按军事编制编成团、连、排、班,除进行繁重的开河、筑路和田间农业劳动外,还要继续搞"批斗"和"深挖(阶级敌人)"。我父亲分在九连,连里都是市委、市人委机关的老领导,如夏征农、宋日昌等人,多数是原市级机关局级干部。干校还分有严管班和普通班,所谓严管班就是"牛棚",专门关押包括"走资派"在内的"审查对象",他们不准周六回上海探家,普通班人员是允许的。至于无休无止地检查、批判更是每日主要"功课"。我父亲就关在严管班,和原市委统战部副部长叶尚志关在一间"牛棚"里,他们两人一间度过一段难忘的时光。那时劳动任务分配我父亲管农具,一早把锄头或扁担发放给大家,晚上收工统一收回放进仓库。

他们被赶到奉贤海边荒滩上,那里本无社员群众,是一片杂草丛生。去的时候是8月间,正是蚊子猖獗的时候,他们住的都是简易窝棚,他和叶

182

老是进的严管班,普通班人员都在周六回上海时,带去蚊帐或蚊香等避蚊的用品。他们严管班不准回家,也不准写信让家里人送,而蚊子之多之大,实在咬得他们受不了,两位老人被逼无法,就想出用报纸糊蚊帐。他们晚上钻进纸糊蚊帐里去,蚊叮是少了一些,而闷热不透气,又实在难受,他们便又想出用大头针,在报纸靠近头部面部鼻孔呼吸处,扎出一个个小孔来透气。那样,实际还是闷热难熬,但他们就是那样,一直挺到秋风起了,蚊子绝迹。我父亲说,那时他就是靠心静,心底坦然面对。我听了心里真是难过,那时我在四团,同在奉贤,但也不知我父亲在哪里。然而回头一想,即便知道,也一定不能送一顶蚊帐给他。现在想想,这太不人道了,两个六十以上的老人,又都是为党做了几十年工作的人,就一个夏秋用这种纸糊蚊帐,这讲给别人听,简直是奇闻。一直到天要冷了,才通知家属送寒衣寒被,是我小弟弟送去的。奉贤海边的冬天,寒风刺骨,他们就仍呆在那个简易棚里,真是吃尽了苦头。

1971年秋冬之际,他被放回到普通班。中央要求把这些关了好几年,没有查出什么问题的老干部放出来。实际他的问题,专案组已查清了,没有什么事情,但"四人帮"还是把他们搞到严管班,吃那么多苦头。到普通班,他可以回家了,境遇有所改变,起码可以回家来调养调养,吃的、用的东西也可以带一些去。到1972年的5月,干校宣布他回到革命群众队伍中了。

九、我在牧场境遇也有好转

在这同时，我在四团牧场的境遇也有一些改变，批判林彪反党集团的群众大会也让我参加听听了，不像以前他们职工开会，我去劳动。而且周书记和场内领导，晓得我是中央美院学美术的，搞一些宣传美化工作时，也让我去写写字，画画图，这对我也是安慰。当然，平时我还是在果园搞果木的管理和引种这些生活。那几年，我们四团牧场果园的确搞得不错，在上海郊区也小有名气，上海农业科学院果木所曾前来考察，认为我们的管理、养护和植保，都搞得很有思路，优良品种引进"玉露"也很成功。当时上海虽然农业发展方向"左"得厉害，拼命强调"以农为主"，但基层社队对发展小果园，种水蜜桃、葡萄这类水果很有兴趣，因为它适应江南气候、土壤条件，经济效益好，小果园如雨后春笋，发展很快。这样，农科院就到我们果园来开现场会，推广我们的经验，认为我们是小果园的典型。那天，上海郊区来了不少兄弟社队，公社和牧场领导都很高兴，人家以为我们这里有专业技术人员，但实际上没有，讲文化程度我是研究生，但是是搞美术的。

后来，我们又和奉贤的青村果园、南汇的新场果园等兄弟果园，结成友好协作关系，相互学习取经，那些果园都规模大至上万亩，有正规的植保组、科研组等机构，还有学过果木的技术人员，和我们也一同取长补短，那时虽然我还顶着"右派"帽子，领导上还是要我一同去交流。那时，我们四团牧场果园建立技术交流关系，最远的是到了江苏省镇江市的果园，那是我戴上右派帽子后，难得的一次工作出差机会，以前我从北京去北大荒，从北大荒到天津茶淀，从北京押送回奉贤，不是警察，就是有革命群众押着，所以在听到场内人议论这种事情时，我一般不听，免得自讨没趣，心情不舒服。

这次，周书记却叫我和组长张志良一同去，我们乘火车到镇江后，又转公共汽车到郊区，镇江沿长江南岸的丘陵地带，是种水果的好地方，我们参观了好几个果木园，他们也热情地接待我们，介绍经验和我们交流，我认真地做记录，觉得收获真不小。回到镇江后，我们又去看了当地的金山、焦山等名胜古迹，"文化大革命"破坏的痕迹虽然还在，但有一些恢复了。这次，去镇江参观交流，使我享受到平等工作的权利，但我们什么时候可以真正有出头之日呢？我偶尔也不禁脑子里有过一闪念。

当然，这时候"批邓反击右倾翻案风"和"农业学大寨"等运动，还是接连不断的搞，在上海郊区农村这两个运动还合到一起，叫"大批促大干"，所以在这两年的冬天，公社都组织社员到水利工地，开挖河道，劳动是相当繁重的。那时我因大腿已开过刀，心里有一些犹豫，但是碍于压力，去不去参加这类和"学大寨"挂起钩来的"水利大会战"，是容易被人抓住"小辫子"的，我还是咬紧牙去了。劳动是艰苦的，所有的人都住在工地草棚棚里，天下雨也不收工，挑着一百多斤一担的泥，在泥浆地里高一脚低一脚，从河道上往上爬，真是不容易，好在大战了几十天，我的骨结核病没有重犯。

而国内政治空气确实有松动，当时的批林批孔、批邓等一系列政治运动，公社和牧场都按布置开展了，就都是让我写写大标语，抄抄大批判专栏，稿子有一些是他们领导给我的，有一些就让我直接从报纸上摘抄，反正是大家都懂得，这是应付上头的，基层是要把生产搞上去。不像"文化大革命"初期，一讲运动，人人都紧跟，我更是心惊肉跳。这期间还出了一个不大不小的纰漏。那一次，四团公社干部要在牧场召开一个会议，牧场领导叫我抄写毛泽东语录时，竟然有一张将"东"字漏掉了，变成了"毛泽指示"。结果开会时，有一个来参加会议的干部看出来了，还提出这是不是用谐音恶毒攻击毛主席？我吓坏了，头上冒出了冷汗。

这时，周书记立即叫人取下换掉，并和另一个党支部委员俞月章一道承担责任，说是他们审查时没有仔细看。那个外队干部也好，不继续说这件事，牧场里的人更没什么多议论。我倒是刻骨铭心，事后真是后怕。不过也感觉到，绝大多数的老百姓和干部，已不再是那么热衷于搞斗争了。

十、听父亲讲和周总理的交往

1976年的元旦，我是回家过的。这个期间，从北京传来周总理病逝的消息。我父亲很伤心，他那时已回到革命群众队伍。但关系还在市"五七"干校，没有分配过任何工作，和他情况差不多的还有一批老干部，包括夏征农夏老等人，实际是被"四人帮"控制的上海市委徐景贤、马天水、王秀珍这批人，晾在一旁了。他年纪也已过七十岁了，所以经常是在上海家里歇病假了，或许是等候将怎么处理这批老干部。他和我谈起他和周总理的交往，第一次是在1927年的3月间，他任中共江苏省委特派员，在上海郊区奉贤、南汇等县策动盐民暴动，响应北伐军，盐民那时非常苦。一天上海党组织的领导林钧，带他去南市的树暨中学，这所中学后来停办了，进去一看是召开党的会议，林钧介绍主持会议的人，就是前来领导上海武装起义的中央领导人周恩来，那时他还年轻，印象深的是两只眼睛，炯炯有神，会议讨论上海市民政府的组成人选，他大意说是一个联合政府，各方面的代表要多一些，包括财界、政界，等等。我父亲后来也是上海市民政府专员。可惜，它刚一成立，就被白崇禧带来的北伐军查封了。

第二次，是1946年6月，周恩来率中共代表团到上海，在周公馆召开新闻记者招待会，我父亲正在刘少文领导下，利用汤恩伯的关系办《改造日报》，他也去参加了。周恩来答好记者提问，会议结束。突然有一个工作人员过来，叫我父亲留下，来到另一个房间里，周总理还在，他还记得我父亲，对他说："你现在办《改造日报》很有意义，可以请郭沫若先生写写稿子。"我父亲表示请邓颖超同志写稿，他也点点头。后来邓颖超写了《致日本妇女界》的文章，就发表在这份报上。

解放后，从担任全国政协第二届委员起，他到北京出席会议，都见到周总理，有几次向他当面汇报请示，他都是亲切和蔼，令人如沐春风，我父亲谈到这些，总是很动感情，他觉得自己是受周总理的精神感召，才坚持走过来。后来朱德委员长、毛主席相继逝世，还有唐山大地震，他的心情都很忧郁。我也有同样的感受，但是有一点也是很明白的，感觉到这个国家总要有一些变化，尤其是我自己，总不甘心就这样一辈子下去，连一个家庭也没有。

十一、"四人帮"被抓,命运出现转机

令人兴奋的是,1976年的10月,距毛主席逝世仅一个月,"四人帮"就被抓了!我和家人都十分兴奋。讲老实话,那个十年,我们全家包括也是右派发配到新疆的大弟弟,真是被害苦了。

尽管完全改变极左政策,还要等到三中全会召开,但一些基层从实际需要出发,已在改变那些不合理的状况。四团公社就是如此,当年奉贤县教育局要办一个"五七"大学,实际是为农业生产发展需要,办一个农业栽培培训班,了解县里的原大学生使用情况,四团公社就积极推荐我去,说我果树栽培有经验,有很高文化基础,老大学生,人很老实,表现不错。1977年3月学校开学,我就到那里当老师。实际,他们让我教的是蘑菇栽培,奉贤大批生产队种这个,我并没搞过。我也必须研究一下。但我明白,他们是真心实意要发挥我作用,甚至说,你过去的事我们没办法,但工作你大胆做。我就去奉贤新华书店,买了许多农业科技书来学,结合自己的实践经验尽量把课教好。那时那些农村年轻人,已感到文化学习被耽搁的苦恼,学习很用功,待我也很好,使我从心底感到温暖。

我到县"五七"大学教书后,家人和亲友也为我的个人生活操心,那时我已四十八岁。整个社会空气松动了,我虽然还戴着帽子,但不像以前那么可怕了。当时我后来爱人的舅妈,她家本来是上海助剂厂的私方人员,也住在上海淡水路,离我家很近。就介绍她的外甥女和我谈朋友。她外甥女叫周振清,是上海浦东杨思镇上人,因她祖父是镇上大地主,父亲也是地主,土改中就被扫地出门,本来她家房屋是镇上豪宅,几进几出,雕梁画栋,这下被赶到普通平房里。好在他父亲是上海中医学院毕业懂医,土改后农民待他还客气，不斗争训骂他，还请他看病开方，问题在他是地主，失去了正式就医的资格，一直在乡间管制劳动。

我爱人1949年出生，她和地主剥削没有任何关系，由于家庭出身和阶级路线，她在杨思中学是1968届高中毕业生，书读得很好，但还是受到种种歧视。当时的上海市革委会，强制规定1968届、1969届初、高中毕业生"一片红"，就是全部到农村去，他们家挨到两个，还有她妹妹，因家庭问题待分配，而这时她们是郊县城镇户口，按理可留本市郊区，因又规定留郊县一家两人的话，有一个还需去外地务农，她妹妹就去了云南插队落户。

她在杨思插队务农也很苦，当地生产队是菜农，当年都是半夜从乡下出来，踏一辆自行车拖着的手推车，经过董家渡在黄浦江上摆渡到上海，再穿越市区天亮前到指定菜场，真是辛苦异常。那时上海市区半夜马路上，快速行驶的是一队队的郊区农民送菜黄鱼车，也是一道老上海记忆深刻的风景线，但他们的收入微薄，认识她后才知道，每次送菜，才补贴一二毛钱。这个差事，那时还抢着干，因为家里钱太少。冬天，女知青、女社员都一样，也要去川杨河等水利工地挑泥，天下着雨雪也不歇工，她身体瘦弱，因为生长在三年灾害时期，吃得太苦，能坚持下来真不容易。她人很朴实，我本来不想讲出自己的全部真相，后来感觉她不嫌弃，就把情况全部说了，她很同情我的遭遇，认为我人很实在，有文化，就双方同意结婚了。我们俩的婚姻真可算"门当户对"。那时我家底楼房子还被人家占着，我父母住三楼，我小弟弟住二楼，我们的家就安在亭子间，婚礼很简朴。我工资只有三十多元，她还是插队知青，国家还没有作出知青返城安置的决定。但是我感觉到，改变这一切的日子已经不远了。

第六章
改正后重回雕塑创作教学园地

一、中央美院来人了

1978年11月中旬的一天，我在奉贤"五七"大学上课，家里给我打电话，说："中央美院来人了，快回来。"我后来知道，是院里人事处来了一位女同志，按原来我填写的地址，找到复兴中路家中，通知我右派改正和工作安排的事，要征求我的意见。我回到家，父亲正陪着她说话，是一位中年女同志。以前在学校没有见过，姓名叫什么我已忘了。她说，学校对当年错划我右派表示道歉，现在完全改正，恢复原工资待遇，可以回北京中央美院原部门工作。她还给我看了有关的中央发的第五十五号文件，并让我在通知上签名。老实说，这一年当中，我已听到过1957年这批人的处理问题，有说是全部摘帽，但心里还是不舒服，因为我们没有反党啊，戴上这顶帽子是冤枉的。现在就是摘掉，也说明当年没戴错啊，而且再有反复怎么办呢？

在这以前，许多美院的老同学，已对我表示过关心。其中就有在美院雕塑系任主任的钱绍武，他在当年4月间写信给在同济大学的老同学张开先说："高云龙的事，以前也略有风闻，而不知其详。看来这些年历经艰辛，渡过不易。我已转告我系支部书记王克庆同志，我并非支书已十五年，懒散成习，实在帮不了什么忙。他的问题，估计中央以后还会有具体政策。可让他直接写信给美院组织，要求适当考虑。"他还说自己："我自从'伪社教'以后，即一蹶不振，雕塑也几乎荒废。"钱本人据我后来知道，反右运动时他正在苏联平安度过了，后来"四清"他吃了苦头。他从小是随祖母长大的，感情很深，后来写了一篇祭文表示怀念，他的古文功力很好，写得声情并茂，但他的祖母是地主，就牵扯到阶级感情、立场问题，一直到宣传封建地主意识。他不服。就开会批判，最后党的职务也没了。后来中央按五十五号文件来改正我们的问题，我是接受的，就是承认帽子完全戴错了。尽管心里有一点数了，等到这一天还是高兴，悲喜交集。

我父母和新婚的爱人，包括全家都也很高兴，那时我父亲也刚恢复工作，上海市委又安排他当市民族事务委员会主任，等于是恢复原来职务。那一阵子他很忙，每天都到机关上班，那时有一句话，是："把'四人帮'耽搁的时间夺回来！"他真有这种劲头。他虽忙还是亲自出面在上海大厦，请那位中央美院来的女同志吃了一顿饭，对她专程来上海处理、落实这一问题表示感谢。

那位女同志告诉我，她到上海来要落实三个人的改正问题，除我之外，还有绘画系的汪志杰和谢立纲，汪是学油画的，谢是学版画的。她带着学院以前的联系地址，到上海路又不熟，请我帮助她一道去寻找。我当然愿意。三人都是老同学，当中汪志杰还是好朋友，让他们早些得到这晚来的喜讯，是完全应该的。

我们先去汪志杰家，他住在上海杨浦工厂区和郊区邻近的地方，那条马路叫双阳路，当时周围还是一片农田，是在军工路控江路附近。我和他有二十二年没见过面，本来以为到北大荒兴凯湖能见着他，实际还是天真，都是劳教犯，怎么好随便见面？我们按地址摸到一个郊区老式乡村民宅前，看到他和一个青年妇女，后来知道是他的爱人李美丽，正坐在那里晒太阳，那年天冷得较早，已经入冬。我一眼认出他，叫："汪志杰！"他抬头吃惊地看我，也认出来了。我向他介绍那位学院来的女同志，告诉来意，他很兴奋，让我们进屋，招呼那个青年女子倒茶。实际改正的政策，他也听说了，对是否回北京表示要考虑一下。

然后，我们还是互相讲了这么些年的遭遇。他也很惨。在学院批斗他的时候，他因为态度对抗，被划为"极右"，在送北大荒劳教前，还在北京公安局东四分局半步桥监狱关过一阵子，那都是一批比较顽固的右派，那时他还有了女朋友，是从香港回来的女青年，穿得比较时尚，还是高跟鞋，是学舞蹈的。批斗汪志杰时，还口口声声连带骂她："女阿飞。"汪不服气，结果挨了打。在押送北大荒后，一年后他被保外就医回到上海，在上海西藏中路大世界美术培训班教书。这时他结识了一位女学生叫李美丽，就是同他一起晒太阳的青年女子，后来谈恋爱嫁给了他。他爱人家庭不同意，但她自己态度坚决。

可是汪志杰的苦头，还没有到头。"文化大革命"中，他不服自己是右派，到处上访，被关进"牛棚"，挨打挨骂还挨饿。他逃出来跑到外地，结果又被"通缉令"抓回来。这下罪名搞大了，说他企图逃进山里"武装叛国打游击"。因为他在浙东新四军游击队当过"小鬼"。他被判了七年徒刑，还拉到虹口靶子场陪枪毙，十八个人死了十七个，他又拉回虹口分局。1976年毛泽东逝世被释放出来，安排到劳动仪表厂当职工。这时他和爱人居住的地方，是临时借的。老同学这么些年不见，互相谈起伤心往事，都不停地擦泪。终于熬到改正这一天了，我们都留下联系方式互道珍重。

还有一位谢立纲，找他家也不容易，他住在普陀区曹杨新村一老式工房里。我记得他在学院还当过团委委员兼文娱部长，是西安人，从陕西考到中央美院的，已分到版画系。为什么会落到"右派"的命运？还不太清楚。找到他家，他家是一个两家合用灶间的小房间，看到我们来，很高兴又意外，要改正的消息是已听到了，怎么落实？还在等。那位女同志向他宣布了政策和决定，也表示了哪里来到哪里去，可回北京中央美院工作。他表示也已成了家，并有了一个女儿，情况要和家人商量。他说自己的境遇："在单位里我是蹬黄鱼车送货的，在家里我是睡过道的。"我看他那小房间的简陋、清贫，真是家徒四壁。

他说了自己的遭遇，竟然是卷进了"傅小石右派小集团"。傅小石是国画大师傅抱石先生的小儿子，他们家在重庆时和胡风家是邻居，两家小孩也一起玩。反"胡风反革命集团"，小石说了一些真话，说胡风那时来往的，都是共产党和进步人士，包括周总理，不可能是反革命。在反胡风时他就挨过批判。反右运动来了，又有人揭这个疮疤，他还不服，还和人辩论。当时，谢立纲和他都在版画系一个班，有接触，也说过把江丰这样的鲁迅学生都打成"右派反党"，表示不满的话，还贴大字报辩论。结果三条罪名：为胡风辩护，对反右运动不满，组织小集团。

经他说了我才知道，这个右派小集团一共有五个人，除现在著名的油画家朱乃正外，还有一个是著名十九路军爱国将领，解放后曾任纺织部长的蒋光鼐的儿子蒋建国。另一个是比我们晚从上海考到北京中央美院去的陈维楷。他们也都是命运坎坷，历尽磨难。

谢立纲被划为右派，送到北京郊区双桥农场劳动改造。后来回校分配到上海，在一家小玻璃厂里工作，除搞一些玻璃杯设计，就是干最苦最累的活，不仅在炉子间车煤、清炉渣，还蹬黄鱼车送玻璃到五金商店。"文化大革命"中又揪出来监督劳动，他在中央美院还是团委干部，竟然就变成了人民的敌人"牛鬼蛇神"，说起来不停地抹泪。他说，他也听说过我情况，团支部大多数团员都成了"右派"，这怎么可能？

后来他也不愿再回中央美院工作，由上海市人事局介绍到上海轻工业学校工作，教美术设计。他的国画画得真好，花鸟人物都好，在美院是由李可染、叶浅予等大师亲授的。平反不久，那个学校还分了一套房子给他，有两间吧，境遇大为改观。傅小石平反后，到上海来访友，他也喊我去了，还有汪志杰等人，因为是"右派"难友，还是老同学，见面都很激动。汪志杰和他后来又去南京傅小石那里，我因有别的事没去，他们在一起庆贺自己的艺术青春重新焕发，结果酒喝多了，傅小石是继承他父亲的遗风，很能喝酒的，还是不幸中风，留下了残疾。谢立纲回上海后，一面教书，一面创作，总想快一点拿出自己的作品，不幸也是一天早上到学校开会，在会场突发心肌梗死，英年早逝。那时才刚过五十吧，我去参加了追悼会，想到他和我们一样受的冤屈、磨难，如果不是这样，人生恐怕会是另一种结局，不禁悲从心底而来。

二、改正后第一件作品《青年毛泽东一家》

　　我改正以后，是何去何从，还回北京，还是就留上海？心里一阵五味杂陈，酸甜苦辣说不出。考虑下来，就留上海吧。因为我已有家，到北京重新建家，不是那么轻而易举。何况已快五十岁了，在哪里抓紧做一些事，都是一样的，经过那么长磨难，真也看淡了。经过我父亲请人打招呼，我被市人事局分配到市园林局的公园雕塑组。这个雕塑组开头设在人民公园，后来又迁到复兴公园。

　　右派改正后的第一个作品，是为上海青年宫的毛主席逝世三周年纪念展，做一个名为《青年毛泽东一家》的群雕。这个展是当时共青团上海市委主办的。我去那里开始工作，才知道就是当年人民广场旁，上海过去鼎鼎有名的大世界。"文化大革命"中被关闭了，改做青年宫。我接到这个任务，心情很复杂，兴奋而又紧张。二十多年，不摸心爱的雕塑工具，终于又摸了。紧张的是毛主席是伟人，这么多时间不做雕塑了，万一做得不理想，政治压力真吃不消。多年的思维模式，毛主席在我的心目中还是神！老实说，我有一个多月睡不安稳，我顶着帽子劳动，真已习惯了。

　　那时，团市委和市委宣传部虽说都强调政治性和意义，但也叫我放开手脚，把毛和兄弟、妹妹都塑造成一个个鲜活的年轻人，不要有压力。我摸索了一些日子，看了不少毛主席和他弟弟泽民、泽覃，以及妹妹泽建的照片，当时团市委又从宝山行知中学抽调美术老师傅兆鼎来协助我，他先画图稿，他国画水平很高，我们先搞了小样给领导审查。小样中他们兄弟、兄妹四人，以毛主席为中心，人物关系和比例都比较合理。领导看过表示满意，展出后还是获好评的，上海许多报纸都登了。

三、为龙华寺修复开放塑佛像

我做了这作品后，感觉自信心比开始时足了。这时，上海的龙华寺要修复，恢复宗教活动，是上海落实宗教政策的一桩大事，市园林局就成立了雕塑创作室来负责这项工作。因为当时龙华寺还和龙华公园在一起，算园林局管，后来才归还上海市佛教协会的。这样，园林局又调了一名创作人员来和我合作，他叫刘锡洋，是上海工艺美术学校毕业的，他的雕塑技艺很好，人也随和，我们合作很愉快。接受这个任务，局里就安排我们到国内山东、山西、陕西等地名山大刹去走一圈，考察寺庙佛像、菩萨、罗汉的雕法，那时我对佛教雕塑还了解不多，以前在学校听王逊老师讲中国古代雕塑课时了解一点。

这次，我感触最深的是到山东长清县的灵岩寺，它在济南郊区，庙宇是晋代造的，看到那座寺庙万佛殿的宋代到明代万历年间的数十尊彩塑罗汉，真是惊讶，做得那么传神，完全是世俗真人的形态，栩栩如生，各具神情，喜怒哀乐俱有，衣褶飘逸而秀丽，不愧为梁启超赞为"中国古代第一名塑"。可是，那座寺庙当时还在解放军空军基地里，虽然已宣布为全国文物保护单位，仍在当仓库使用，不对外开放，我们是开了介绍信才进去的。我们打听到晚上它并不锁门，就打着手电，不仅用照相机拍下，还拿着塑泥，把我们最看中的那些罗汉头像，当场临摹了下来。

我们接着又去了山西太原的晋祠，晋祠在太原悬瓮山脚的晋水边上，是古代北魏时期建的，集中国古代建筑、园林和雕塑等艺术瑰宝于一身，尤其是于北宋崇宁年间的侍女群雕，更为我们学雕塑的所神往。这次我也去看了，真有朝拜的心情，还记得王逊、王朝闻老师讲得眉飞色舞的神貌。她们共有四十二尊,有三十多尊是侍女,真是各具鲜明个性和气质神韵,甚至能看出不同女性的独特经历。我叹为观止,不忍离去。

接着,我们又去了山西大同的云冈石窟,它在大同西郊的武州山下,依山开凿,历经北魏、唐、宋、元、明、清等各个朝代,到达后首先是惊叹它的气势,自上而下密密麻麻满是洞窟,据称四五百个洞窟,五万多尊雕像,主要是佛祖、菩萨和罗汉等佛教造像,的确是古代雕塑艺术宝库。

离开山西,我们又去了甘肃天水看麦积山石窟,当时交通还不很方便,旅游业还不兴旺,去的时候游人不多,有的洞窟还没正式开放,可以进去看,这正合我们搞专业的人的愿望。那里比云冈还早,是西秦时就开凿了。规模印象中比云冈要小一些,但它的特点很鲜明,反映了古代西部少数民族人物形象,还有大量的世俗人物即善男信女形象,而且神态、身份、性格抓得很准。这是我十分佩服的。

这一圈,我们花了二十多天,对于我个人来说,从学雕塑的角度,是早该来观摩学习的,可惜二十多年那样过去了。从工作来说,我们每到一处都认真地拍照和记录,做成资料,以供单位今后使用。我们回到上海,经和宗教局、佛教协会专家胡建宁先生等商量,胡先生虽然和我是新结识,但他佛学和佛教文化知识非常丰富,后来和我成为好朋友,商定上海龙华寺的大雄宝殿,也供奉十六尊罗汉,因印度古代也是十六尊。中国后来有十八罗汉之说,但那是传到中国后加进去的,因此就不采用。罗汉的面相、造型就取山东灵岩寺的宋代罗汉做底本。

这样,在胡建宁先生指导下,我和刘锡洋就先做小稿,等小稿通过,就放大做实物。泥塑完成,得到明旸法师等高僧肯定,泥塑要等它一年后干透,这期间经过夏天、冬天,有热胀冷缩开裂,还要用细泥把裂缝补好。完全干透,再用从农村收来的旧蚊帐布贴好,贴好后等干了,就用生漆来漆。漆干了,用细砂皮打磨光洁。然后用矿物颜料上色。本来设想,全部颜色都用矿物颜料,后来有一些颜料已经买不到了,只好用现代化工颜料,但效果还可以,色彩明艳,尤其使用金、银两色得法,更添华贵。整个罗汉雕塑于1981

年完工，历时两三个寒暑，用的都是传统工艺，是我向民间艺人学习的。

龙华寺的大殿释迦牟尼佛祖像，当年是请上海油画雕塑院创作的。他们也进行得很顺利。这样，上海龙华寺就作为拨乱反正，改革开放中，于当年第一座交给佛教协会管理开放的寺庙，开放后信徒之顶礼膜拜，香火之旺，真是一时盛况空前。我能做一点贡献也很高兴。

1983年夏天，上海龙华寺正式开放以后，香火旺得惊人，在全国佛教界都很有影响。这时，它又启动了第二期工程，就是在正殿大雄宝殿的后殿，雕塑西方三圣塑像。所谓西方三圣，就是阿弥陀佛和观音、大势至两位胁侍菩萨，在佛教界地位崇高。那时我和佛教界的一些人事关系很熟，包括龙华寺的胡建宁先生，胡先生对佛教艺术又有研究，佛像是很讲究面像和手势等塑造的，和佛学教义直接相关。同时，对不同的庙宇供奉什么样的佛像，置放什么样的佛画，殿堂如何布局，行什么样的规矩，他了若指掌。所以，后来我的佛像雕塑都和他合作，由他设计，我来创作。另外，也说一点个人小事。我爱人按知识青年政策返城后，需要自己找安置单位，我和老胡一说，他们寺庙那时正在发展中，要搞一些服务性设施，需要人手，我爱人落实到那里在法宝馆工作，一直到退休。

龙华寺建西方三圣塑像，胡建宁请我去合作，那时我已去了华东师大任教，但学校还是支持的。这次西方三圣雕塑，较小于前殿释迦牟尼像，但也有3.5米高，要求和塑造罗汉的工艺一样，完全是传统办法，争取保存几百年。我先做好小稿，三尊大佛和胁侍小佛一齐做好，以保证几者关系协调。然后佛教界一些高僧，包括龙华寺方丈明旸法师、玉佛寺方丈真禅法师等都看了，表示认可赞同，再做成正式佛像，这次也历时一年多，到1984年才向信众和游人开放。做佛像，我认为一个是传承中国的民族雕塑艺术，中国古代雕塑许多精华都在宗教艺术中。同时，也是人物雕塑的一个方面，佛像雕得好，一定要有真实的人物神貌和情感，也要符合佛教教义，体现佛的庄严和慈悲相。我在做这些佛、菩萨和罗汉时，也尽力想表现出这一点，每一尊像都能有独特的神态。

四、参与创办华东师大艺术系及任教

　　1980年的夏秋之际,我正在为龙华寺大殿做罗汉雕塑,一天接到汪志杰的电话,他告诉我,他也决定和谢立纲一样不回北京了,上海的华东师范大学准备办艺术系,要让他去参加筹建。他问我:"你考虑不考虑去? 说以前你不是讲,想到一个有学术地位的单位吗? 最好是高等学校。"我是和他说过这个想法。

　　在右派问题改正以后,我们两人曾一道回北京中央美院去一次。去后,我们分别到自己曾所在的系里,看望老师和老同学,我去看了滑田友、王临乙等先生,也看到了赵瑞英、丁洁因、时宜、文慧中和张得蒂、李守仁等同学。她们都问候我,使我又回到当年那种浓浓的同学情之间。我也知道了,当年和我一同打成"右派"的那八位同学,后来的坎坷遭遇,听了都不禁难过。庆幸也都获得了改正,有的已回北京中央美院工作,有的也在北京、西安等美术院校或机构工作。见到李守仁时,彼此恍如隔世,我俩最后在学校的日子,同住一屋,那个压抑使人难熬。我去北大荒,他去吉林长春的艺校,也饱受歧视,历次运动遭冲击,"文化大革命"关"牛棚",遭批斗下放煤矿、农村,苦难中与也受反右运动牵连的美院附中学妹黄因聪,结成夫妻同甘共苦。他改正后,又回中央美院雕塑工作室工作。见到张得蒂,也谈了分别后遭遇,她也饱经风霜,先下放农村劳动拉板车,后来1974年到西藏,参加中央美院和鲁迅美院合作的《农奴愤》大型群雕创作,她才有机会重搞雕塑,在西藏她深入牧区,观察接触了很多藏民群众,所做作品真实、细腻地表现出他们的善良纯真,很有感召力。

汪志杰还约我一同去看了几位老先生。我们先到了江丰家里，一见江丰，明显老了，他还记得我们。他平反后回美院继续当院长，还是说话容易激动，他和汪志杰之间的事情较多，说得较长，对我就说："当年文化部的那个会是我叫你去的。"他还很有热情，想要大干一番。可惜，不久心肌梗死病逝了。我们又去看了叶浅予，他是汪志杰的国画老师，汪还随他去过敦煌。我们去时，他夫人王人美也在座，给我们倒茶。老先生安慰我们："过去了就好。"我们还一道去看了吴作人先生，这主要是我的因素，因我父亲关照去看看他。到吴先生家，他夫人萧淑芳老师也在。我代我父亲致了问候，也说了他"文化大革命"十年苦难遭遇。他回答："一样。挂牌子斗争"。他也简单说了他的经过。他和萧老师两位老人也让我们"抓紧做一些事"。

那次，我和汪志杰一道去，一道回的，路上交谈较多，感慨良深，我曾经说过自己还是想到高校的想法。回来后，他因为还要解决"文化大革命"中判刑坐牢七年平反等问题，我们就没有什么多联系。他现在要到华东师大创办艺术系的消息，喊我一同过去，我很感谢。他还让我到他的新家去一次，我也去了，是在虹口苏州河北的河滨大楼。

那个大楼很好找，就在四川路桥下，环境不错，面对苏州河。见面后，他告诉我，他逮捕判刑的案子已经平反了，并且一定要平反，否则今后不好办。他到北京又去过了，到中国美协见到一些老同学，他们赞成他回上海，就介绍给上海美协的沈柔坚等领导，实际沈先生等人，他以前也见过的。上海为他平反后落实政策，解决了住房，河滨大楼房子就是新分给他的，虽然不大，当年真是不容易的。华东师大要办美术系，得到了上海美协沈柔坚等老人的支持，由他出面组织负责筹建，初步设想设油画、国画等专业，雕塑为选修课，想让我一人担任，另外负责一些教务工作。学校准备聘请上海美协主席沈柔坚任名誉系主任，著名国画家朱屺瞻为名誉教授。他还说，如果我愿意考虑，可以去华东师大和新到的党委书记萧挺见面谈一谈。

我到华东师大去见了萧挺。他是新四军老战士,从抗战时期就在部队管文化、文艺工作,后来又到山东大学、上海音乐学院等高校当领导,"文化大革命"中也吃尽苦头,调来华东师大时间还不长,很想抓一下学校发展和学科建设。和他一见面,就知道他是一个知识分子老干部,人很儒雅,待人说话很亲切和气。汪志杰已和他介绍过我的情况,他希望我能来参加华师大艺术系的创办。他也说,学校里对办不办艺术系,眼下是两种意见,一种是办,师范教育应该包括艺术教育在内。一种是反对,认为办了也意义不大。他是支持办的。但要我们有碰到困难的思想准备。当时我已五十岁出头,决心去了。

我去学校上班后,才知道系里的正式教师,实际只有我和汪志杰两人,学校又调来一名青年教师卢象太做助手。学校暂时把外文系的顶楼一间大教室,和一间办公室给艺术系。我去后就负责招生,第一年招生是1982年,这批首届生源基本是市内和国内的文化单位干部,考试不严格。第二年1983年招生,是正式开考,但也主要在华东地区,山东、江西、湖南等省报考学生比较多,我都去了。招生结束,我还负责教学管理,另外就是上选修课雕塑课。

当时选修雕塑课的学生,还不少,这样我每周有两次课,都是一整天。我要求学生,虽然是选修课,但也必须按照正规教学来进行,要先做石膏临摹,再做模特儿写生,这就要将真人请进课堂,和绘画系一样。然后,还要教他们从小样到定稿,直至翻制的一整套技术。我几乎完全按照中央美院老师们的一套路子在教学生。当时,由于合格的教师很缺,整个系的素描课和解剖课,我也都教过。素描课,我在中央美院多学了一年,几位大师的课我都上过,我画了一些示范作品,学生都很钦佩,这时候真深感得益。解剖课,我也带学生像夏同光老师一样,去看尸体解剖和骨骼标本,比我们读书时方便的,是不要再到外单位去。那时我还要帮助系里编教学提纲,好在雕塑课只是测验,不进行考试。

由于教师人手太缺,招生形势看好,很快就把原在同济大学建筑系任教的齐子春调过来,他也是中央美院雕塑系毕业的,从美院附中一直读到大学,是钱绍武的学生,1963年分配到同济工作,因同济是建筑院校,不是艺术类院校,在发挥艺术发展方面受到限制。他能调过来,钱绍武也很关心,曾写信给我们的老同学张开先,说过这事:"同济有一个齐子春,是我的学生,可以来往,并多加帮助。"齐子春确实是基础扎实,功力很深,能力很强。到来后不仅帮我分担了许多教学重担,我们还多年合作,共同创作了不少作品,这是我后来遇到的一个好伙伴。

五、陪大弟到北大讨说法，重逢王丙召老师

1982年春天，我到华东师大艺术系任教不久，又去了一次北京，这次是陪我大弟弟去的，为什么我要陪他去？说起来这也有我的事情。前面我已说过，他考取北京大学化学系后，1957年已分配回上海交通大学化学系任教，当年他是带着共青团组织关系材料到交大的，说明他那时是没有政治问题的。1958年北京大学突然一纸通知："金星划为右派分子，开除团籍免予处分。"这样，他就背上巨大的政治包袱，共青团团籍开除了，以"有政治问题"的人员，被"强制动员"到新疆石河子农学院教化学。但每次运动他还是受到冲击，被剥夺了许多政治权利，忍受了许多屈辱和苦闷。他幸好遇到一位北京姑娘叫祁晏，是农学院他教过的学生。她同情我大弟弟，后来两人来往产生了感情，她顶住种种压力和他结了婚。

"文化大革命"一来又遭难了，我大弟弟被下放到南疆的苏勒县劳动，夫妇俩一块去，苏勒交通偏僻又荒凉，还好当地要办拉线广播，以传播北京的声音，这就要办漆包线厂。县革委会查下来，全县只有两个大学生，都是右派，一个学地质的，一个就是他，学化学的，就让他去办漆包线厂。那时，他境遇才稍好一些。1970年他妻子生大女儿，是连夜用牛车送到县城医院，才保住母女生命，我大弟弟心里一直很愧疚，就是因为他戴上了这顶帽子，才牵连了妻女。

右派改正按政策回上海交通大学工作，他心中始终窝着一团火，北京大学凭什么把他补为"右派"？让他遭受了大半生的苦难。这时我也想回美院去看看，就一同去了。

不料到了堂堂北京大学人事处，那里接待他的是化学系书记兼右派改

正办公室主任，等他说明来意，要求看看档案里面把他划为右派的具体材料。那位书记竟然回答称："你的档案已从新疆调回来了，档案里面没有任何划为右派的材料"，并且规劝他说："事情过去了，一切向前看。"这种话，听了真让人哭笑不得，证实我弟弟被划为右派完全是冤枉的。

大弟弟在北京去了他要去的地方，我去了中央美院，见见李守仁等老同学。他们告诉我，王丙召老师从山东老家来了，住在以前我们学生住的宿舍里。我马上去看他了，那些老宿舍还是那样，只是感觉更破旧，在一间乱糟糟的大房间里，我看到了王老师，正躺在一张旧单人木床上。他和我们印象中的王老师，完全判若两人了，全身瘫痪不能下床，眼睛视力很差，耳朵还能听见，而说话时，手就不停地抖动。我叫他一声："王老师！"他还清晰的记得我，很快回答："啊，是云龙啊？"

我从他口齿不清的吃力叙述中知晓，他戴上"右派"帽子后，也先到京郊双桥农场等处劳动改造，后又回校做一些杂务。1961年被正式调出中央美院，和李守仁等一起到长春的吉林艺术学校。那时我已去北大荒劳教了。吉林那里倒给他摘掉了"右派"帽子，允许他继续上课教雕塑，还又让他担任了雕塑教研组长。王老师对工作和学生真是没得说。这个情况，一同调到那所学校的老同学李守仁，也曾经对我说过。王老师自己说，"什么苦我也能吃，什么困难我都不怕，我王丙召要重整旗鼓"。他教学生确实有一些办法，使学生进步很快。他自己也创作了一些雕塑作品，如《林业工人》、《朝鲜妇女》，等等，在吉林雕塑界很有影响。可是，1964年的"四清"又来搞他的历史旧账，再次让他陷入被审查、遭批斗的厄运。紧接着，"文化大革命"狂潮到来，一桩奇冤落到他头上，他们住的职工集体房是公用厕所，有人揭发，看到他在用厕时的一张旧报纸上有"宝像"，是"狗胆包天"，在遭到残酷批斗和雨点般的拳打脚踢后低头"请罪"，还被宣布为"现行反革命分子"。

1969年秋，他在被开除公职，停发工资，免予刑事判刑后，押回山东青州益都县老家，交贫下中农"监督劳动"。祸不单行的是，这时候，他仅十六岁的爱子竟因车祸不幸身亡。他的原为北平艺专音乐系学生的后妻，也提出离婚弃他而去。这种无情的打击一个个接踵而来，使他患上了震颤性麻痹症等多种疾病。他蜷缩在乡村茅草屋里，几乎已丧失了劳动能力，还要被强迫着监督劳动，去放牛放羊。看到他已伤残成这样子，知道他的人生经历，曾经为北京人民英雄纪念碑做雕塑啊，落到这种凄苦之状，都同情下泪。好在家乡张高村的父老乡亲，还是忠厚善良，伸出援助之手。他的前妻不忘旧情，仍收留照顾他，帮他烧煮洗涮。他才总算活到了平反改正这一天的到来。

中央美院派人去落实解决他的问题时，王先生告诉学院，洛阳龙门石窟中，那个最精彩的大型洞窟浮雕珍品，就是《帝后礼佛图》，原雕塑已经被美国人盗走了，在中国雕塑史上已成憾事，而他年轻时去观摩，曾亲手做过一张拓片，它恐怕已是海内孤本了，让他放心不下的，在"文化大革命"时"造反派"抄家中失落。他希望领导抓紧寻找，他愿意无偿捐献给国家。后来，中央美术学院派专门人员，真也找到了下落。学院看他落到这种生活也不能自理的程度，又派人接他回北京治病疗养，就安排暂住在学生宿舍里。他说到伤心处，不禁老泪纵横，再三说："想想自己，真没有做对不起共产党，对不起国家的事情啊！云龙啊，我给害苦啦！"我没料到和王老师的重逢是这么凄惨，又想起自己多年的辛酸遭遇，我们师生禁不住抱头痛哭。

回上海前，我又去看了王丙召老师一次，买了一些滋补品给他，祝他早日身体康健，可惜，不久于1986年的10月，王丙召老师还是因医治无效，在北京病逝了。这个消息，是老同学李守仁写信告诉我的，他们都去参加了他的追悼会。我接到信，心里又是一阵伤感。现在听说他家乡要为他建纪念馆，称他为"雕塑大师"，作为学生，我们对王先生是崇敬的，他有着很高的艺术成就。

六、父亲回忆在党的领导下走过的历程

在我改正以后，工作也忙起来。但还有一件事情，我不得不做，就是帮助我父亲做口述，回顾他一生的经历，当时他已近七十岁了，我就和母亲帮他记录和整理。这样，我也是第一次了解他的全部经历。

他是1925年在江苏省第三师范学校读书时，由侯绍裘和林钧介绍加入中共的。次年，担任中共江苏省委特派员到上海浦东南汇、奉贤等县，发动盐民起义策应北伐军。1927年参加上海工人三次武装起义，见到周恩来，担任上海特别市临时市政府专员。四一二反革命政变前一日，江苏省委通知上海各县区党负责人，到南市蓬莱路市政府开会，敌人突然包围会场，要逮捕与会人员，他趁混乱冒充钱粮署职员侥幸逃脱，立即报告上级林钧。他还利用保管的国民党上海市党部的印章，设法去龙华淞沪警备司令部见陈群，声称在蓬莱路开会被抓的上海区县的党负责人，都是国民党的人，使他们当场获释。四一二反革命政变不久，林钧派他往武汉，找武汉政府劳工部长苏兆征，组织上让他担任"苏浙皖沪四党部"常务委员，实际负责接待这三省一市跑到武汉来的同志，在这里他认识了接待过的，后来叛变当了伪"76号"特工头子的李士群、沈信一等人。

武汉七一五反革命政变，他随党组织撤到九江，参加接待去参加南昌起义的同志，接待过谭平山、吴玉章和张国焘等人。他们自己赶往南昌时，铁路已断，雇船经鄱阳湖水路去南昌，湖上遇到乘着小帆船的中共江苏省农委的戴盆天，告诉起义军已从南昌撤出，国民党正在大搜捕。他们在湖上漂了七天七夜，到湖口上岸见到夏曦，他说起义是失败了，要回湖南没有钱。我父亲他们凑了些钱给他。船家领他们翻山走小路到牯岭，找到上海地委负责人杨贤江。杨指示，一路人南下继续追起义部队，一路人回上海隐蔽活动。我父亲是分配回来的。他扮成水手回到上海，才知道南昌撤出的部队也失败了。

不久，林钧也回到上海找到我父亲，说已建立淞浦特委，他当书记，我父亲是委员。很快林钧离开，陈云接任书记，我父亲仍是委员。这期间，他还兼任过奉贤县委书记，奉贤的曙光中学是党的据点，刘晓就是曙光中学的支部书记。后来他又兼南汇县委书记，吴仲超等人就是他们发展的。另外，组织上还要他配合中共特科的赵翼范，开展打击和处决叛徒，因为他和赵是江苏师范的同学。赵在哈同路国民里二号据点里练枪、试枪，他就以放鞭炮等办法掩护。赵处决浙江路安东饭店里一对叛徒夫妻时，他配合在附近的临时住处，将结婚礼服借给他化装逃逸。他还安排大姜姜兆麟、小姜姜晖麟两位女同志，他们是上海早期老党员姜长麟的姐妹，给赵送枪和子弹。

1928年秋，江苏省委召开一次重要会议，书记李富春通过林钧，把会议筹备任务交给我父亲。他在杜美路借了一栋花园洋房，摆设成富商住家的样子，又让我母亲去负责烧饭、倒茶等接待。为方便会议联络，他还买了一辆三枪牌自行车。会议结束，他骑车联系事情时，不慎为避一个老妇人跌倒受伤。他当时肺结核已很重，受伤诱发胸膜炎，高烧吐血，组织上叫他去大西路的肺病疗养院医治，因结核性胸膜炎短期内不能治愈。林钧表示，如果自己有能力，组织上可同意到日本去治疗。这样，在1929年4月，我父母便到了东京治病。当时和组织联系通过赵振麟。第二年，赵振麟也到了日本，告诉父亲说林钧在庄行暴动中被捕，组织破坏严重。接任淞浦特委书记的是黄理文，我父亲就和黄通信联系。

但我父亲到日本后，很快就与流落在日本的中共党员及进步人士，组织起无产阶级社会科学研究会等革命团体，重要成员有何云，曾任华北《新华日报》主编，百团大战中牺牲。沙文汉，当时叫陈元阳，后来曾领导父亲的地下党负责人。王任叔，解放后驻印尼大使。张友渔，解放后任北京市副市长。韩幽桐,张的夫人,曾任宁夏回族自治区高级法院院长。梅龚彬,就是大革命时期上海有名的中共人士梅电龙,解放后是全国人大常委,国民党革命委员会中央秘书长。吴羹梅,解放后是民建中央常委,国家私营企业局副局长。杜宣,解放后任上海市对外宣传办公室副主任。还有汪成模和苏光耀,都回国后参加革命活动或新四军牺牲了。其中要提到的,还有他的弟弟,我的叔叔金学章,他虽没有参加共产党组织,但到日本也参加革命活动,也是这个研究会成员,解放后曾在对外友协和中苏友好协会工作。他的大女儿金瑜,现任华东师大心理系教授,博士生导师。儿子金锟在上海国营厂工作退休,现子孙满堂。

1933年他们到日本官厅抗议日本侵华活动,举行"银座示威",遭日本警察逮捕,有些人被驱逐回国。他们依靠这个团体办了一所华侨学校,主要收华侨子弟,除教文化知识外,还宣传抗日思想,散发抗日传单。开始校董事长是吴羹梅,吴回国时我父亲接任。日本警察知道学校在宣传抗日,1936年曾来校搜查。我父亲他们在日本开展抗日革命活动,和日本共产党和左翼人士秋田雨雀、中垣虎次郎、岩下顺太郎等也结识建立了友谊。

抗战爆发,他和我母亲高璟一同回国,通过《文献》杂志社总编辑阿英、编辑于伶,介绍我父亲见到了八路军办事处秘书长刘少文。1938年1月,刘决定叫他担任《文献》经理。后又要他兼任《华美晨报》经理。刘少文还指示我父亲和总编辑徐怀沙、社长陆久之,明确办报方针:"抗日反汪(精卫)"。徐怀沙也是1929年入党的老党员,当过浙江德清县委宣传部长,后来在夏衍领导下做进步文化工作。抗战爆发,他在刘少文领导下任《华美晨报》、《大晚报》两报的总编辑,宣传抗战和中共的主张。

《文献》和《华美晨报》的重要言论,都是由刘少文和我父亲、恽逸群等人集体商定,约好在静安寺的地迪斯咖啡馆,先由刘口述,恽记录整理成文。我父亲说,恽逸群真有倚马可待,下笔成文的本事。我父亲就拿去发排见报。很多文章很快又被苏联在上海的《时代》等杂志转载。那时我父亲就在刘少文直接领导下活动。我父亲被日本人抓去释放后,刘指示他,利用释放机会找职业公开活动，我父亲便以经商名义，在上海和浦东工商界中为中共做抗日宣传，又按刘少文的指示和国民党在上海要人李南苕、王艮仲等打交道，争取团结抗战。

抗战胜利后，他和陆久之办《改造日报》，也是刘指示他："办这张报很有意义，对日本问题要根据《波茨坦公告》做宣传，对国内问题根据《双十协定》说话。"当时周恩来在周公馆接见我父亲也是刘安排的。后来，刊登邓颖超、郭沫若、茅盾、田汉、夏衍、冯雪峰、马叙伦等人文章，也是他交办，由报社电台发出的。我父亲被汤恩伯软禁，还有一条是泄露了许多通过日本《朝日新闻》等获得的，美军不允许公布的在日本情况的信息，办法是把它登载在这张报上。麦克阿瑟对此大为恼火，一定要追查。

我父亲离开《改造日报》后，刘少文指示他继续研究日本问题，以获取信息。我父亲就负责编辑了《日本问题研究丛书》，共出版了十多本著作，有政治、经济、文化和历史等方面的，当时目的，一是配合反对美国扶植日本的斗争；一是加强对日本研究以处理好战后中日关系。这些书作者有一些是日本学者、日共领导人，还有就是中国学者写的，有赵南柔、闵德培等人。赵是我父亲江苏师范学校时的同学，也一同在日本留学就认得的老朋友，当时参加九三学社。解放后是上海市政府参事室参事。我父亲自己也写了一本《日本史纲》。这些书当时是由中国建设印务公司公开出版的。

这个时候，我父亲在日本时的战友沙文汉来找他，沙这时任中共上海局统战部长，告诉他，刘少文已把他的关系转交给他，指示他配合开展对工商界的统战工作。我父亲按照沙的指示，在工商界以聚餐会形式，团结了一大批上层人士，在反对美国扶持日本、美货倾销、国民党通货膨胀等斗争中，起到了重要作用。同时，又和吴克坚建立联系，协助做策反工作。临近解放，他还向工商界人士宣传共产党的经济政策，以稳定人心迎接解放。解放以后，我父亲任上海工商界东北参观团秘书长，随盛丕华副市长等去东北，盛等人希望我父亲参加民建会，我父亲回上海向刘少文汇报了，刘指示我父亲和华东联络部合办一个日本研究所，继续研究日本问题，同时也让我父亲参加民建会。接着，领导上海统战工作的潘汉年副市长也和我父亲说："民建会内部不团结，几派人都想抓组织权，你去比较合适，又有工作基础。"他还说，"民族资产阶级的工作很重要，党内同志许涤新、蔡北华、刘人寿、杨延修都参加了，你也去，当组织处长，工作忙，白天没时间做，晚上做"。后来潘汉年和市人委的另一位副秘书长梅达君有事经过我家门口，还特意到家看我父亲，还很随和地说："就在你家吃晚饭。"后来，我父亲担任民建中央委员，华东民建分会组织处长、市民建副主委。

1981年他到北京出席全国政协会议，去看望了老战友刘晓，劫后重逢，他们很高兴。刘晓"文化大革命"中在秦城监狱被关了六七年，身体很差，说话都很吃力。我父亲知道他在上海做地下工作十多年，都没有被捕过。看到他眼前这个样子真很难过。他的夫人张毅和我父亲也认识。他们在一起回顾往事，共同缅怀一些牺牲的同志，他们对我父亲对组织和朋友的忠诚印象很深。这次在北京，我父亲还去看望了吴克坚，他在"文化大革命"中也受到关押和迫害，身体遭摧残，对我父亲来看他很感谢。他夫人徐玉书还按过去习惯，热情地叫我父亲金秘书长，还问候我的家人情况。这以后，我父亲和刘晓、吴克坚等老战友还一直保持联系，曾通信问候。他们对党的信念以及战友情谊还是十分坚定和珍惜的。

七、到新疆去写生和考察美术

1986年8月，正是新疆一年花卉、瓜果飘香的季节，学校也正是假期，华东师大艺术系办了六七年，很有成绩，而且龙华寺的造像已完成。经过学校同意，这年夏天由系主任汪志杰带队，分两批去新疆考察、写生，与当地学校商量合作办学。搞美术的一定要去看祖国的大好河山，风土人情，这是必须遵循的规律。否则，你笔下、手下的东西，就是死的、假的。当时，我们一批由汪志杰、卢象太、夏予冰和我几个老师，还带了几名研究生，两个女学生一个叫杨玲，一个叫萧洛，就是萧挺的女儿；还有一个男学生，一道出发。我们这批人又分两组，我和杨玲和男学生为一组。我们先乘飞机从上海到乌鲁木齐，再从乌鲁木齐乘飞机到喀什。恰逢民航因劫机事件停飞一段整顿，刚刚恢复航班，到喀什的机票就控制得非常严。规定买飞机票一定要县团级以上干部，亲笔签名担保，光开介绍信还不行。

这样，我只得去找一位我父亲的朋友，当时新疆维吾尔族自治区政协的一位副主席。他当团长率新疆老干部访问团来上海时，住在南京路南新雅大酒店，我父亲接待过他们，我也去看望过他们。我见到那位副主席和那批老干部时说："没去过新疆，8月份可能会去。"他说："欢迎到家做客。"不想，这下真的去找他了。应该讲，新疆人真的是热情好客。

他听了我讲的困难，叫一个干部，开了吉普车，他亲自写了条，然而到了机场，机场也只能给一张票，因为一天只有一班机到喀什，来往的客人还是很多。我们是三个人，商量下来让那个男学生乘机先走。我和杨玲改乘长途汽车去南疆，这就需要两天连两夜的车程。当然，途中在一些站点，也歇一歇，吃饭解手。

那辆车，是老式长途汽车，驾驶室和车厢隔开的。我坐在靠门口第一排，有横杆扶手可撑一撑。杨玲坐在过道另一边第一排，对着驾驶室的门，边上是一喂奶的维吾尔族妇女。驾驶员是一位维吾尔族汉子，大约是疲劳驾驶，开到第二天的下午，我正在睡得迷迷糊糊，就听到"砰"的一声巨响，醒来一看，人已被甩出座位，右肩撞在横杆上，痛得不得了。原来是汽车追尾了。杨玲被弹到汽车引擎上，头上肿了一个包。其他人不得了，很多人是满脸血，肋骨、脚骨断了。等到后边有车子来抢救，都把我们送到那个最近的县医院检查治疗，我俩相互庆幸，坐在危险的第一排，只受轻伤，无大碍。本来是在当天下午的三点钟就可到喀什了，这下弄到第二天的晚上。汪志杰他们都来车站迎接，听说遇了车祸，见面就说："是龙华寺的菩萨保佑你了！"

喀什在新疆西南部，是中国最西部的城市，东临塔克拉玛干大沙漠，西倚帕米尔高原，居民多为维吾尔族人。到了才知道，喀什在维语中就是玉石，她确实也像玉石一样美。我们去看了大清真寺、香妃墓、博物馆和巴扎市场。当地朋友劝我们不要去老城区，那里是维吾尔族聚居区，当时民族关系较紧张。当地的风光真的很好，维吾尔族姑娘也热情漂亮，舞姿迷人极了。汪志杰许多风景画和少数民族姑娘油画，就是在那里写生后回来画的。

我们在喀什的时候，还去了一次塔什库尔干塔吉克自治县，经过穆士塔克峰时，虽是夏天，也都穿上了棉军大衣。风光美极了，在登峰途中，我们还在招待所过了一夜。早上起来汪志杰兴奋极了，跑出去拍照，结果头晕了，高山缺氧。第二天到塔司克尔干，那里民风淳朴极了，老乡和我们讲，历史上他们那里就没有监狱。我们这一行搞美术的，都兴奋地去画了好多画，我也画了几张速写。塔吉克和巴基斯坦接壤，那里的洪奇拉普边防站很有名，我们也去看了。我们还去看了塔吉克族婚礼，招待我们吃手抓饭，看两马队抢羊比赛。新娘热情漂亮，我们给新娘拍了许多张照片，回来后我也耐不住做了一尊雕塑，叫《塔吉克的新嫁娘》。

回到喀什，向南便是疏勒，是我大弟弟下放劳动改造的地方，早听说了，头一次到，心里总有一些异样的感觉。那里离喀什并不远，但已是多民族聚居地区，风光也很美，但感觉荒凉，人很稀少，起码是在当年。县城就叫疏勒镇，没有什么像样的建筑物。疏勒县领导送来很多西瓜和桃子，真是很甜。当地维吾尔族老陶瓷艺人，还送了几件作品给我们，很可爱。

接着，又从疏勒到和田，大约也有几百公里，车子开了一天。和田羊脂白玉那时就很珍贵。我们去了和田博物馆，那里有许多精美的白玉雕塑作品。也去看了当地的玉石市场，就是逛地摊，渴望在那里有收获。那时市场规模就很大。和田的地毯真好，都是手工织的，图案很有民族特色，每年英、美、法等国都有订单。夏予冰买了一块，我也买了两块。我在和田去找了当地的政协主席，他跟新疆老干部团来上海，我见过他，他是解放初随军进疆的汉族干部，对我们很热情，陪同我们去参观了一些地方。在和田还遇到一件事，我们本来住在市政府第一招待所，那天晚上突然叫我们搬家，去第二招待所。他们告诉我们，总理来和田了，他和随行人员要住在一招，让我们理解。

在和田，我和汪志杰等人分手，他们乘飞机去库尔勒，那里的艺术学校和我们合作办学，他和卢象太要去上课，他们后来常去那里。我和女研究生萧洛往北到库车，去看唐代以前古龟兹国的石窟和壁画。那里的古代洞窟比较分散，分在好几道山沟里。洞窟里都有塑像和壁画，有一些年久风化，很残破了。有一些保存得较好，壁画颜色还鲜艳。雕塑和壁画都是反映佛教文化的，雕塑多是佛像，壁画是佛经故事，画佛祖怎样成佛。库车附近还有一个克孜尔古城遗址，仅留城堡了，我们也去看了看，竟然还在地下捡到几枚铜钱，是唐代的。

离开库车我们到石河子，我大弟媳祁晏已回到石河子农学院，在那里也跑了不少地方。从石河子再北上过去就是伊犁，伊犁是一个自治州，州府在伊宁市，我们去的路上见到一个特别漂亮的大湖，水碧蓝见底，问同行的当地人，才知道是赛里木湖。沿湖进入伊犁河谷进果子沟，看到一条条的河流，一片片碧绿的草原和庄稼，才理解称它为"塞上江南"是名不虚传。

到伊犁，原州领导人安排我们住进原俄罗斯驻伊犁领事馆房子里，那是一座俄式大花园洋房，当时中俄关系还没完全正常化，那里就是招待所。当地有新疆建设兵团的军垦农场，农场有不少上海知青，在那里偶尔听到乡音很亲切，我们请朋友找车去了林则徐充军的惠远县的阿奇乌苏乡，在那里看到林则徐手植的松树。通过和那些上海知青老乡交谈，知道这里要建林则徐的纪念馆了，一是纪念他，一是开发旅游。当时已说中苏关系要正常化了，我们还到中苏边境去了一趟，这里又变成通商口岸，恢复边境贸易，总的感觉是边境上很宁静。

州领导还陪我们去玩了不少地方，包括早在清朝乾隆年间，从东北迁到新疆伊犁河畔的锡伯族的聚居地。锡伯族人也热情好客，姑娘穿戴很有特点，喜欢扎花辫子。他们喜爱农耕，伊犁河终年流淌着天山融化的雪水，土地又平坦肥沃，在那里的锡伯族人种麦子很适应，再养猪、羊、鸡、鸭等，他们的主食就是锡伯发面饼，喜爱肉食和喝烧酒，实际是和我在东北接触的老乡生活习惯差不多。

我离开了伊犁便到了吐鲁番，看了古城遗址、坎儿井和新疆少女木乃伊。在吐鲁番宾馆很巧碰到明旸法师，他正陪同日本佛教代表团访问吐鲁番，那时中日关系比较友好，国家也刚刚开放，日本来的各界人士很多，明旸很高兴，他说："日本很多搞艺术的，画画，搞雕塑的，都是佛教徒，高先生，今后这方面，你们也可以多交流。"我很赞同，也有这种想法，不知从何处着手。

离开吐鲁番就告别了新疆，乘火车转汽车进入甘肃，到敦煌去。去那里可以说是我人生的一个梦，中国人搞美术和雕塑的并没去过那里，就如同教徒没朝圣过。到了敦煌，那时刚建立研究院，是段文杰先生当院长，他亲自接待我们。他也是学美术出生，重庆国立艺专的，徐悲鸿等我的老师也是他的老师，邹佩珠老师是他的同学。他陪着看了很多洞窟，有些还在修复准备开放。我深感，敦煌的艺术如此辉煌，是和大唐的国力强盛直接相关，我看着一尊尊精美的塑像，在思考一个问题，就是中国人物雕塑和欧洲的区别,欧洲的我们接触的多,教材和石膏像都是外国人体,它是完全取于一个真人。中国的不是,如释迦牟尼佛像,它是将最好的脸型、五官和身材集中到一尊像,理想化、神化和美化,不完全是写实手法。其中最典型例子,就是龙门的毗卢佛,完美、雄伟、精确,无可挑剔,成为大唐武则天时代的一个雕塑高峰。我考虑,这恐怕也和中外文化不同的大背景有联系。

在敦煌宾馆里,我恰巧碰到一个日本人原田传治良,他也是搞佛教雕塑的,懂一些中文,谈得很投机。从他口中得知,日本已经出版了十几大册的《中国古雕塑》之类的画册,研究很深透了,老实说,当时中国没做到这么深广。因为是同行,我们就互相留了联系方式,不料在雕塑园地里,我还辟出了一块新园地。

大约在入秋以后,我这番新疆、甘肃敦煌之行,前后有三个月,结束了。这对我以后的创作和教学获益匪浅,尤其是对中国雕塑的认识,是更深刻、清晰了。

八、让雕塑走进市民社区生活

我到华东师大艺术系之后，中国的改革开放速度越来越快，就雕塑来说，怎么走进人民生活？这已不是美术评论家纸上谈论的事情，而是像一股春风吹进了美术院系的大门。1985年，紧邻我们学校的普陀区曹杨新村，是解放后1951年建的上海第一个工人新村，当年很多著名劳动模范都住在这里，作为工人阶级翻身当家作主的样板，在上海甚至国内外都颇有影响。当时，这个新村主动来找我们，请我们在它中心街区做一尊标志性雕塑。

搞城市广场、街区雕塑，当时国家城建部已有规定，一定要取得国家城市雕塑委员会颁发的资格证书，才可以进入这项雕塑行列。学校让我去北京办理这个手续，我跑了北京的这个委员会，主持的雕塑家很多都是我的同学和老师，按照要求他们做了资格评审，很快批下来了。这个作品是我们拿到证书的第一个作品，当然我们也不敢疏忽，学校决定还是让我和齐子春合作做。

这个作品当时定名为《幸福家庭》，理由很简单，它是建在新村小区的，当然每一个家庭的幸福，是它追求的目标。问题是如何表现一个幸福的家庭？我们考虑下来，决定塑造一对青年知识分子的家庭，妻子手执小提琴，正与爱人和女儿交谈，丈夫在耐心聆听，女儿一手拉着妈妈，头和上身依靠在爸爸膝上，成了沟通全家的纽带。而三人的目光，正在亲切的交流。选择青年知识分子家庭，是为了反映追求知识文化的时代潮流，用女孩也是为了破除独生子女中"重男轻女"的现象。整个雕塑用玻璃钢材料，风格温馨高雅，深受居民欢迎。

接着，我们学校门前的中山北路拓宽，在靠近和平新村的马路中心绿化带区，普陀区园林局也请我们做一尊街心雕塑，还是我和齐子春合作。选择什么样的雕塑主体形象？我认为还是人，因为人是城市的主人。而表现的着眼点应该是城市的未来，就是人们的希望。当时有一首歌很红火，就是《在希望的田野上》，改革开放唤起了人们的希望。我们设计了一个年轻的母亲抱着可爱的女儿，女儿几乎坐到妈妈肩头，手指着遥远的天空，母女的神情都充满着期待和向往。当时竖立在路边，很多人都驻足观望。城市街头雕塑，当时来说还是陌生的。

不过，风气也在逐步养成，仅隔一年的1986年初夏，当时还属上海市郊的老闵行中心街区，也请我们两做了一尊也名为《家庭》的雕塑，由齐子春出稿，同样是三口之家，这次体现的是家庭生活的和谐温暖，一家人的情谊融融。当然，这些同类作品，我们也极力要摆脱前一作品留下的痕迹，避免雷同和公式化，需要有新的创造。

城市雕塑我们做得最有意义的，是1986年的同一年，还应广东湛江市政府邀请创作的《扬帆搏浪》大型不锈钢雕。湛江是广东南海边的海滨城市，这里冲浪运动国内发展最早，群众基础最广，冲浪惊险而刺激，象征着湛江人勇于海上搏击的精神。我们到了那里，他们告诉我们将以一位真实的女运动员做原型，这就是获得世界水上运动锦标赛帆板冠军的张小冬。我们很高兴，有真实的人物原型，才有个性化的气质。张的家就在海边的霞山区，接待我们很热情、爽朗，那时才二十多岁。一头短发，身材矫健，面色红润，一看就是常年在海上拼搏的。她介绍了冲浪运动的要领及有关知识，它不仅需要体格强健，还需要气魄和毅力，尤其是坚韧不拔的毅力，才能在风口浪尖上沉着应对。她也领我们到海边训练场去看了，那天风还不大，我们看运动员在海上训练也惊心动魄。她讲了自己夺冠的经历，在不被所有人看好的情况下，就是憋着一口气，要为国争光。她爸爸是一位山东南下的老八路军人，这种军人传统对她影响不小。她还给了我们不少她在运动中的照片，真是助力不小。我感觉找到了一股灵感。

怎么来创作这尊雕塑? 老实说, 它已不单单是某个人的形象, 应该是全体湛江人民的形象了。它代表着湛江人民, 或者是湛江人的一种气质、精神。设计中我们拿一朵大浪花当基础, 做成弯月形, 把帆板为一侧直冲云霄, 而另一侧是运动员, 正手拉操纵杆展示出健美身姿, 她和浪尖的帆板, 形如鸟之双翼, 整个雕塑呈现出一种动态, 一种拼搏的状态。同时, 对运动员的五官、神情和四肢姿势, 包括肌肉松紧, 都做了细腻的写实处理, 使作品具有高度的真实感。经过当地各方面人士和领导三堂会审, 小稿顺利获通过, 进入制作。这尊雕塑当时是国内最大的不锈钢雕, 广东当地还没有厂能制, 便请浙江温岭艺术雕塑厂袁素玲师傅承制, 它高9米, 宽5米, 重近三吨, 运回后竖立在湛江海滨公园正门前广场大草坪上, 在美丽的南海海滨又添了靓丽一景。当时广东和湛江的媒体, 都作了专门报道, 称赞: "反映了湛江人民在改革开放中, 敢于拼搏, 奋发向前, 英勇顽强的精神。" 我们也很高兴。

张小冬后来荣获全国 "三八" 红旗手称号, 由国家体委调到青岛海上体育运动学校当校长, 她确实是湛江人民的优秀女儿。

九、结识和指导优秀民间木雕艺人

　　我从新疆归来回校不久,果然接到了那个日本人原田的信,他信中和我说,日本是个笃信佛教的国度,几乎家家户户都供奉木雕的佛像、佛龛和冥器,以前日本人都是向台湾商人订购,他希望我帮他联系一下,中国大陆有没有木雕艺人,愿意接受这种委托?我考虑,根据国家经济开放政策,只要经海关放行缴税,应该是没有问题的。何况,我在上海龙华寺做佛像雕塑时,是认得了几位民间木雕艺人的,他们的正式身份就是农民,手艺是祖传的。

　　其中一位叫陈元标,是苏州吴江人,后来是苏州地方文化遗产苏式木雕的传承人了。老先生领了两个女儿在龙华寺做生活,龙华寺正门口的弥勒木雕、韦驮木雕,还有观音殿的千手观音木雕,以及一些门窗的花格子木雕,都是他的手作。他雕时我有时也在一旁观看,不得不佩服他的那两下子,造型准,下刀狠。在中央美院读书时,讲到古代雕塑,几位老师都说过,中国民间艺人是有高手的,从他们那里可以学到很多东西。我就和陈元标联系商谈,他作为家族性作坊当然是愿意的。

　　这样,我就再和日本的原田联系,他有一个家族公司,叫原田会社,是夫妻俩和儿子共有的。原田很快出稿子,定尺寸、规格、用材、报价格,陈元标愿意接受,就双方签约接受制作。我负责指导陈和家人雕刻,监督质量。原田也和系里签了约,华师大艺术系是担保人,利润作为系的创收,当然也给我一定报酬。说到这些,就要讲到当时高校的体制,国家是给教职员工工资的,福利奖金要靠自己创收。华东师大艺术系也是如此,包括一些老师卖了画,也要缴一点出来。

这样，原田就到了上海，我陪他去了苏州，他看了陈元标的手艺后，也是表示满意的。第一单订货大约有几十尊，尺寸不一，用香樟木，每一尊总在几十万到上百万日元。陈家作坊很忙了，他的一个女婿也来同做。在一年中，陈家和原田来往了好几回，业务量逐步扩大了，陈家就显得忙不过来。而陈元标确实是很重视家族祖传的这份手艺，不愿意多吸收人手，也就是多收徒弟吧，我感到有一些困难。当然，我也理解他们的感情，在商品大潮冲击下，很可能将几代人、十几代人祖传的东西丢失了，但是一些厂房和加工设备的改进、扩充还是应该考虑的。

在这种情况下，有一个年轻人插进来了。他就是黄才良。他现在已是国家级工艺美术大师，浙江省非物质文化遗产传人，中央电视台用专题片介绍过。那时，他在上海一些寺庙和学校也做过木雕，在家乡浙江宁海也有一个作坊，但生活不多。他就来找我，希望我能介绍一些业务给他。他是十几岁就拜师学艺的，人很聪明，也很诚恳，手艺也不错。我就去他那里看了一下，印象还可以。那时交通还不方便，乘火车到杭州，转汽车到宁海，路上就要一天。到宁海我还去看了潘天寿故居，潘先生在美术界威望很高，"文化大革命"中惨死，去就是凭吊一下前辈。实际故居里已没什么东西。

不久，原田从日本来了，我也陪他去宁海看一看。黄才良热情接待，虽然苏、宁两帮木雕艺术各有千秋，但宁波人经商的作风，要精明、灵活得多，原田表示先分一部分业务给宁海。黄加紧和当地政府合资成立宁波东方艺术品公司，建造新厂房，添置新设备，很有魄力，接待我和原田也很周到。很快，原田就决定把日本业务全部给黄才良。黄还和艺术系签订了合作协议，说明他很有维权和法律意识。

黄认识原田后，也曾到日本考察学习，学习后创造了"清水木雕"这一工艺。所谓"清水木雕"就是雕刻完成后，不上色彩，只上一层清漆，保持木材和雕刻的本色，这就要求雕工技术更高更强。这个技法本来是中国的，他又从日本学回来。他现在也带杭州中国美院雕塑系的学生了。公司也成为当地创汇的重要单位了。

　　我退休到文史馆当馆员以后，文史馆组织了一个活动，就是去海宁黄才良那里参观，那个东方艺术公司已建起了四栋厂房大楼，并有作品陈列室，气派得很。一同去的几位文史馆员陈征雁、曾路夫、吴长邺、徐伯清等书画家都作画题字，我请韩天衡为他们公司写了公司招牌，也请明旸法师为他写了一个"用心造佛"的匾额。黄才良待我们也很热情，请我们吃饭，还每人给了一包土特产。我想，通过这个交往来扶持中国民间雕塑，中国雕塑许多传世精品，都是能工巧匠完成的，流传至今。这是专业的雕塑家应该做的事情。

十、尝试使用新的雕塑手法

我在没去华东师大任教时，曾到华山美校当过它的雕塑工厂指导，就是在华山路华山医院门诊部马路对门。那时候，我和潘其鎏接触较多，他是浙江美院林风眠院长的学生，也被打成"右派"，夫妇俩很悉心照顾林先生生活，他又是名声远扬的中国女排教练袁伟民的姐夫，很有缘分，就合作起来。那时，学校接到一个业务，委托给静安公园设计一个电动木马，作为儿童乐园的新型玩具，我们一道合作，老实说，我们那时虽都改正了，但钱真不多，可以讲不够用。搞这个，就是为增加收入。怎么搞？我们去请教万籁鸣先生，他说："小朋友有好奇心，新鲜感，一定要像马又不像马，用点变形卡通手法，适应儿童心理，不用搞成一本正经的高头大马，那肯定失败。"从那次成功以后，我开始关注雕塑中的怎么使用抽象手段，效果确实很好。

1986年，上海市政府为促进奉贤城镇的发展，将奉城、四团、平安三乡边缘的十多个村重新组合成一个镇，叫洪庙镇，整个新镇的规划设计，由同济大学负责，镇中心马路要立一尊雕塑，他们请我。我当然责无旁贷，我是四团人，祖祖辈辈在那里生活。"文化大革命"十年岁月，我是在四团乡亲的呵护关照下，才平安度过。难的是，就是这个情分，让我不好交差。我和齐子春老师决定用抽象手法，我想象我的家乡，正是一对展翅飞翔的大鸟，在飞向美好的远方，这也是我的祝愿。因此，这尊雕塑，我既要让乡亲们看懂，又要有一些浪漫色彩。做成后，用不锈钢材料制作，在街心绿地里，置放在红色花岗岩方立柱上，很有感觉，乡亲们也说好，我很欣慰。

以后，我接连为好几个地方，和我的学生陶惠平做了这类抽象风格的雕塑。其中，有浙江奉化县政府前中心广场的标志性雕塑；浙江吴县市繁华街区的街心雕塑、宁波三江公园两组雕塑等，这一时期，许多县市地方已经突破了过往"名人效应"的老思路，着眼于打造县市地方特色、地方精神，这都需要使用抽象手法，反映出一些综合性的东西。

十一、重塑汾阳路普希金铜像

　　那时，华东师大艺术系招兵买马把齐子春调过来，是汪志杰和我谈过，要扩大系的影响，就要参与社会的一些文化项目和活动，包括雕塑方面。当时，上海的汾阳路普希金铜像很有名，我小的时候就看到过，那里环境也很安静，临近淮海路，过去是俄侨的聚居地，青年人谈恋爱都爱去那里，人称"恋爱角"。"文化大革命"中，红卫兵去造反，用一根绳子套住普希金雕像的颈部，几十个人拉住绳子，一道发力，硬是眼睁睁把那尊铜像连底座一起拉到，真是惨不忍睹。

　　改革开放的春风使人们想起了在这块开着鲜花的草地上竖立过一尊铜像，他是俄罗斯伟大诗人，象征着对自由和爱情的向往，以及中俄两国人民的友谊。当时上海《新民晚报》登出了一些文化界人士的呼吁信，要求重新雕塑一座普希金的铜像，安放在那里。上海的文化主管部门同意了。上海美术家协会就把这项工作交给华东师大艺术系。当年系里就我和齐子春是搞雕塑的，我们接受这个委托当然很高兴。

　　我们先去调查了这尊铜像的历史情况，正好学校外文系有一位教俄国文学的余振教授，他也正巧住在离铜像不远的弄堂里。他说，这尊铜像最早是20世纪30年代建的，是苏联侨民立的，雕塑的人也是苏联雕塑家，那尊铜像还有老照片。后来日军进法租界，要搜集铜铁等金属造枪炮子弹，就把它毁了。抗战胜利以后，上海苏联侨民，在苏联塔斯社上海分社的支持下，又重新造起这尊铜像。新中国成立，中苏友好在那段"蜜月期"，这里曾是苏联文化艺术界人士来上海，必要凭吊献花的地方。红卫兵毁灭它，是用了最野蛮的手段，余振老师亲眼看见，先拉倒，然后再用十八磅大榔头砸碎，当作废铜烂铁处理，周围草地也一片狼藉。

听了这个情况，我心里隐隐作痛。这不就是毁灭文化吗？包括流入进来的外国优秀文化。我和齐子春商量，这次重新雕塑，一定是要按照我们理解和体悟的，一次真正的普希金形象的创作。由于普希金在俄罗斯及世界各国有崇高的地位，有无数的雕塑形象，有站立的全身像，有半身胸像，还有正写作的坐像，我们收集到好多张照片，一张张比对，总想抓住他主要的形貌特点和精神气质，以避免低层次的简单复制。为此，我们还认真地请教余振教授，听他讲述了普希金的生平，还有他的诗歌成就，在俄罗斯的地位和影响，被视作民族的骄傲和代表，还有他的悲剧命运，决斗死亡的过程。这对我们的创作有很多的启发。

为使这尊新创作的普希金像，能更好地展示出精神风采，由上海美术家协会邀请多位翻译家、雕塑家和俄罗斯文学教授组成了一个专家组，我记得有草婴和我们学校的余振教授，后来作家协会也来人参加提意见。经听取这些人意见，我和齐子春设想，前两次都是半身的，这次还是半身的，半身有利于把创作重点放在人的神貌及精神气质上，材质用青铜的，更有历史沧桑感，还有就是把他放在碑首，不像以前放在碑的当中。铜像高90厘米，底座用优质花岗岩，立于绿荫和花草丛中。根据这个思路，我们先塑出了白胶泥小稿，有不同设想的两三尊，请那几位专家看了，反复修改了两三稿，最后才确定下来。正在搞的时候，苏联驻上海领事馆得到消息，前来表示支持关心。北京中国城市雕塑委员会还拨了五万元专款，上海市政府也拨了专项经费。1987年8月在普希金诞辰一百五十周年纪念的时候，这座普希金铜像举行了落成揭幕典礼。当年被评为上海市城市雕塑三等奖。1989年5月19日，苏联总统戈尔巴乔夫访华到上海，虽仅短短的六个小时，和夫人赖莎还专程来献鲜花，并绕着铜像凭吊一圈。

后来几年的俄罗斯国庆，上海俄领馆都发函邀请我去参加国庆招待酒会。总领事都热情地接待我。后来，俄罗斯《真理报》总编到上海时，我和草婴还一同陪他去献花，又由上海市外办招待一同去游览黄浦江，游览途中我们和他畅谈了两国人民的传统友谊。

227

十二、为民族英雄陈化成和戚继光塑像

就在我们刚完成普希金铜像创作时，又接受了一项创作任务。这是汪志杰联系的，他当时已正式是系主任。当时共青团上海钢铁五厂团委，发动团员集资捐献，要在工厂所在地附近的吴淞临江公园，建一尊陈化成将军塑像，以纪念1990年的鸦片战争一百五十周年。鸦片战争是丧权辱国的开始，但中国也由此揭橥反抗外来侵略，陈化成是驻军上海的江南提督，吴淞炮台守卫战中已六十七岁高龄，孤军独守西炮台，身中十余弹，七处负伤壮烈殉国，上海人民很崇敬他，市郊有多处陈忠烈公的祠堂。

这个创作是我和汪志杰、夏予冰合作的，名义是华师大艺术系，创作很愉快顺利。我们先去看了铜像的竖立地临江公园，当时叫海滨公园。它在黄浦江边，离吴淞码头也不远。临江公园里还有一清朝初年建的文庙，古色古香老建筑，计划改建成陈化成纪念馆，陈列将军事迹和遗物，以和纪念像连成一体。

我们又去看了陈化成殉国地，吴淞一条小马路塘后支路的炮台遗址，那里还有锈迹斑斑的古炮，可想见当年战斗之惨烈。陈将军好在还留下一副铠甲珍藏在博物馆里，他的灵柩运回福建厦门安葬时，在上海还由嘉定画家程庭鹭按遗容画了一幅肖像，藏在嘉定博物馆里。我们又去请教了近代史学者，他们都大力支持，认为为这位一百五十年前壮烈殉国的老将军立一尊铜像，以勉励后人，实在是太有意义了。

怎么表现他的忠勇坚贞，而又不超越时代？我们认为，他必须穿戴的是符合规制的清朝武官服，他的脸型和身材要合乎现存的肖像画。当时设计是整个铜像高3.5米，基座高2.2米，占地四十六平方米。由于基座面积较大，完全空着就显得苍白，汪志杰建议我们再做一个反映将士英勇抗敌的浮雕，我们接受了。这样整个雕塑就分成了两部分，上部是陈的全身站立塑像，一手执佩剑一手紧握袍角，远眺大海，神色沉毅。下半部基座做成城头射击的垛口状，城头大炮口正对前方，一派战场肃杀的气象。小稿做好，请各方面审定，正式制作是温州雕刻厂，材质是用铜皮锻造。1990年的6月13日，适逢陈将军殉国一百五十周年，上海举行鸦片战争暨他殉国各种纪念活动，各界人士前往凭吊，包括驻沪海军官兵，市领导陈至立等也去了。雕像成为上海市爱国教育基地之一。我觉得能用自己的劳动，通过雕塑艺术反映爱国心声，真的太高兴了。

大约是陈化成的塑像还没做完，1990年的春节前，安徽滁州的定远县政府来人，到华东师大找学校领导。他们声称，他们来自明朝抗倭名将戚继光的家乡，安徽定远县，想请我们去为戚继光塑一个像。戚继光，当然我是知道的，彪炳青史的抗倭民族英雄，可他是哪里人真不知道。据他们说，戚继光祖籍就是安徽定远，他遭朝廷奸佞谗言罢官回定远永康乡后，为防子孙受牵连，让他们改姓张，说解放初期的上海静安区长张绍文，就是戚的第多少代孙，抗战时期在家乡淮南抗日根据地当定远县长，上海解放接管，随曾任中共华东局秘书长的魏文伯魏老一道南下进城。他们讲得这样有根有底，我当然去了，在戚继光的家乡，为这样一位受人崇敬的民族英雄塑像，我很有创作激情。

学校也同意接受定远的邀请，决定仍由我和齐子春共同创作。我们两人就去了定远，上海有铁路火车直达那里，过了南京再行一个多小时。定远县城建设属中等，因属皖东地区，当地经济还算可以。我们到后，当地县委书记、县长都亲自来见面，介绍情况，要把戚继光塑像做为县的标志性文化设施，放在县城最繁华的火车站广场，我们理解了他们的意图，当然在创作中要配合好。我们走访了戚的故里，还有一些遗迹，也见了几位老人，谈了当地流传的轶事。查阅了戚继光的一些史料，他主要在山东、浙江一带抗击倭寇，而取得赫赫战功，为老百姓所怀念。总之，他应该是一位能征善战,威风凛凛的将军。

我们想到,古代作战长途奔袭靠的是马,设想他应该是骑在一匹昂首扬蹄的战马上。这还象征着他绝不是孤军奋战,而是统率着一个骑兵方阵"戚家军"。我们也去请教了学校的明史教授,他的头盔、铠甲、马镫等都采用明朝将军式样,并把这些作为人物外形塑造严格掌握的要素。我还认为,人物雕塑的关键,还要用写实手法,通过具体形象,反映精神风貌。戚继光塑像我也力图这样创作,于是先画出图稿,再做小样,等大家都认为可以了,就做成正式作品。这尊铜像造型构思很费思量,戚继光挥手坐在马上,气宇轩昂,英俊无须,马的前两蹄奋起腾空,马几乎直立,力量全落在后两蹄上。由于雕塑体型又大,铜像高达2.5米,怎样保持平衡却动了一番脑筋,在马的后腹部设计了一根月牙形支柱,这就既充当了支撑,又有装饰性美观作用。

这件雕塑因县领导考虑,全部用铸铜造价太高,和我们商量其他办法,后来采取用紫铜皮锻造方法,这样可以节省一些费用。而紫铜皮较软,外延性能好,敲击锻打中不易开裂,效果也很好。这样,我在上海、定远和雕刻厂三地之间跑了多次。制作成功进入安装,戚继光铜像安放在花岗岩砌的8米高基座上,置于鲜花、绿草丛中,四周环绕水池和喷泉,铜像面对东方,在县城最中心位置,确实使人一到定远,就有一种感觉,啊,这是戚继光的故乡,他是名副其实的民族英雄。为这样的人塑像,也是我年轻时决心学习雕塑的初衷。

十三、老父亲竟然别我们而去

1990年3月24日，这一天我刻骨铭心，老父亲金学成在华东医院病逝了。尽管那几年他身体越来越衰弱，而走得这么快还是超出我的想象。他年轻时患有肺结核，受过伤，后来逐步恢复，"文化大革命"十年对他的摧残伤害太大了，1985年，他离职休养了。他开始写一些回忆文章，缅怀周总理、潘汉年、沙文汉、刘少文、刘晓、林钧等老领导，他对他们很有感情的，写得很认真，每次都要查考一些资料，让我和其他亲友帮忙。他写的有的是专门缅怀某一位领导的，有的是综合性的回忆某一段历史的，发表在党史或文史的资料上。

1986年的春天，他刚离休，身体还可以，奉贤县政府和修志办公室召开《奉贤县志》审稿会，请他去参加，他让我陪着去，会议在县政府所在地南桥镇开，会后他还想到家乡一些地方走走。会议中，他碰到朱亚民，就是有名的新四军浦东抗日游击支队支队长，估计他们解放前不曾认识，解放后是见过面的，朱老很豪爽，一看就是久经沙场的老军人，看到我父亲，连连说："金老，奉贤最老的共产党。"我父亲也问他好。我和朱老这位浦东传奇英雄也合了一张影。

会议结束，父亲要去奉城，到镇上的曙光中学去，曙光中学是1927年由奉贤最老的共产党员李主一和刘晓等人创办的，当年是一个潘姓人家的旧祠堂，李主一就是奉城人，1926年由林钧介绍入党。国民党反共，他潜伏回乡以办学为掩护建党的据点，学校有中共党支部，他和刘晓先后任书记，我父亲多次到学校开会活动。李主一后来被国民党杀害在龙华监狱，非常壮烈。1957年奉贤县人委为他立碑塑像，我父亲也来参加过揭幕仪式。

"文化大革命"中碑被毁,李的后人曾找过我父亲,我父亲非常痛心,后来奉贤县委修复了,他总想来亲眼看一看。他到后献了花,心情一直很激动,连连说:"李主一的牺牲很英勇。"

随后,我又陪他去四团镇,到四团中学。四团中学里有赵天鹏烈士的纪念碑。他和赵的战友情谊更深。赵是南汇泥城人,1927年也是林钧发展入党的。国民党反共后,当地的土豪反动势力非常猖獗,帮助军警抓捕共产党,欺压乡民。我父亲当奉贤县委书记,按上级淞浦特委指示,让周大根和赵天鹏两名中共党员除掉四团镇上反动头子张沛霖兄弟。他们击毙张后,分头撤出,赵在泰日桥小饭店休息时被捕。不管敌人如何严刑拷打,赵决不屈服。后被用奉贤人叫牛头车的独轮车,五花大绑着押到四团镇上,在一棵老白果树下遭枪杀,开枪前高喊:"打呀,二十年后还是一条好汉!"我父亲说到这些往事,难免要流泪。

解放后,我父亲请四团镇政府在赵就义地方立碑纪念,据我母亲说,立碑的钱还是我父亲个人出的。当时把周大根为营救他,写给奉贤警察局的那封警告信中的话,也刻在了碑上:"网儿虽大,捉不尽东海鱼虾,钢刀再快,杀不尽天下贫民!"周大根后来也在抗战中牺牲了,他拉起一支游击武装投奔了新四军。父亲边瞻仰边说:"你晓得家中的那瓶女儿红吧? 是吴建功送的,吴就是跟着周大根的,他带着周牺牲后剩下的人到了浙东,我知道他曾是南汇县委的党员,所以要想尽办法帮助他们。"父亲看到两位战友的誓言,面容十分沉痛、严肃,他那时虽然已年过八十,还是默默肃立了许久,对我说:"革命胜利多少不容易,牺牲了多少人啊"。

他在回家路中的车上,又和我谈起林钧。到家后连续好几天闷闷不乐。从他内心来说,我知道他最有感情的是林钧,是他的革命引路人,老领导,也始终关心着他。他一直想为林钧写些什么。至于我对见没见过林钧印象不深了,对林钧的夫人杨淑英是一直叫伯母的。

几天后,他又谈起林钧。1938年他回上海,林钧来找过他,那时他也是和刘少文有了联系,做宣传抗日,联络国民党的工作,他和国民党上层人士

232

邵力子等有师生关系。我父亲也是在刘少文领导下办报。然而,彼此都没有提起刘少文,警惕性很高的。他让我父亲办《松青》杂志,只说是王艮仲从国民党三战区搞来的钱,按国共合作抗日统一战线口径办,宣传抗日必胜,日寇必败,揭露汪精卫假和平,真汉奸。办起来以后,我父亲把梅益办《华美晨报》副刊的一位助理编辑找来帮忙,那人是中共地下党员。《松青》杂志每半个月出一期,除林钧供给部分稿子外,有大部分稿子是我父亲和那个人写。它的发行地区,因名为《松青》,基本是在松江、青浦等郊县抗日游击区。后来我父亲刊登了毛泽东的《新民主主义论》,还转发了《新华日报》的一些文章,国民党三战区怀疑了,认为有中共在掌控活动,不肯再出钱,停办了。

林钧那时还做策反汪伪敌特的工作。汪伪"76号"特工总部里有一批中共叛徒。林钧去接触他们,他们设圈套诱捕了林钧。不知道林钧怎么侥幸脱逃的,我父亲也讲不清楚。1941年一天,他约我父亲火速到杭州一个小旅馆见面,让随他一同到屯溪国民党三战区。这时,我父亲经过思想斗争,明确问他:"你有没有党籍?"他有些痛苦地回答:"没有。"我父亲表示:"我不跟你跑,回上海。"他有些失望。林钧对我父亲说:"为啥叫你走?'76'号在注意你,要小心。"我父亲表示谢谢。

的确,"76"号头子李士群、专员室主任沈信一这些人都认识我父亲。1927年四一二反革命政变后他撤到武汉时,曾在汉口江苏同乡会大厦负责接待上海、江苏、浙江逃出来的党员。把他们按一、二、三招待所分组,沈信一是第三招待所组长,李士群是组员。沈回上海后在南汇县委工作过。后来当了叛徒,又投靠李士群当了汉奸特工。王艮仲为营救一个被"76"号抓的国民党抗日人士,通过林钧找我父亲,我父亲请示刘少文,刘少文说尽量团结王艮仲,王后来确实和中共很好,一直到解放后,当了全国人大常委。我父亲去找了沈信一,沈问他:"还有无老关系?"他回答:"没有,混口饭吃。"沈收了一笔钱也放人了。

当然,我父亲知道沈信一不会轻易相信的,沈信一这些人一直到解放初期，还来找我父亲，想找出路，我父亲对他们说："出路就是尽快去自首。"他们灰溜溜走了。所以，林钧的关心不是多余的。临分手，林钧请我父亲做一件事，就是他汇钱过来时，请设法转给浦东陈默游击队。上海一解放，市委就宣布林钧为革命烈士，安葬他在川沙烈士陵园，我父亲去参加了，还送了花圈。我父亲说："没有料到，那一次就是永诀，林钧为革命，尤其在上海是做了很多贡献的，很多不为人所知。"他说，1943年林钧是汇过一笔数目不小的钱，我父亲想办法转到了陈默手中，也知道了陈与共产党有关系。陈默后来也牺牲了，现在安放在龙华烈士陵园。我父亲说："不过，我从来没有见过陈默。"

我父亲心中深深怀念的还有沙文汉，早年在日本认识后，他就感觉："沙思路清晰，口才好，到哪里一说话，大家就信服他，有威信。"沙文汉在解放前夕，冒险到我家报警，让我父亲快隐蔽，另转通知徐永祚先生也避开，否则他们早就遭毒手了。改革开放后，他见到过沙的夫人陈修良，一同回忆过往事，但他们从不谈个人所受的委屈、磨难。他曾去过杭州，见过沙文汉的长兄、书法大师沙孟海先生，沙孟海先生和我父亲谈起沙文汉的往事，当场写了一幅沙文汉的诗作给我父亲，诗云："一波未息一波生，要路多从险处争，百折千迴流到海，几时曾见大江平。"沙孟老落款："文汉同志早年诗，学成同志属书。沙孟海。"我父亲把这首诗一直珍藏着。

从那以后他身体越来越差了，但每晚看看电视，总和我们聊几句，还是对国家充满信心。他也看看足球，中国足球是踢得很让人不开心，我有时要发发牢骚。这时，他突然会插进来说："一个足球算啥？中国革命多少艰难我们也闯过来了。"我们都笑了，他也不说话了。那时，已经有腐败现象，他是深恶痛绝的，还常关照我们"要公私分清"。实际，我们弟兄都是做教师的。

只有一件事，他让我去问一问，他是搞雕塑艺术的，对中国古代雕塑类文物特别留心。解放前，他有幸遇到两样东西，一件是唐代彩绘木雕观音像，据他讲，实测过的，有1.8米高，非常精美，是山西那一带弄过来的。他认为，应该有博物馆保管，更不应该流落到国外，就花了很大的价钱买下来，放在我家客厅里。另外，他还收藏了一件明代枣木雕的观音像，也是整木雕的，有1.6米高，造型非常美，也是花了不少的钱。现在是玉佛寺镇寺之宝了。

解放后，他把红木家具和汽车缴公了，把这两件东西也捐给了玉佛寺，认为这是人民和国家的宝贝，应该交给人民。玉佛寺也看作是寺庙之宝，当年展示还写着我父亲捐献人的名字。很多文物专家和书画家都去看过，赞不绝口。"文化大革命"中，那尊唐代彩绘木雕观音竟然失踪，不知下落。他和玉佛寺方丈真禅法师是老朋友，问他竟也说不知，"文化大革命"中寺庙很乱，他们出家人自身难保。那尊明代观音渡过劫难还在，保存得很好，还配了一个玻璃镜框。我还合影了一张给他看了。他说："很好。那尊唐代观音只要不毁了，就好，真是国宝了"。

他病重期间，时任上海市委书记的江泽民同志、副书记吴邦国同志，市委统战部部长毛经权同志和上海市的一些老领导胡立教、宋日昌、张承宗等人，都关心病情或到医院看望问候他。逝世后，由吴邦国等成立了市治丧小组，组员有以上几位外，还有刘晓的夫人张毅。我们家属根据我父亲一贯的做人，要求丧事从简，不举行任何仪式。全国人大、全国政协、中央统战部和彭冲、孙起孟、杨静仁、刘靖基、王光美、孙晓村等发来唁函、唁电。叶尚志、陈位东等和我父亲一同受过难的老人，还打来电话或到家看望。我们家人对所有的领导、亲友关爱都很感谢。《解放日报》在头版右下方登了讣告和遗像，称他为"中国共产党的优秀党员，忠诚的共产主义战士"。他的骨灰安放在龙华烈士陵园。

第七章　晚年退休岁月

一、退休进文史研究馆,为老馆长张元济塑像

1993年,我改正后到华东师大工作,一眨眼已经十一年。这年年底,学校召集我们开会,包括汪志杰等一批人,当时我已经年过六十五岁,按国家政策,已是退休年龄。问题在我们由于历史原因,被整整耽搁了二十二年,期间被剥夺了创作和教学的权利,到华东师大艺术系后,我们都是拼命工作的,就是一句话:"要把失去的时间追回来!"那几年,我每年都出二三件作品,有的获上海市城市建设雕塑奖,1988年,我被评为副教授。汪志杰和我同样情况,也是副教授。现在又轮到我们一起退休了,另外还有一位教国画的先生,我们都很坦然,支持国家职称制度改革。2014年,学校领导还特意给我们开了一个座谈会,说你们的水平都已到教授级别了,学校承认你们都是教授。退休以后,我休息了一段,到北京等地去看看老朋友。1995年,我获得了全国城市雕塑委员会发的城市雕塑创作资格证书,它意味着,我个人可以继续接受一些城市雕塑创作的任务。

1996年,经老馆员曾路夫介绍,上级批准,我被聘为上海文史研究馆馆员,拿到了黄菊市长的聘书。参加文史研究馆活动,使我又打开了一个新天地,结识了许多新朋友。上海文史研究馆后来组织了一个雕塑研究所,所长是上海油画雕塑院的曾路夫,我和严孟雄、唐世储等人当副所长。竹刻大师徐孝穆和蔡建生、陈道坦是顾问,成员一共有二三十人,有的本来是馆员,有的就是邀请的创作员。但人的来源很广泛,有高校华东师大、上海大学的,有专业单位油画雕塑院的,还有工艺美术品研究所和工艺美术品公司的。应该说,都是具有专业水平的。和我一同工作过的就有齐子春、刘锡洋、胡建宁等人,包括黄才良都是成员。

我在文史研究馆和这个所里，也尽力做了一些工作。如果说，特别有感情的，记忆最深的，就是1998年馆庆四十五周年，馆里请我和曾路夫、严孟雄，由我操刀，做一尊首任老馆长张元济先生塑像。张先生主持中国最早、最大的出版机构商务印书馆，为国家文化、教育发展其功甚伟，我父亲也很敬仰他。父亲在日本最艰难的时候，商务印书馆请他写《日本的艺术》一书，他和商务的老编辑韦悫见了面，还签订了合同。那时他不知道韦悫也是中共地下党员，直到解放初，韦悫任上海市副市长，他任华东军政委员会副秘书长，两人才又重新握了一下手。父亲在抗战爆发前，加紧完成了书稿，寄到上海商务，想以这笔稿费做回国路费，不料"八一三"日寇大轰炸，商务首当其冲，书稿被炸被烧无音讯，商务走上了艰难的西迁之路。

我到文史研究馆当馆员，和同是馆员的张元济先生儿子张树年、孙子张人凤都是好朋友，我们接受这个委托后，他们都给看了很多张元老的资料和照片，还谈了一些生活方面，包括穿戴和相貌的细节。我也有压力，因为他的儿、孙、重孙三代全在，万一有一个说不像，我很尴尬。所以一定要相貌像，还要神态像。他们家人都说他儿子张树年和老父最像，我就请张树年坐在小稿旁边，当模特儿，参照做了一次次修改，这恐怕是雕塑界也少见的。就他的神态讲，张的一生波澜不惊，饱经沧桑，是一代中国知识分子的代表，我想一定要反映出他的这几点精神层面的东西，一是儒雅，他的诗文、书法和学问，都是一流的；二是博大，他是清末翰林，但能勇敢地接受西方外来文化；三是沉毅，不论何种环境都对民族、国家持有信心。在雕塑技术上，我要处理好五官的额角、口鼻和眼神等各方面关系，既显示人物独特风貌，又符合人头部解剖学原理。做成后，他家人都很满意，认为像得很。我也很高兴，认为是自己做的人物雕塑中很成功的作品。

现在，上海文史研究馆把这尊张元济先生塑像，安放在大楼前，我一去馆里，就感到很亲切。

二、感觉又进入一个创作高峰期

在我即将退休时,我已意识到,随着城市建设雕塑的普遍被重视,怎样使我们的城市更美,已成为社会的热点,采用抽象化的手法做城市雕塑,将是一种重要的选择,甚至会形成一股潮流。后来证明果然如此,并且,不仅是一些城市地方如此,包括一些企业也用雕塑这种艺术形式,来表现、反映自己的企业精神。1997年春天,南昌的江西铜业公司来了两位客人,说邀请我去他们下属的贵溪铜厂,做一尊置放在办公楼门前广场上的雕塑,以体现他们的企业精神。我因和工业很少打交道,对这家厂情况如何,一点不摸底。而去后才知道,江西是我国铜产地,贵溪铜厂是一家特大型企业,下面有铜矿、冶炼厂、加工厂,等等,当年股票就要在香港证券市场上市。

怎样用雕塑形式,来展现这家铜厂的风貌和前景?我想,中国是个文明古国,铜文化在中国源远流长,龙是中国的象征。设想中,用铜塑造一条穿云吐雾,蓬勃向上,勇于追日的巨龙,这不仅符合一个中国铜业企业的特色和目标,也是一个国家蒸蒸日上形象的缩影。于是,我先画了草图,把龙尾置于汹涌翻滚的碧波之上,再让分三层次的云纹环绕住龙身,龙爪有力地舞动,龙身直冲云霄,顶端龙吻托起一轮圆日。整个雕塑成直立状,波浪、云彩和龙的各部位都以抽象手法塑造,显示出夸张、强悍的风格。雕塑以优质黄铜材铸造,全高达9.5米。雕塑落成后,它在太阳光下闪闪发光,不论近看远观,都很好看。这尊雕塑,使我更感觉把抽象手法和传统形象结合起来,是有广阔天地的。

用抽象手法创作城市雕塑,取得较大影响的,还有1998年的南浦大桥桥下的《四季》,南浦大桥是1991年建造的上海黄浦江上第一座大桥,后来在桥下兴建了绿地公园,在桥堍要做一雕塑,以反映上海日新月异的变化。市城建部门请我来做,我决定采用抽象手法,吸收一些新的理念。评论家认为:"这件《四季》是纯几何抽象的作品,但它没有抄袭外国的极简主义,它每个部分都是有形象的,构成了一个有规律的整体。"实际上,我是有自己的想法的,整个雕塑有3米高,用红色钢板锻造成花瓣形,分上下两部分,上半部分是含苞欲放的花蕊,下半部分是将谢未谢的花瓣,我取名为《四季》,大自然的花朵不就是这样吗? 时时处于四季常新中。我也的确想不断突破自己。

当然,我大量做的还是人物雕塑,首先是选自己喜爱的人物。刚改正,我结识潘其鎏,他常和我说起林风眠先生,知道林先生的精湛画艺,高洁人品,有一种冲动,想为林先生塑一尊像。这个念头存了十几年,我退休后终于完成了,林先生是一个石匠的儿子,朴实无华,不追求功利,创造出了真正的美。我做的林先生塑像,饱经风霜的脸上,看似没有丰富的表情,很内敛含蓄。熟悉他的朋友说:"是这样的,林先生不多话,他把感情全藏在心里的。"

我也塑过张闻天像,他是我父亲一辈的老共产党员,是浦东南汇人。当过中央最高领导人,由于坚持真理,晚年受尽迫害冷落。受我父亲影响,我很崇敬他,为他塑了一尊青年张闻天像,现在安放在南汇中学。还有中国儿科医学创始人高镜朗教授,他从湖南湘雅医学院毕业,又到美、法、德等国去学儿科医学,后来一直在国内执教,桃李满天下,后来在瑞金医院从医,医术医德无人不钦赞。我应上海二医大邀请,为他做了一尊像。安放在上海儿童医药中心医院。这样救死扶伤的名医,是值得人们纪念的。另外,我还为邹韬奋、邵飘萍、恽逸群、戈公振等新闻界前辈塑过像,这些都是为上海的解放日报社所创作的。

这其中有特殊意义的是为陈洁如塑像,她曾经是蒋介石的夫人,和蒋在北伐前后共同生活过六年,所写的《陈洁如回忆录》风靡一时。我父亲老朋友陆久之的后妻陈瑶光,也叫蒋瑶光,是她和蒋共同收养的。陆久之为共产党做工作，是利用了这层关系的。陆家和我家很熟，包括两家孩子。我父亲在日本和蔡叔厚的认识，也是通过陆久之，蔡和共产党是有联系的，蔡曾带夏衍来日本，还告诉了我父亲。我父亲问："夏同组织有关系吗?"蔡答："也没有。"我父亲就不再问了。我父亲两次为共产党办报，都是和陆久之合作。上海解放前夕，陆久之和蔡叔厚受吴克坚指示策反汤恩伯，我父亲也预谋此事，会议是在蔡叔厚家开的，我父亲和沙文汉都去了，可惜没有成功。

潘汉年冤案发生，陆和蔡都受牵连，陆还被关过牢监。放出来，"文化大革命"中又遭抄家和批斗，在淡水路上挂着"日本狗特务"的牌子扫马路，很凄惨。后来陆平反了，要求解决他的离休待遇，还是吴克坚夫人徐玉书为他证明，当年刘少文把陆久之的关系和情况，向吴克坚作过介绍，陆久之在晚年享受了离休待遇。2002年秋天，陈瑶光、陆久之夫妇和子女要把陈洁如的墓，从香港移回上海福寿园来安葬。他们找我做一尊塑像，放在墓前。我按照她的照片，为她做了塑像。她基本是民国时期的女性形象，短发，端庄秀丽，和蔼慈祥。落成后，社会上很有反响，黄埔军校同学会还送了"母仪军校"的题词。

由于一时很忙，我也年逾古稀了，感到有一丝劳累，我在闲暇间为自己做了一尊自赏的游戏作品《憩》，一小孩酣睡的样子。朋友们看了都很喜爱。

三、为父亲了却心愿

我父亲晚年还有一个心愿，总想把他从日本带回来的，仅存的一两件雕塑作品捐献给合适的地方，其中一件就是史量才塑像。他是热爱雕塑艺术的，人生目标是想在这方面有所成就。1926年7月，他考入了在南京的江苏省立第四师范学校艺术专科，老师是吕凤子、陈之佛、张书旗等，同学有吕斯百等人，他很想认真学美术，只是因革命活动太忙，就经常缺课。这所学校并给中央大学艺术系，老师是徐悲鸿，同学又有吴作人、艾中信、王临乙、狄知白、沈立等人，他抽空去上过课，但实在无法坚持上课，他说开头吴先生还是旁听生，徐先生太爱才。徐先生和一些老同学，都知道他在做什么，但是保护他的。注册学籍等事是由也参加过革命、后来搞音乐的狄知白等帮过他忙的。

到日本后，他在1930年考取了日本国立东京美术专科学校雕塑科，日本著名雕塑家北村西望任主任，教师中名家很多，包括原田淑人等。他学得很认真，做的一尊习作《日本少女》，于1935年入选日本的"二科会"画展，这个画展地位很高，仅次于日本皇家展的文部省展。1936年，它竟又进入了文部省展。实际这个作品，我父亲说，就是表现了日本少女的清纯和善良，在军国主义猖獗，大男子主义盛行的日本，这些女性身上还保留较多的人性光芒。作品在日本和中国美术界都很轰动，因为日本人很排外，文部省展从没有外国人入围，我父亲是第一个。他因此得到了那块刻菊花的金表。

同时，一个中国留学生蔡继昆在日本，也以管弦乐《浔阳江花》得到东京国际交响乐首奖，蔡先生后来也回国参加抗战，1949年后去台湾，被尊为"台湾交响乐之父"。两岸通行后，回福建在多所音乐院校指导音乐教育,被中国音乐家协会授予"终身成就奖"。当时,中国驻日本大使许世英在日本东京举行了招待茶会,庆贺我父亲的雕塑奖和蔡先生的音乐奖。父亲本来印象中,许世英是个老官僚,接触后觉得许始终一袭长衫,有书生本色,虽然身材瘦小,对日本人却不亢不卑,而对他们年轻人亲切和蔼,没有架子。那次茶会,来了很多日本雕塑界、音乐界的名人,日本和中国报纸都作了报道。许先生勉励我父亲:"百尺竿头,再进一步,再接再厉,为国增光。"当时,中日双方主宾还合影了一张照片,许世英立正中。解放后,我父亲主动交给了市委统战部审查。1980年代又还给了他。许世英当时请我父亲为他塑一尊像,我父亲碍于情面答应了。这是他在日本仅有的几件作品之一,可惜原作丢失了,现在只有照片了。

实际上,当时我父亲最想雕塑的是鲁迅先生像,他们在日本可以看到的国内革命信息,常常是鲁迅的文章和活动,是衷心爱戴他的。他通过在《申报》馆当会计的师范同学陈尧君,回国时弄来几张鲁迅的照片,做成了一个小稿,想请熟悉先生的人看一看,已经拍了照片,可是找不到机会,就放在住处。抗战回国匆忙,就将小稿放在日本朋友岩下顺太郎家里,回国后就不知下落了。唯一的一张照片,他解放后捐给了上海鲁迅纪念馆。由于这个因素,加上宝山中学请我,我曾为学校塑过一尊鲁迅像。由于解放后鲁迅像太多了,我也感觉很一般。据我父亲说,当时日本报纸一直登载"朱毛红军"的消息,他很向往,曾想给毛泽东塑一尊像,也托陈尧君回国时找照片,但陈回日本后,告诉他:"找不着,危险太大。"

陈尧君又和他说另一件事,《申报》主持人史量才先生,因为反对蒋介石独裁,要求团结抗日,被蓝衣社特务暗杀,死得很惨。他的夫人沈秋水要为他塑像,问我父亲肯不肯做? 史量才被杀的事情,他们知道得很清楚,敬仰史先生的大义凛然和人品高洁。他自然一口答应。沈秋水就委托陈,交给我父亲一些史的照片和费用,我父亲在东京郊区租一间小屋,做成一尊史先生的胸像。小稿完成后,他回上海请沈看了又做修改,回日本塑就后翻成了两尊铜像。他一尊交给沈先生,她看了当场流泪,说:"太好了",放在了《申报》馆，后来还印成了明信片，但日军占领上海后不知下落。还有一尊他带回了上海，一直保存在家里。

他对史先生的感情，还有回国后和沈秋水的一段交往。他被日本人抓进监狱获释放，刘少文指示他找公开职业继续工作。找职业很难，他去找沈秋水，沈对他抗日落难很同情，介绍他去找五洲药房总经理项绳武，项的父亲项松茂也是抗日英烈，"一·二八"事变时被日军杀害，晓得我父亲的处境后，帮他联系办酒精厂，从此他涉足了工商界的交往。当时杜月笙上海守门人徐采丞，和日本人也有来往，说我父亲被捕，王艮仲曾托他帮忙营救。日军发动太平洋战争，在香港扣留了颜惠庆、梅兰芳等知名人士，日本人让徐采丞一同去劝说他们回上海，徐要我父亲去当翻译，我父亲坚决拒绝，但徐不好惹，就请沈秋水说情。沈打电话对徐说："金先生读书人，这种事做不来。"徐也就算了。我父亲对史、沈二位都心存感激的。我父亲晚年对他仅存的，并有特殊时代纪念意义和感情的这件作品，总想有一个合适的展示处。但我父亲直到去世，也未找到一个地方。

2001年，上海《解放日报》在原《申报》馆汉口路大楼底楼，要设立量才厅，一位庞荣棣女士找到我家，她是史先生晚辈亲戚，在研究史量才，告诉这一信息。经过她的穿针引线，我们兄弟经过商量，终于请这尊史量才先生塑像"归故里叶落归根"，了却我父亲的这番心愿。解放日报社还举行了隆重的捐献安放仪式。我代表全家致辞，表示把史先生塑像放在这里，是我父亲的心愿，也是沈秋水夫人的心愿。从我的专业眼光来看，我父亲的这尊史量才塑像，目光深邃坚毅，造型朴实有力，反映出了他的人格魅力，是有时代沧桑感的。

史量才先生的家乡，江苏南京江宁区杨板桥村要修复他的故居和建纪念馆，他们请我塑一尊史先生的像，无论是出于哪方面的情谊，我都义不容辞，经过反复思考后，我想时代终究变迁了，史先生捐躯的时代过去了，今天应该多展示他一位中国新闻业开创人的形象，所以我塑造的史先生像要开朗、平和得多，但不知是否达到了这一设想。

四、此生真和佛有缘

2002年秋天,上海佛教界的明旸法师等朋友告诉我,海南三亚的南山寺是海南建省不久,于1993年就由国家宗教局和海南省政府批准建立的一座大型寺庙。这个寺庙要建一尊号称"世界级、世纪级"的观音塑像,塑像圣身高88米,连底座高108米,比美国的"自由女神"像还高15米。塑像基座在1999年就已开始动工。中国佛教协会会长赵朴初先生和佛教界许多高僧去出席了会议,明旸法师也去的,赵朴老已题好了:"海上南山观音"六个大字。这时,就在国内雕塑界招请和确定设计创作人员了。

我和胡建宁,还有上海油画雕塑院的徐勇良、浙江民间女艺人詹美燕等商量后,也决定参加这次很有意义的巨型雕塑创作工作。海南南山寺来人见面后,我们才知道,三亚南山在海南所称"天涯海角",中国最南端的地方。这里古称琼州,是史书上所载,南海观世音菩萨出巡的地方。所谓南山观音,是建在一个离海岸线一二百米远的人工岛上,那个岛完全是用巨大水泥构件填海堆起来的。在沿海造这么高一尊观音佛像,也不容易,除资金浩大,当地佛教界人士发起南山海上观音功德基金会,由赵朴老亲任会长大力募捐;国家有关部门包括安全部门,从省委书记阮崇武亲自出面协调,进行审批,也是很费了一些心血。然而,佛教徒的虔诚真能感天动地,我认为盛世造佛也是国家安康的标志,请我们共襄盛举,也是好事,何况我对佛像雕塑已情有独钟。

正式接受创作委托后,双方又商定,组织两套人马,搞两尊小稿,最后采用谁的,由北京的中国佛教协会、中国佛学院和中央美院组织专家组评审。而这尊观音塑像的难度,是要"三尊化一体",就是通常我们所说的三面观音。这尊三面观音，在佛学上也是有来历的，但在雕塑上，她是必须有三个不同方向正面像组成，每一观音正面又各持不同法器，依次为经箧、莲花、念珠，代表智慧、平安和仁慈。这些佛学上的道理，还是胡建宁拿定主意。

我和胡建宁、詹美燕为一组负责小稿创作，另一组徐勇良负责做小稿。首先要决定观音的面相和身形，我想以宋以后的观音形象好，完全女性特征，要面相秀丽，身姿婀娜，脚踩莲花上，符合现代人审美观。技术上，是要将她的三个面协调好，建好后不论海上、岛上，或者是岸上，从任何一个方向看都是正面，这是有一定的难度的。

我做出初稿后，按照评审要求先放大至1.8米高，送到北京去评审。评审组确实层次很高，佛教界的我不大熟悉，雕塑界来的，有几位还是我在中央美院的老同学，评审的结果是用我们一组的稿子。有一法师提出，我们的观音衣纹应该飘逸，让我们再做一次修改。我对这一意见有看法，认为大像应该像一座建筑物一样稳定，要整体庄严。

从1.8米高放大至88米高，那当然是还有很多工作要做的。当时决定把她委托给南京的一家老军工企业晨光厂来制作，因为那家厂很大，有大型设备，当时已经筹划发股票改制上市。作为我来说，创作的小稿通过，就意味可以放手，又逢身体不好，后期就由徐勇良全面负责了。2005年4月15日，三亚南山寺三面观音正式建成，同月24日举行开光仪式。她全身以不锈钢锻造，在阳光下银光闪闪，已成为祖国南海上的一个雄奇瑰丽美景。想到我也曾为她出过力，真感到此生与佛有缘。

五、淡定使我和弘一法师的心相通

我晚年自我感觉做得称心如意的作品，就是那尊弘一法师造像，是我八十岁后做的。说起这件事的缘由，也和雕塑佛像有关。苏州灵岩山有一个佛学院，院里有一位一无法师，是一位佛学造诣很深的人。他曾在苏州造过一庙宇，造好后感到不理想，就到美国的华盛顿华人中去传佛，宣讲佛经。他对李叔同就是弘一法师特别崇敬，认为他是艺术全才，无所不通，后来顿悟，一心向佛，是一位真正的得道高僧。他在美国华盛顿有一个弘一法师道场，也就是讲经说佛的地方，有不少信众。这样，他就要塑一尊弘一法师像。

十多年前，他曾请我塑过一尊释迦牟尼像，我去过龙门石窟等地，是按照唐代佛像路子塑的，他觉得很满意。就又请我为他塑弘一法师像。同时，还有一位一心法师，他是学书法特别下苦功的，对弘一法师的书法极为推崇，他自己就是学的弘一的书体，他要在上海美术馆办一书法展，想要有一尊弘一像放在展厅入口处，以表示他的敬重崇拜。一无法师就请我为弘一法师塑一尊像。

我对弘一也是崇敬的，也晓得一些他的历史，中国的美术包括油画、国画、书法、篆刻和其他艺术如音乐、戏剧、诗词等，还有很深奥的佛学经典和理论，他都有极高成就，被赞誉为有十多项"中国第一"，他的德行又非常高，一生力行"以慈悲之心度化世人，淡定智慧开导众生"，倡导人生向善和律己，我也很敬佩他。尤其是慢慢地进入老年，确实也人生有所感悟。为弘一法师塑像，在我内心很有激情和冲动欲望，我就请我的学生张晓春一起来合作。

我找了一些弘一的照片，从各个不同角度反复观察、考虑，一个鲜活的形象在我心目中，明显清晰、高大起来。我确定创作思路，抓住他的眼神和面部表情，表现他的淡定从容，悲天悯人，追求世间真谛的精神境界。我考虑成熟，怕思路一瞬即逝，立即动手，稿子一气呵成，边做边自勉：放开、放开。结果只一个礼拜，一尊弘一法师塑像小稿就完成了。一无法师和一心法师看了，都认为生动传神。书法展开幕，弘一法师的塑像前，许多人也驻足许久。后来华东师大希望我能捐献一尊给学院作品陈列室收藏。我同意了。华东师大还为我捐献举行了仪式，颁发了证书。我很高兴，自己感觉也与弘一大师的心相通了。

六、难忘的师生同学情

人进入老年以后,抚今追昔愈发感念师恩和同学情谊。我在上海澄衷和大同的那批初中、高中同学,退休以后常聚会见面,其中华平、周善德等同学也曾被打成右派。这些老同学都对我很好,在我落难二十多年中,几次关卡都是他们伸出援手,帮我度过,他们也晚年很幸福,现在虽然也已有一些离开了,但人的生死到老年要看破,我也很坦然。我最要好的同学周文良,和我一路初中、高中和上海税专同学,后在海关工作到退休,我在天津茶淀最苦时,等于是雪里送炭救我,没有那一包糕点糖果,我可能更惨。他住在复兴中路玉振里,离得很近,常来常往,可惜前两年去世了,我很悲痛。

我在中央美院的老同学,退休后我也去北京碰过头。他们也经常问候我,尤其是近些年,大家对以往的岁月更怀念,2007年赵瑞英女同学寻到一张1953年在美院操场的合影,合影中共有十九人,当时连老师都那么年轻,何况我们学生,都是青春稚气。想来真是日月如梭。赵在相片后题写:"云龙,你好,送你这张照片作纪念,今天是曾竹韶九十九岁生日,我就送一张大的照片给曾先生,这是一张很小的照片放大了,是咱们53年在母校的操场照的。祝你健康。赵瑞英。"

晚年,我交往最多的是张得蒂、张润垲夫妇,他们经常受委托到上海来做雕塑,也几次写信寄相片给我,也是2007年,他们写信问候说:"云龙,今年又能在上海见面,特别高兴,咱们经过这一辈子的艰难,现在都七八十岁,仍能健康快乐的生活,就是人生最大的胜利。回来后,告诉大家你的生活、心态,美国寺庙邀请你做像,……都为你高兴。"

丁洁因老大姐也给我寄过照片,在她晚年所做的大型作品《中国人民抗日战争纪念碑》浮雕前的留影,她本来就是抗日老战士,她的爱人洪波也是新四军干部,是我们学院的党委书记,我因那时已被剥夺了政治权利,许多事不知道,改正后回校才了解,洪波书记也受"江丰反党集团"案牵连,被划成右派分子,他是多么正统的知识分子干部,文质彬彬,受到那么多年的冤屈。洁因大姐很坚强地挺过来了,创作了许多优秀的作品。

在前几年,我还与老同学潘绍棠相约,一同结伴去欧洲意大利、法国等国旅游,观赏那里精美的雕塑艺术。他反右运动中受挫,曾到哈尔滨等地工作,改正后到广州美院当雕塑系教授、副院长,创作了很多作品,取得了很高成就。他的性格真好,就像他晚年钟情的佛山陶瓷雕塑中的人物,永远笑口常开。他捐献了一百尊雕塑给唐山博物馆,还捐献了二百万元人民币,给中央美院雕塑系建立资助优秀学生基金。我们去游了罗马"水城"威尼斯,"雕塑之都"佛罗伦萨,还有巴黎卢浮宫,那么多经典之作,早在学生时代就看过图片,痴迷得不得了,这次才观赏到实物,真是大饱眼福,不虚此行。

中央美院的老师和老同学,经常来上海看我们。最早一次是廖静文师母来上海,同学们都对徐悲鸿校长怀有深深敬意的。当时中央美院在上海的校友还不少,由上海大学美术学院院长李天祥等牵头,举行了一次聚会,当时大家都谈了一些悲鸿老师的往事,尤其是我们早几届曾由他亲自教诲过的学生。

2005年1月,吴冠中先生到上海美术馆举行回顾展,吴先生曾经是中央美院老师,后来才调到中央工艺美术学院。这次他来办画展,他的学生靳尚谊已当了中央美院院长,另一个学生詹健俊也已是著名油画家,都来上海出席他的油画展,我们当年在学校就认识的学生,都一起去祝贺见面,我记得去的还有钱家铮、俞丽韵、邹正新、张培慎等老同学,大家谈起往事,历历在目,洋溢着浓浓的师生、同学情谊。

然而,岁月毕竟不饶人,这几年每一次的聚会都带来一些伤感。2008

年11月我们到北京聚会,还有九位老同学碰头,其中的李守仁也来参加,那时他身体很好,改正以后回到美院雕塑所工作,他创作的西安杨虎城塑像,被评为全国城市雕塑优秀作品奖。1998年江苏淮安周恩来纪念馆建立,他曾多次到淮安创作周恩来塑像,这是国家级的纪念馆。他抽空多次来上海和我聚首。不料,不久就传来他得了癌症的坏消息。前年一天,他爱人打电话给我,说:"李守仁已走了,走得很安详。"我很悲痛,他一直是我最好的同学和朋友,他还比我年纪小一点,如果不是二十多年折磨,他还应该有更多的优秀作品。

这次聚会,老同学兼老同事,也是挚友的汪志杰也参加了,凭他的才华和奋发,在改正以后,画艺猛进,成了全国著名画家,真为他高兴。实际他已患病手术过,他是很重感情的。不幸于今年3月26日,他也在患癌症多年后逝去了,真是老同学日渐凋零。

当年教过我们的老师,如滑田友先生、王临乙和王合内先生、曾竹韶先生等都已被尊为中国现代雕塑大师,在中国美术馆举办百年诞辰等纪念展,主办方都给我寄来邀请函,但我也老了,只能托在京的老同学代献上一个花篮,以表达我不忘师恩。

七、永怀母恩

回顾自己的艺术人生,当然还不能忘怀的是母亲高璟。她比我父亲小一岁,1906年生的。他们原是上海南市江苏第四师范同学,她比我父亲低两届。1927年,十八岁和我父亲结婚,就跟着我父亲东奔西走,提心吊胆。1928年,我父亲参加中共特科活动,在铜仁路民国里二号设立机关,掩护赵翼范等人严惩叛徒、特务的活动,我母亲看机关,还照顾他们的衣食住行。所以,她也认识林钧、赵翼范等人。后来江苏省委在杜美路,即今天的东湖路租外商豪宅举行会议,她也曾去做交通和烧饭,那时她进出门还每次化装,以防密探跟踪。

她随我父亲去日本,曾考进日本奈良女子师范读书,所以她的日文很好,以后回国抗日,也曾在刘少文指示下,到上海新闻专科学校教日语,这里有很多地下党员和进步青年,如曾当过上海市侨办副主任的屠基远,多年后还叫我母亲为老师。我父亲办报纸,很多日文信息,都是我母亲翻译的,还精心保护报社的一只保险箱,里面有很多是党的机密。我父亲被捕,她冒险出面去设法营救。后来我父亲做工商界工作,她也帮忙接待应酬,沙文汉等领导住在我家,她担任望风、联络和交通等工作。解放前夕,国民党特务两次到家抓我父亲,甚至用手枪对着她,她都坚决不屈服。她含辛茹苦地养育我们长大成人。"文化大革命"中,父亲受到冲击,他坚信自己的丈夫是清白的。两个儿子蒙冤划为"右派",她也用母亲博大的胸怀,默默地承受着痛苦。

解放以后,刘少文继续指示我父亲筹备建立日本问题研究社,当时没有房子,华东联络部长何以端就和我父亲商量先放在我家,我母亲参加做日文资料搜集翻译工作，这时候是 1949 年 10 月刚解放，经费工资都没有落实，很多费用由我父亲设法垫资。1950 年 1 月，该社获市人委批准，我母亲为正式人员，该社也并入杜宣任所长的上海国际问题研究所。1952 年，所迁往北京，我母亲分配到上海第一医学院资料室工作，直至退休。她一生真也是为国家做了不少工作。在我划为"右派"后，有十多年没有见过母亲，这是我心中永远的伤痛。记得回到上海第一次和母亲见面时，她看到我黑瘦的样子，强忍泪说："回来就好了，身体最重要。"我一下子就哭了。母亲为我们两个儿子忍受了多少压力挺过来了。她是我们子女心中最敬爱的慈母。

1984 年，她意外地收到日本奈良女子师范学校来信，称学校要举行建校六十周年活动，邀请学校所招最早的两名中国学生，一名是她，另一名叫杨玲，在湖南长沙，回日本母校参加校庆活动。奈良报纸还登出了她们班级十位同学的合影。我母亲在日本老同学的帮助下，回到了五十年前的母校，她看到了好几位当年的老同学，有些也不住在奈良了，而是住在了东京和京都等地，她也去游览了一下。感受到了日本人民对中国人民的友好感情，这也是她多年唯一一次长途的旅行，我们也为她高兴。我们都有了下一代后，她更悉心呵护。她一生都是只有别人，没有自己的。她吃穿都朴素，不讲究，待任何人都和蔼客气，受到同事和邻里的尊敬。1992 年 8 月 22日她安详地离世。

受我父母的影响，我妹妹金曼宜和小弟弟金定宜也都很上进，我对他们是有歉意的，多少受了一些牵累。我妹妹从上海中学毕业考取了哈尔滨工业大学，后来先后到核工业部研究院、水产科学院工作，和我妹夫曹立业都评为研究员。小弟定宜赶上"文化大革命"，没读上书，又下乡到奉贤五四农场，返城到上钢三厂，靠自学当上了技术员。现在也和我弟媳一起退休，安度晚年了。

图1：高云龙（前排左三）和奉贤农业大学园艺班师生合影
图2：改正后回美院与老师、同学等见面，左二高云龙、左三洪波、左四李守仁

图1：徐悲鸿夫人廖静文到沪，中央美院同学会欢迎，前排右一高云龙、右五
　　廖静文、右七汪志杰
图2：高云龙和中央美院雕塑系同学晚年聚会。前排左起李守仁、高云龙、
　　时宜、张照旭、丁洁因、王克庆；后排左起：李行健、张润垲、赵瑞英、张
　　得蒂、郭嘉瑞、张德华

图1：中央美院上海老同学聚会合影，左起：李守仁、张培慎、邹正新、高云
龙、俞丽韵、钱家锌、汪志杰
图2：吴冠中在上海办画展时中央美院师生合影，右一高云龙、右二吴冠中、
右三詹建俊、右五靳尚谊

图1：家人合影，左起：妹妹金曼宜、母亲高璪、侄女金琦、妻子周振清、高云龙、女儿高翔、小弟金定宜、小弟媳周娟娟、侄儿金滔

图2：高云龙（中）和张润垲（右）、张得蒂（左）夫妇

图1：高云龙和普希金头像
图2：高云龙以张树年为模特塑张元济像

1

2

260

图1：史量才塑像　高云龙塑
图2：陈化成像　与汪志杰、夏予冰合作
图3：上海市文史研究馆首任馆长张元济
　　　像（青铜）1998年作
图4：扬帆搏浪　高云龙创作

八、我的心路历程

回想我这数十年心路历程,可以分为初心、蒙难、坚持、归来和感激几个阶段。初心,就是我在父亲和钱君匋、张充仁等老师影响、启发下,确立了对美术的爱好和人生追求。1948年我放弃了被人称作"金饭碗"的海关职业,考入北平国立艺专学雕塑,从此就铸就了我的人生轨迹。1954年研究生毕业,留在中央美院雕塑创作室,以后二三年间我一心扑在艺术创作上,有幸参加志愿军纪念碑浮雕的工作,想不到1957年受到重大挫折,就被打成了右派分子。当时真像天打雷劈的感觉,精神几乎崩溃。看到江丰院长、艾青、李庚、彦涵等老师也成了右派,我心存疑惑,是不是搞错了? 由于当时的恶劣环境,还有艾青等老师都去了北大荒,我也决定离开美院,跟他们一同去东北改造,由此踏上了漫长的蒙难岁月。

然而我还要坚持下去。二十多年人生最好的岁月,能够在寂寞和冷眼中挺过来,是许多干部、群众这些善良的人们关爱帮助了我,他们说,民以食为天,农民世世代代默默种田,你为何不行? 就这些最朴素的观念,让我在劳动中忘却了心头的苦闷。但每日朝思暮想,希望自由能早日到来,而何时是一个尽头,心中也真是茫然。这么些年在外的艰辛,最难受的是日夜思念家人,想到自己给亲人带来了不可估量的创伤,真是心痛如割。可回家的路又那么遥远,心底留下了难以治愈的伤疤。不过,不管怎样,我还是咬着牙坚持过来了!

1978年一声春雷,为错划的右派分子改正,兴奋之余,我面临今后人生道路的抉择。由此回家过太平日子,放弃艺术追求初心,还是回到心爱的雕塑工作? 我不甘心的选择了后者,虽然二十多年不碰雕塑了,重操旧业肯定是艰难的,但我已不再是年轻时满脑子成名成家,而只是抱着回归初心的愿求。我接受了回归后第一个作品《毛泽东青年时代一家》,这是大型雕塑,我克服了种种困难,凭着理想热情和美院打下的扎实功底,作品赢得了好评,我也增强了信心。同时,我也创作了另一些作品,机遇又使我调入华东师大做雕塑教学和创作,多少挽回一些虚掷的时光。

我对于人生道路,总是怀着感恩之心。记得右派改正之后,我最急切的心情是回一次家,告诉我的家人。当我怀着负罪和激奋的复杂心情,踏进熟悉而又生疏的家门时,见到迎接我的母亲,她的脸上已略显苍老,我只叫了一声:"姆妈",眼泪就止不住流了下来。她含着泪说:"回来就好了"。当时最想念的是外婆,她老人家没看到我改正的这一天,她在弥留之际还牵挂我,我的眼泪更夺眶而出。见到父亲,他难得的有了一次笑容,只说了声:"回来啦!你一辈子糊涂,要总结教训!"回到公社牧场,和朝夕相处同事们告别,感到一身轻松,心中一块石头落了地。想到这些爱我的亲人和关心帮助过我的好心人,我心里是满怀感激之情,没有他们,我是不可能从磨难中走出来。

祸福相倚。这二十多年我不仅思想上得到磨炼,身体也强健了,通过劳动,我严重的肺病竟痊愈了!而且能健康的活到今天,这真是不幸中的大幸!也算是对我的补偿吧!回顾一生,曲曲折折,也简简单单。想起来就两句话,一句是相信共产党,党会公正待我,另一句是不忘初心,艺术上只要不断追求,总会有所成就的。

现在党的十九大已胜利召开,习近平总书记为我们描绘了中国梦蓝图,全党全国正在他带领下,满怀信心地奔小康,我深深地感到国家大有希望,这就是我九十人生的心路历程,我感觉自己没有辜负这个时代!

附　录

历年主要作品目录

1953年　毕业创作:《这是咱们的工厂》

1954年　北京美术家协会大楼装饰浮雕　与司徒杰等合作

1954年　北京新侨饭店底楼正厅浮雕　与司徒杰等合作

1955年　《列宁像》

1955年　《广岛原子弹爆炸十周年》　与丁洁因合作,参加世界青年
　　　　联欢节展

1956年　朝鲜桧仓郡中国人民志愿军抗美援朝纪念碑浮雕(部分)
　　　　与文慧中等合作

1979年　《青年毛泽东一家》　上海青年宫

1982年　上海龙华寺十六罗汉、西方三圣像　与胡建宁合作

1985年　《幸福家庭》　上海曹杨新村街心公园　与齐子春合作

1985年　《希望》　上海普陀区　与齐子春合作

1985年　《民族英雄陈化成纪念像》　上海宝山海滨公园

1986年　《家庭》　上海闵行街心公园　与齐子春合作

1986年　《扬帆搏浪》　广东湛江海滨公园

1987年　普希金铜像　上海汾阳路　与齐子春合作

1988年　戚继光纪念像　安徽定远　与齐子春合作

1998年　《四季》　上海南浦大桥　与刘书华等合作

1999年　张元济像　上海市文史研究馆

2000年　史量才像　江苏南京江宁区

2001年　张闻天像　浦东新区南汇中学

2002年　高镜朗像　上海儿童医药中心医院

2004年　海南三亚"海上南山观音"设计（获定稿）　与胡建宁合作

2006年　林风眠像

2012年　邹韬奋、邵飘萍、恽逸群、戈公振像　解放日报社

2013年　弘一大师像

结　语

我今年已八十八岁了，自1978年改正后，重新走上雕塑创作、教学道路，曾在华东师大艺术系任教授，实现了人生追求的艺术梦想。1996年被聘为上海市文史研究馆馆员，深感政府给自己的荣誉和关怀。当文史馆领导希望我做口述历史，我开始犹豫，因为这要涉及那段不顺利、不愉快的历史，今天已经过去了，不想再回忆。但想到那些才华横溢，艺术造诣高超，人品高洁的恩师、同学，还有我父亲那一代人的不公正遭遇，趁记忆尚可，应该留下一些资料，目的就是历史不能再重演。

父母是我一生影响最深的人，父亲出身贫寒，他渴望找到一条救国救民之路，在黑暗中遇到中国共产党，他就跟着她奋斗终生，就他一生是个理想主义者。母亲随着他，一生都是忠诚的支持者。他们经历大革命、抗日战争、解放战争，在白色恐怖下，不畏艰险，机智勇敢地与敌人斗争，直至解放。中华人民共和国成立后，国家给他八级干部待遇，他勤恳努力，不用手中权力，为自己和家人谋取丝毫利益，教育我们不要有特权思想，要自强自立，做有理想、有道德、有知识的人。"文化大革命"中，他蒙受冤屈，仍坚信党，最终组织给予他"中国共产党的优秀党员，忠诚的共产主义战士"的很高评价。

改革开放，给我们国家的经济和社会带来了巨大发展、进步，我相信，在党和政府的领导下，我们国家一定会更加繁荣富强，人民幸福安康，实现伟大的民族复兴中国梦。我希望我的人生历史口述，能给读者带来正能量。

2016年4月25日

后　记

　　第一次见到高云龙先生时，就感到他的质朴、谦逊和热诚，丝毫没有所想象的艺术家的架子。在见到他之前，我是已经看了一些关于他的资料，了解他父亲是资历很深的老干部，又是得过日本文部省奖的著名雕塑家；他本人也是中央美院的高材生，从1948年起就北上在那所美术最高学府读书深造，得到过徐悲鸿、滑田友、王临乙等许多美术大师的亲炙，老师和同学中也诸多美术界精英和名流。他创作过许多各种风格、题材的人物雕塑作品，包括上海汾阳路三角花园的俄国大诗人普希金铜像，那是上海浪漫青年男女最爱去的场所。

　　然而，当我走进到他家里以后，那是一栋沿马路的普通老式三层楼房，光线稍暗不太明亮，木制的门窗、楼梯和地板等也已略感陈旧，他房间里的家具都明显是从前一个时代留下来的。高老用浓浓的浦东口音上海话向我介绍："这个房间过去是我爸爸住的，他走后我就一直住着。"

　　待我坐定后，也才观察到这个老房间里，确实有着独特之处，写字台上，玻璃柜内，以及衣橱顶上，甚至房间的角角落落，都摆满了各色人物的塑像，包括不少佛头佛像。从材质看，有石头的、金属的、石膏的、陶瓷的，还有木头漆金的；而从时代感来看，则有当代的、近现代的及古代的；人物身份也形形色色，有文质彬彬的知识分子、粗旷朴实的农民和表情庄重的工人；性别也更是有男有女，有白发苍苍的老人和青春靓丽少女。这才使我意识到，这是一位雕塑家的家。

　　高先生和我谈起他的人生经历，平易如同说家常一样，大约是从2015年9月起，至当年天已寒冷的12月末，我们一共交谈了约二十余次。其中有一段日子，因高先生身体不适曾经暂停。每一次按事先商定的计划，所谈确定在两三个小时内，高先生很配合守时，都按录像、录音的要求，基本端坐着坚持下来，这使我很感动。说明他对所作的口述是认真的，对组织这次口述的文史馆领导，还有我撰稿人，都是十分尊重的，由此让我感到，他是一个对自己历史，以及他人劳动都是认真对待，毫不含糊的人。

高先生的一生很坎坷。按常理说，像他那样家庭出身的人，父亲1925年参加共产党，认识周恩来、刘晓、沙文汉、潘汉年、刘少文、吴克坚等一批老革命家，中华人民共和国成立后担任不少重要公职；他本人在中央美院努力学习、工作八年，思想进步，还曾是共青团支部书记，本应有一个十分顺利，铺满鲜花的道路。但在1957年的那场风波中，他却遭遇到沉重的打击，并且一别就是二十二年，这是现在的年轻人无法想象的。他述说往事的时候，有时难免带有一些伤感，但总体是心情平和，乐观面对，总是说："讲这些，就是为汲取教训了。""我现在很开心，没有怨恨谁的念头。""改正后只想多做些作品，艺术人生就是苦难人生。"这些话，让笔者听了为之动容。中华人民共和国成立以后，国家确实走了很大的一段弯路，伤害了很多好人，现在完全有回顾总结的必要。这也正是高先生口述历史的价值所在。高先生的口述历史，通过他个人的学习、工作生活，讲述了中央美院从1949年建院至1958年他离校时教学、创作的许多情况，中经反右运动等一系列政治运动，这是笔者目前所看到的一份较完整的资料，对研究新中国的美术史及文化艺术史，真是一份值得抢救的好史料。

高先生的父亲金学成，在上海长期进行革命活动，他和我交谈时，用玩笑口吻说，你不要看我家这个房子旧，当年沙文汉、潘汉年、林钧等领导革命工作，都曾经来过，有的还住过或吃过饭。一些著名民主人士黄炎培、胡厥文、盛丕华、吴羹梅、徐永祚、王艮仲等都曾是我家客人。高先生自少年时就随父亲听说过不少事情，改正后又陪老父安度晚年，朝夕相处，更了解到一些当年的艰苦斗争情况，包括在"文化大革命"中痛苦经历，这些都为研究上海革命史增添了珍贵资料。

由于他有乐观面对的精神境界，还有扎实的艺术功底，所以在回到创作岗位后，能创作出大量的优秀作品，并且在创作中，敢于学习新的艺术形式即现代雕塑手法，善于学习传统艺术中的精华，包括古老的佛像雕塑。他所塑的佛像都是竭力要反映出人世间，人的外形体貌美和内心精神美的。最具代表性的作品，就是他八十高龄后，所做的弘一法师像，它确实展示了一代艺术和佛学大师的精神世界，令人神往！我和高先生合作很愉快，学习到了许多新的东西。

在口述历史进行过程中，上海市文史研究馆领导和周峥嵘女士都给我很多指导帮助，上海市档案馆李红等年轻同志，不厌其烦地教我学会使用录音、录像设备，上海书店出版社完颜绍元等编辑人员多方协助，高先生家人也帮助阅稿、提供照片，这是我必须一一感谢的。记录整理撰写中，倘有文字疏漏，笔力不到之处，尚请高明者赐教，我当敬谢不及。

陈正卿

2016年6月3日

图书在版编目（CIP）数据

高云龙口述历史 / 高云龙口述；陈正卿撰稿. --
上海：上海书店出版社，2018.7
（上海市文史研究馆口述历史丛书）
ISBN 978-7-5458-1617-4

Ⅰ.①高… Ⅱ.①高… ②陈… Ⅲ.①高云龙－回忆
录 Ⅳ.① K825.72

中国版本图书馆 CIP 数据核字（2018）第 113631 号

责任编辑 邓小娇
封面设计 郦书径

上海市文史研究馆口述历史丛书

高云龙口述历史

高云龙　口述　陈正卿　撰稿

出　　版　上海书店出版社
　　　　　（200001　上海福建中路 193 号）
发　　行　上海人民出版社发行中心
印　　刷　江阴金马印刷有限公司
开　　本　640×965　1/16
印　　张　17.75
版　　次　2018 年 7 月第 1 版
印　　次　2018 年 7 月第 1 次印刷
ISBN 978-7-5458-1617-4/K·312
定　　价　58.00 元

ORAL HISTORY

上海市文史研究馆
口述历史丛书

第一辑

杨小佛口述历史

沈　寂口述历史

童祥苓口述历史

邓伟志口述历史

姜义华口述历史

第二辑

丰一吟口述历史

陈　绛口述历史

汪观清口述历史

刘耋龄口述历史

林丙义口述历史

第三辑

颜梅华口述历史

高云龙口述历史

曹圣洁口述历史

吴彤章口述历史

邹逸麟口述历史